"十二五"职业教育国家规划教材

经全国职业教育教材审定委员会审定

职业教育工学一体化课程改革规划教材

21世纪高职高专规划教材·电子商务系列

电子商务项目管理实训

DIANZISHANGWU XIANGMU GUANLI SHIXUN

（第二版）

主编　贾晓丹

中国人民大学出版社

·北京·

前　言

本书第一版问世以来，得到了多家高职院校电子商务专业及相关师生的广泛好评，得到了社会其他人士的认可和肯定，并于 2014 年 7 月被评为“十二五”职业教育国家规划教材。在广泛吸纳各方建议的基础上，在保留第一版主体框架和基本特色的前提下，突出对个体案例和技术应用能力的更新和培养，吸收了目前理论和实践领域中最新的研究成果和案例分析，对全书的内容进行了修订。

与第一版相比，本书的主要特色表现在以下几个方面：

1. 整合内容体系

第二版的内容设置更加贴近企业实际工作任务，重点从电子商务项目的策划、建设、管理、实施等几个方面入手，使本书的层次更加分明，这种结构安排更能体现电子商务项目管理的全貌，让学生在学习的同时体会电子商务项目管理过程中各知识点的联系，增加学习的灵活性。

2. 更换全书案例

第二版保留了第一版中的精华内容，增加了电子商务项目管理的实际操作和分析的研究案例，尤其是增加了最新的、成功的项目案例分析，让学生在解决案例的过程中完成实训项目的学习。

3. 加强了实操环节的设计

在第二版中仍旧坚持电子商务项目管理实训应用环节的设计，对原有的已脱离社会企业要求的操作内容进行了更新和替换，尤其是在原有的操作任务基础上，根据企业实际应用增加了新的操作要求。

本书可作为高职高专院校以及应用型本科院校电子商务、计算机和信息管理等相关专业的学生教材，也可作为 IT 项目经理和准备从事电子商务工作人员的培训教材和参考书。

本书总共分六个项目，每个项目由多个任务组成。每个任务包含学习提示、任务要点、任务目标、任务要求、任务过程和任务成果等内容。

本书由辽宁机电职业技术学院贾晓丹担任主编，撰写人员及具体分工如下：辽宁机电职业技术学院贾晓丹编写了电子商务项目管理概述，项目一中的任务一、任务二，项目二中的任务一、任务二，项目三，项目五中的任务四、任务五、任务六、任务七，项目六中的任务一、任务二、任务七以及附录；艾迪凯教育科技（北京）有限公司于芳编写了项目四的任务四、任务五；辽宁对外经贸学院谢宏武编写了项目一的任务三、任务四、任务五；北京联合大学常胜军编写了项目二的任务三、任务四以及任务五；江苏连云港财经高等职业技术学校顾明编写了项目四的任务一、任务二以及任务三；江苏连云港财经高等职业技术学校沈学建编写了项目五的任务一、任务二以及任务三；江苏连云港财经高等职业技术学校马晓伟编写了项目六的任务三至任务六。

在本书编写过程中，得到了艾迪凯教育科技（北京）有限公司张云老师的大力支持与帮助，在此表示衷心感谢。同时，在本书的编写过程中，我们参考了大量的网站资料和图书杂志，编者在书末以参考文献的方式尽可能地列出，在这里，对这些书籍和资料的作者表示衷心感谢，如有疏漏，在此表示歉意。由于编者水平有限，加之多人编写，书中难免有不妥之处，敬请广大读者批评指正。

编　者

目　录

电子商务项目管理概述

一、项目的定义及基本特征

（一）项目的定义

项目（Project）是指在一定的时间、资源、环境等约束条件下，为了达到特定的目标所做的一次性任务或努力。比如，开发一种新产品或提供一种新服务、建造一座建筑物或设施、实施一套新的商业程序或过程等。

对项目的定义，可以从三个层面来理解：

（1）项目是一项有待完成的任务或努力，有特定的环境与要求。

（2）在一定的组织机构内，利用有限资源（人力、物力、财力等），在规定的时间内完成任务或努力。

（3）任务或努力要满足一定性能、质量、数量、技术指标等要求。

（二）项目的基本特征

项目具有以下几个典型特征：

（1）一次性。项目有明确的开始时间和结束时间，项目在此之前从来没有发生过，而且将来也不会在同样的条件下再次发生。

（2）独特性。每个项目都有自己的特点，每个项目都不同于其他的项目。项目所产生的产品、服务或完成的任务与已有的相似产品、服务或任务在一些方面有明显的差别。项目自身有具体的时间期限、费用、性能和质量等方面的要求。因此，项目的过程具有自身的独特性。

（3）目标的明确性。每个项目都有自己明确的目标，为了在一定的约束条件下达到目标，项目在实施之前必须进行周密计划。事实上，项目实施过程中的各项工作都是为了实现项目的预定目标而进行的。

（4）组织的临时性和开放性。项目开始时要建立项目组织，项目组织中的成员及其职能在项目的执行过程中都在不断地变化，项目结束时项目组织就要解散，因此项目组织具有临时性。一个项目往往需要多个甚至成百上千个单位共同协作，它们通过合同、协议以及其他的社会联系组合在一起，可见项目组织没有严格的边界。

（5）后果的不可挽回性。项目具有较大的不确定性，它的过程是渐进的，潜伏着各种风险。它不像其他事情可以试做，或失败了可以重来。项目要求有合理的计划、精心的制作和有效的控制，从而达到预期的目标。

（6）活动的整体性。项目中的一切活动都是相互联系的，这些相互联系的活动构成一个整体，不能有多余的活动，也不能缺少某些活动，否则必将影响项目目标的实现。

二、电子商务项目的定义及特征

（一）电子商务项目的定义

电子商务项目有广义和狭义之分。其中，广义的电子商务项目是指在开展电子商务活动的过程中，为了达到所需的绩效目标，在一定的期限内，依托一定的资源而进行的一系列活动；这一系列活动的过程有其丰富的内容，构成了许许多多、大大小小的项目。它主要包括以下三种类型：

1. 电子商务策划项目

电子商务策划项目是指根据企业的战略目标和产品定位，选择合适的电子商务运作模式，明确电子商务需求的过程，如确定企业的赢利模式等。

2. 电子商务系统项目

电子商务系统项目是指在明确电子商务需求的基础上，对电子商务网站或系统进行分析、设计、实施和试运行的过程。

3. 电子商务运营项目

电子商务运营项目是指在电子商务网站或系统已经投入运行的基础上，企业在网上承接订单，然后按照订单组织生产和交付商品的过程。

上述三类有关电子商务的活动均符合一般项目的特点，所以可以采用通用的项目管理思想和方法指导其活动。通常情况下，电子商务项目通过三项主要目标来进行项目的绩效评价，即时间（项目是否按时完成）、费用（项目是否符合预算）和性能（项目达到客户满意的程度）。

狭义的电子商务项目是指电子商务系统项目。本教材主要是以狭义的电子商务项目为主要的讲解内容。

（二）电子商务项目的特征

电子商务项目具有如下特征：

（1）电子商务项目涉及角色多。一般项目中主要涉及两个角色，一个是项目的投资方，另一个是项目的承包方。而对复杂的电子商务项目来说，项目所涉及的角色往往还有卖方、咨询方和外包商等。

（2）电子商务项目具有复杂性。在电子商务项目的实施中，需要控制多重关联的商业和业务活动中的变化，这些变化跨越了公司之间和公司内部的部门之间，这就将管理、技术、商业活动、竞争及其他因素混合在一起，从而使沟通与协调变得更加困难，这使得电子商务项目越发复杂。

（3）电子商务项目具有动态性。电子商务项目不可避免地受到其所依赖的电子信息技术的影响。快速发展、不断变化的技术环境要求在电子商务项目进行过程中，要动态地将新技术合理地结合到项目中来。

电子商务项目的动态性主要表现在以下几方面：

①客户在电子商务项目的实施过程中，往往会频繁改变他们的要求，这就要不断调整商务和业务规划，使其与电子商务系统同步。

②新的软件、硬件或网络技术的诞生，比已有的技术更有吸引力。

③决策层调整了业务方向、范围或进度。

④电子商务项目存在着较大的风险。电子商务项目是为企业建立新的商务模式，它的实施将改变企业现有的业务流程，影响业务结构，一旦失败很难弥补；此外，由于电子商务对系统平台和技术有很大的依赖性，这就要求系统要有高度的扩展性，这一尺度很难

把握。

⑤电子商务项目的生命周期短。电子商务项目不可避免地要应用到信息技术，而信息技术的生命周期较短，同时项目所依赖的计算机系统、软件的升级换代很快，这就要求电子商务项目要在较短的生命周期内予以实现；此外，现代商业环境的机会成本和风险也决定了电子商务项目不可能有较长的生命周期，否则项目尚未完成就可能面临被淘汰的危险。

三、电子商务项目管理的定义及过程

（一）电子商务项目管理的定义

电子商务项目管理是指在电子商务项目活动中运用专门的知识、技能、工具和方法，使项目能够在有限的资源条件下，实现或超过设定的需求和期望。

（二）电子商务项目管理的过程

项目从开始到结束是渐进发展和演变的，任何项目的实现都要经历一定的阶段或工作过程，或划分为若干个阶段。电子商务项目管理过程也是一个由粗到细、逐步深入的过程，这一过程主要包括以下五个基本阶段。

1. 电子商务项目启动阶段

这个阶段的主要任务是确认需求，进行成本效益分析，研究项目的可行性。这个阶段形成的文字资料主要有需求规格说明书或可行性分析报告。以提出明确的《需求规格说明书》或《招标书》为结束标志，可以单独研究论证，提出需求结论。如果能够与项目计划阶段有机地结合起来，则可以在满足需求的同时，确保项目目标的可行性。一般来说，项目目标至少要包括以下几个元素：

（1）工作范围：应该完成哪些工作。

（2）项目进度：应该在多长时间内完成。

（3）项目成本：完成项目需花费多少成本。

（4）项目质量：客户的满意度是什么，项目达到什么标准。

项目目标应该非常明确、具体、可操作和可测量。理想情况是项目开始时就应该有一个明确的目标，但是在现实项目中，特别是在电子商务项目中，很难做到。这主要是由以下两个原因造成的：第一个原因是项目开始时往往不清楚需要什么，需求在项目进行中才能逐渐明确；第二个原因是在项目进行过程中，目标常常会发生变动，不得不进行项目变更和返工。因此，在项目启动阶段应注意不要承诺超出需求的工作任务，同时双方还应约定项目的约束条件和验收标准，项目进行过程中的文档也应完整保留，对于项目中的任何变更，例如进度变更、范围变更、成本变更等内容，都要由双方确认并保留文档记录。

2. 电子商务项目规划阶段

项目启动阶段结束后，项目进入规划阶段。该阶段的主要任务是明确项目目标和范围，并确定周密的项目计划，提出解决方案。项目计划是项目执行的蓝本，它主要解决如何、何时、由谁来完成项目的目标等问题，即编制项目计划书，具体包括确定项目工作范围、进行项目工作分解、估算各个活动所需的时间和费用、安排进度和人员等。每一个成功的项目都必须有周密的项目计划。一个好的项目计划会提供项目的全景描述，使项目所有人员都能够全面了解项目的内容。项目计划本身具有稳定性和约束性，是实施项目控制的最有力的标准和依据。计划可能随着项目的深入而更新，但是任何计划的变动都必须遵循的项目变更控制程序。

在规划阶段，项目组成员应根据项目的目标、验收标准等要求制定完整的项目计划。项目规划阶段的核心是定义工作分解结构，还包括确定进度计划、项目预算、质量计划、沟通计划等。从项目的整个周期来看，项目的规划阶段所占比例是比较大的。

3. 电子商务项目执行阶段

在规划阶段产生的项目计划被批准后，项目组应组织人力、协调其他资源来执行计划，开始项目的实施工作。项目的执行是使项目组成员能够按项目的目标有计划地组织工作，以便成功地实现项目目标，满足项目的要求。

项目组成员的目标是共同完成项目，一般由项目经理负责项目的总体实施工作。对于大型的电子商务项目，可以将项目分成多个子项目进行同步开发，这就需要一个总的项目管理组负责对各个子项目的公共部门做出指导、协调和管理，各个子项目也应有各自的项目管理小组。因此在项目的执行过程中，必须对项目进行有效的控制。

项目控制是确保项目依照项目计划和目标完成的重要过程。项目控制就是监视和测量项目的实际执行情况。当项目在具体的执行过程中出现偏差时，必须确保项目按照计划有序、协调地执行。若发现实施成果偏离计划，就应找出原因，采取行动，使项目回到计划轨道上来。同时，这一阶段也需要根据项目的执行情况，对项目的计划进行必要的修改和补充，即项目的变更控制。在项目的控制过程中，主要包括进度控制、成本控制、质量控制、风险控制和变更控制。

4. 电子商务项目控制阶段

在电子商务项目实施过程中需要进行项目控制和监测，主要包括收集控制信息、进行偏差识别和分析，并对偏差结果进行决策，制定相应的措施以及更新计划等内容。

5. 电子商务项目收尾阶段

当项目的目标已经实现，或者项目的目标不可能实现时，项目就进入了收尾阶段。收尾阶段的工作重点是项目的交接、对项目结果进行检验、项目的评价和总结。

项目收尾包括项目验收、合同收尾和行政收尾。项目验收核查项目计划规定范围内的各项工作或活动是否已经全部完成，可交付成果是否令人满意，并将核查结果记录在验收文件中。合同收尾是指终结合同，进行核算。行政收尾是指收集和分发信息，开会正式宣布项目结束。收尾工作常常是零碎、烦琐、费时和费力的，容易被人忽略。但项目收尾做得如何，将直接影响到是否能够继续承接客户的其他项目，因此做好项目的收尾工作是非常重要的。

总之，在电子商务项目管理过程中，需要项目管理者能够在有限的资源条件下，运用系统的观点、方法和理论，对项目涉及的全部工作进行有效的管理，即对从项目的投资决策开始到项目结束的全过程进行计划、组织、指挥、协调、控制和评价，以实现项目的目标。

四、电子商务项目的生命周期

（一）电子商务项目生命周期概述

电子商务项目的生命周期是指一个电子商务项目从开始到结束所经历的阶段序列。

1. 电子商务策划项目的生命周期

电子商务策划项目的生命周期是：电子商务支持战略的确定→电子商务模式的确定→电子商务技术模式的确定→电子商务策划书的撰写评审。

2. 电子商务系统项目的生命周期

电子商务系统项目的生命周期是：电子商务系统规划→电子商务系统分析→电子商务系统设计→电子商务系统实施→电子商务系统运行→电子商务系统维护。

3. 电子商务运营项目的生命周期

电子商务运营项目的生命周期是：发布信息→谈判订货→电子支付→采购生产→物流配送→售后支持。

（二）电子商务系统项目开发管理的具体实施内容

1. 项目启动

（1）项目组成立（公司成员、客户成员）。

（2）制定项目预期目标。

（3）制定项目计划周期。

（4）建立好项目组成员沟通机制。

2. 需求调研

（1）创建调研计划，协调调研时间。

（2）收集客户资料，获取客户需求。所有的资料都需要保留一份，资料中的存疑需要及时询问。

（3）编写需求文档。重点描述出客户的业务流程和性能要求，采用 Word、Excel 等格式。

（4）需求变更记录。

（5）确定开发环境和运行环境。

（6）扩展性要求。

（7）与旧系统的接驳要求。

（8）估算出项目工作量。

本阶段需要一套需求管理系统来进行需求的管理。本阶段产生的需求文档也是用户验收测试的依据。

3. 系统设计、详细设计

系统设计、详细设计包括以下内容：

（1）选择基础平台。无论是采用第三方平台还是自行开发平台，都需要深入了解，查看是否符合要求。

（2）应用模块设计（针对业务流程）。

（3）中间件的采用或自行开发。

（4）用户界面的设计。如果用户界面设计完毕并确认，即可初步写出用户使用手册和管理员使用手册。

（5）变更记录。

本阶段的系统设计是集成测试的依据。

4. 程序开发

创建开发任务计划表和开发计划日程表：

（1）优先编写测试用例。

（2）按照编码规范编写代码。

（3）按照文档注释规范注释。

以上形成开发文档。

本阶段需要一套版本管理系统。

本阶段的测试用例也是单元测试的依据。如果能做到，最好每日构建。

5. 测试

本阶段需要一套 Bug 管理系统，形成需求、设计、开发、测试互动。

（1）编写测试计划和测试方案。

（2）功能测试。包括单元测试和集成测试。

（3）性能测试。包括集成测试和压力测试。

如果能做到，最好能进行自动化测试，做分析统计工作，最后形成测试报告。

6. 试用、培训、维护

本阶段需要解决以下问题：

（1）解决异地修改和公司修改的同步问题。

（2）用户测试中的 Bug 修改问题，按照级别分为：程序 Bug、设计变更、需求变更。尽量按照级别的顺序来进行修改，尽量避免后两级的修改。

（3）形成安装手册、维护记录。

项目一　电子商务项目策划

学习提示

学习目标：

- 知识目标：掌握项目需求分析和项目策划的基本方法、基本步骤等知识点。
- 能力目标：培养与客户沟通的技巧、进行需求分析和可行性分析的能力。
- 素质目标：培养学生的职业道德，要重视和尊重客户的需求，真心实意为客户着想才是企业长期发展的根本。

本项目重点：

- 提高学生对需求分析、可行性分析、项目策划的理解和应用。

本项目难点：

- 如何站在客户角度进行需求分析，将需求分析落到实处，如何从需求入手做好项目策划。

任务一　电子商务项目需求分析

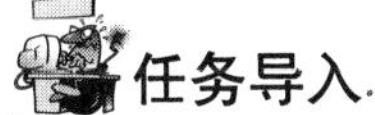

任务导入

网上花店电子商务需求分析

“欣欣”花店是一家中型鲜花零售店，主要销售各种鲜花、多肉植物以及鲜花附属工具，同时经营鲜花包装、快递等业务。花店现有员工 10 人，每天鲜花销售额在 2 500元左右，该店采用传统的营销方式，以零售为主要渠道，进货、销售、配送等都比较成熟，也积累了一批老客户。

鲜花的零售利润可达 6%，十分可观，但是损耗也很大。目前“欣欣”花店计划发展礼品等配套业务，但由于店面面积以及资金影响，难以对多种货品进行展示。为解决上述问题，希望建设网上花店，实现网络营销与传统营销双通道的营销模式。

[问题分析] 该想法是否可行？如果可行请完成该项目的需求分析。

任务分析

关键词	需求分析
理论要点	项目需求分析的思路、流程以及需要注意的问题
实践要点	与客户沟通、理解客户需求、进行客户需求分析、编写可行性分析报告、进行需求变更管理

获取需求是一个确定和理解不同类型用户的需要和限制的过程，准确地获取需求是解决问题的第一步。一旦理解了需求，分析者、开发者和用户就能探索出描述这些需求的多种解决方案。由于需求获取失误造成的对需求定义的任何改动，都将导致设计、实现和测试上的大量返工，而返工花费的资源和时间将大大超过仔细精确获取需求的时间和资源。因此，这一阶段的工作一旦做错，最终将会给项目带来极大的损害。

本阶段的目的是了解客户的需求，在进行具体的调研时，客户代表主要从客户的问题、客户的现状和客户的业务模式三方面进行了解，对照客户的业务发展方向和现状进行可行性分析，并负责编写可行性分析报告，然后召开可行性分析会议，邀请公司高层、行业专家和利益相关者一起来商议该项目是否可行。

一、任务目标

结合实际项目，根据需求分析的基本流程和思路进行需求分析。

二、任务要求

(1) 从思想上重视需求分析工作，了解需求分析的目标。

(2) 能够在项目前期做好需求分析。

(3) 掌握一般项目需求分析的思想和流程，能够根据实际进行需求分析。

三、任务过程

(一) 基本流程

一般项目需求分析的基本流程如图 1—1 所示。

(二) 具体步骤

项目需求分析过程包括 6 个主要步骤：了解客户现状、理解客户需求、客户需求分析、客户需求验证、编写可行性分析报告和需求变更管理。

步骤一　了解客户现状

评估客户的现状，如信息化程度、人员的计算机技能水平、客户当前的业务模式、业务角色及其关系等。要注意的是表面的业务里面可能包含着很多的细节，这些细节是需要反问客户才能获取的。反问的问题越多，最终获取的需求就越具体，项目进行得就越顺利。有许多问题都是在反问客户的过程中客户才开始思考的，这也可以帮助客户提出更加合理的需求。

步骤二　理解客户需求

为了理解客户的需求，就要与客户进行充分的沟通交流，了解他们的原始需求，并分析公司开发此项目的业务机遇、业务目标、目标客户和目标市场的需求以及业务风险等问题。

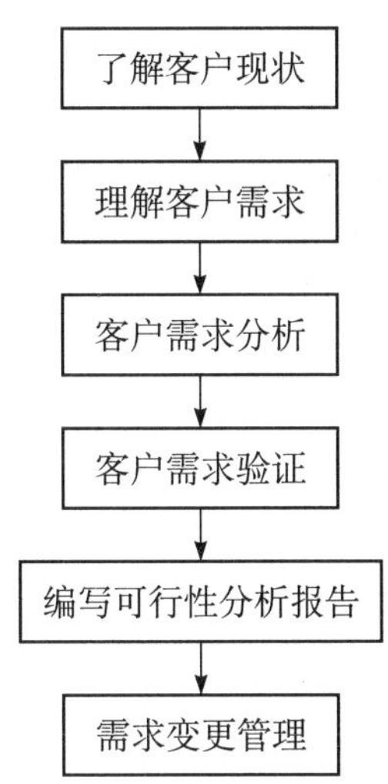

图 1—1　项目需求分析基本流程图

在这一阶段，要让客户畅所欲言，将所有的想法尽可能地阐述清楚，并把所有的要求罗列出来，不要遗漏。这时候需要直接明白地跟客户把问题和要求一条条地列出来，将用户最原始、最完整的要求准确地记录下来。为了尽可能详细、准确地掌握客户的原始需求，需要将调研对象进行划分，列出所有的项目相关人员和系统应用人员，要求客户代表与他们逐个沟通。

步骤三　客户需求分析

客户往往对需求的概念是非常模糊的，大多时候给出的需求都是笼统而且尺度难以把握的，这就要求客户代表在倾听客户详细说明以后，帮助客户进行整理和分析，同时预测客户在开发过程中可能出现的变更以及在后期的应用中可能进行修改升级的潜在需求。在进行需求分析时，提早为客户设想到今后的需求变更，将使项目开发过程更加顺利。最终要与客户形成一个对项目方案有着共同理解并达成一致的协议，这一协议通常通过文档化的需求规格说明书来体现。

业务员与客户进行沟通和调查时撰写的需求分析，应尽可能地使用自然的语言进行描述，虽然客户的水平和资历有所不同，但是最自然的描述能够使项目开发的各个成员都能清楚地理解需求含义，不至于在理解上产生偏差。对客户而言，这样的模型描述最接近真实，容易参与修订，并能以此作为测试和验收的依据。

需求分析在文字上无论怎样表述都是抽象的，从而会造成客户理解上的困难，所以可以利用示意图或图表将用户的需求表现出来。

需求规格说明书要满足以下几点要求：

(1) 正确性：每项需求都必须准确陈述其要开发的功能。

(2) 可行性：确保在当前的开发能力和系统环境下可以实现每个需求。

(3) 必要性：明确需求是否必须交付，是否可以推迟实现，是否可以在经费不足时予以削减。

(4) 简明性：要使用简明易懂的语言，不要使用晦涩难懂或易产生歧义的语言。

(5) 检测性：项目完成后，客户可以根据需求进行检测。

需求规格说明书模板见书后附录1。

步骤四　客户需求验证

检查需求是否能通过设计测试用例或其他方法验证，如演示等，来确定产品是否确实按需求实现。如果客户需求不可验证，则确定其实施是否正确就成为主观臆断，而非客观分析。

客户需求验证主要包括以下几个环节：

（1）审查需求文档。组织一个由不同代表（如用户、分析人员、设计人员、测试人员）组成的小组，对需求规格说明书及相关模型进行仔细检查。

（2）依据需求编写测试用例。根据用户需求所要求的产品特性写出系统的功能测试用例作为系统测试依据。

（3）编写用户手册。在需求开发早期即可起草一份用户手册，用它作为需求分析说明的参考并辅助需求分析。

（4）确定合格的标准。需求分析中说明什么样的产品才算是满足用户的要求和适合他们使用的，将合格的测试建立在使用情景描述或使用实例的基础之上。

步骤五　编写可行性分析报告

在项目建议书获得审批通过的基础上，在成本、性能要求允许的前提下，分析每项需求实施的可行性，明确与每项需求实现相联系的风险，包括与其他需求产生的冲突、涉及各类用户的利益平衡、对外界因素的依赖和技术障碍等，因此，可行性分析报告是新系统开发的依据。可行性分析报告主要由以下几部分构成：

（1）引言。主要包括项目的名称、目标和基本功能，用户单位名称，新系统开发单位，该系统与其他系统或机构的关系和联系，在可行性报告中使用的专门术语及其定义，该报告中所引用的文件和技术资料。

（2）可行性分析的准备。包括对可行性分析的要求和目标，进行可行性分析所应具备的条件和限制，进行可行性分析所采用的方法。

（3）对现行系统的分析。包括企业要实现的目标与要完成的任务、用户单位的组织机构和管理体制、现行系统的状况、可供利用的资源及制约条件、目前企业存在的主要问题及薄弱环节。

（4）新系统的方案。包括新项目的目标及要实现的功能，新系统的组成结构、设备配置，新系统开发的计划安排，包括开发的各阶段对人力、资金、设备的需求，新系统实现后对组织结构、管理模式的影响。

（5）可行性分析。包括开发一个项目的必要性，开发新系统的经济的可行性、技术的可行性、组织管理的可行性和社会的可行性。

（6）可行性分析的结论。根据以上对开发一个项目的可行性分析，应该得出一个项目开发是否可行的结论。一般有以下几种方式：

①可以立即进行系统的开发。

②需要增加一定的设备资源后才能进行开发。

③要推迟到某些条件具备以后才开始进行开发。

④需要对系统的目标进行重大修改。

⑤不能或不必要对系统进行开发。

可行性分析报告是系统规划阶段工作的总结。可行性分析报告需要用户单位领导、管理人员与系统开发人员共同进行讨论、分析和研究。可行性分析报告一旦通过，就成为用户单位领导、管理人员和研发人员的共同认识，并初步确定系统的总体目标，提出所需的资源条件。

步骤六　需求变更管理

项目需求在项目开发的过程中出现变更几乎是不可避免的，这种变更有时非常频繁和琐碎，以至于往往不能将变更及时反馈到项目的各个角色中，那么做好需求变更日志就显得非常重要。在需求分析后面附上变更日志，并将修改后的需求分析制作成新版本，保留每次更改过的版本，而不是覆盖，这样就能够比较容易地跟踪需求变更过程中所带来的工作调整。在新版本的需求分析中，应将变更的部分用特殊方式标注出来，并在日志中记录变更明细。

关于需求分析和变更管理可参照图 1—2。

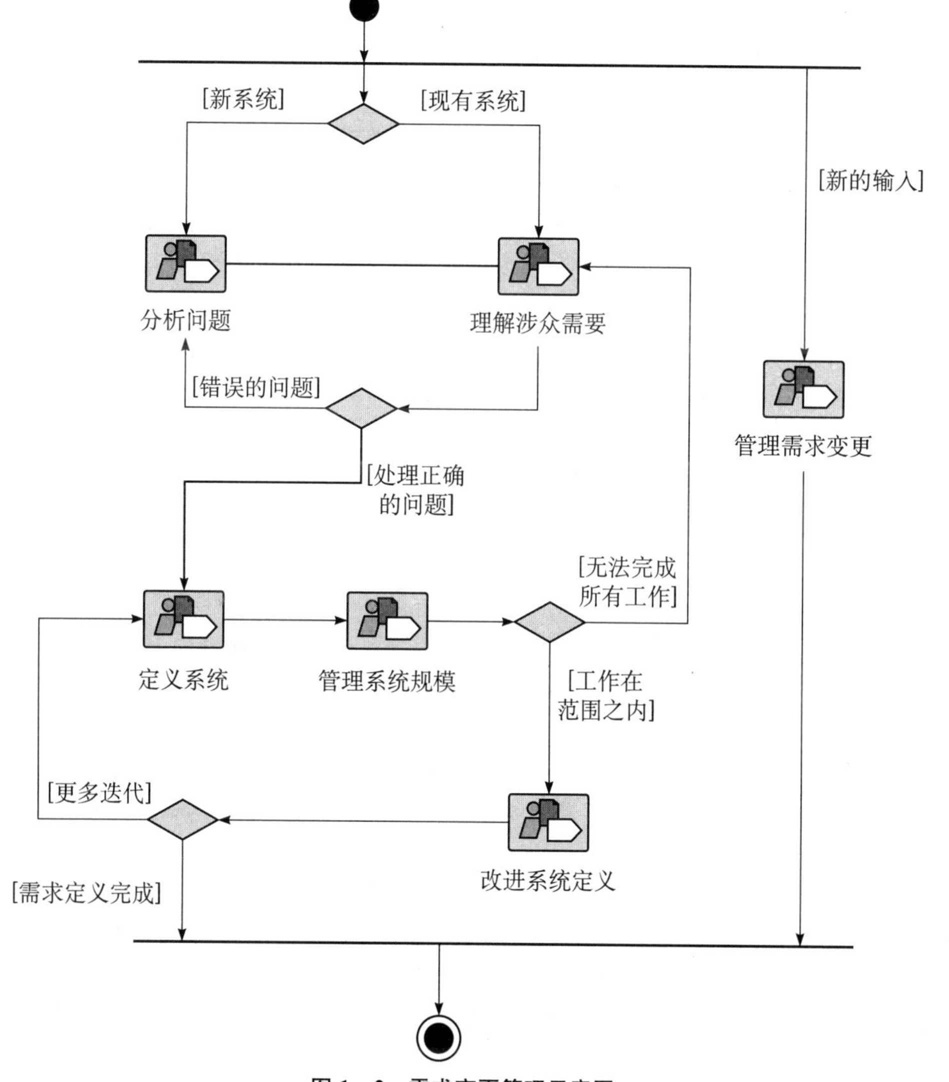

图 1—2　需求变更管理示意图

在需求分析和变更管理的过程中，工作量最大的角色为客户代表、业务员和项目经理。客户代表提出需求，业务员帮助整理和分析，项目经理对整个项目进行评估。在实际工作中，很多项目失败的起因都和需求分析有关。客户代表和业务员通常并非从事技术开发的专业人员，在讨论需求的时候往往对项目的技术难度、工作量、时间进度把握不准确，这时候需要项目经理或技术人员的参与。

任务说明

在进行需求分析时应注意以下细节：

（1）需求分析报告对功能细节的描述不能有歧义，描述一定要全面、准确，不要让客户对报告产生歧义。帮助客户去理解提交给他的需求分析报告，对于有多种方式可以实现的功能，尽量做到能让客户去比较和选择。

（2）需求分析报告一定要经过一个有技术人员和业务人员参加的评审会，要充分发挥团队的力量，重视每个人的才智，逐一评审每一个模块和每一个功能，让大家来共同找出需求分析报告里不合理的、有歧义的、不完善的、遗漏的问题。

（3）避免需求分析受客户影响过大。一味地求全和盲目服从客户的设想，会使项目中含有技术实施上有较大难度的功能。事实上，有些时候客户的想法在实际实施过程中是不现实的，或者有更为简便的方法可以来替代。

（4）大部分客户在项目投入上都是有预算的，在成本有上限的前提下，项目在功能设计方面必然会受到一定的影响，毕竟功能越多越完善，相应的开发成本就越高，这种功能上的不完善需要事先告知客户并得到理解。

（5）需求分析报告的编写者要参与到需求的搜集工作中，准确领会客户的意图，并转化成软件能够实现的功能。对于说不清楚需求的客户，要善于问关键问题，引导客户提出自己的需求。可以采取的措施是事先编制一个问卷调查之类的文档，详细列举需要客户回答的问题以防止遗漏。

（6）需求分析报告的编写者要能够对客户需求进行深入分析，区别出哪些需求存在日后变更的可能，哪些需求属于相对固定的，哪些需求能够实现，哪些需求需要变通才能够实现，以便于指导后面的功能设计。（7）需求分析报告的每个关乎功能的描述都要让客户明白和理解，可通过制作流程图和示意图将需求表现出来，并让客户参与到示意图的设计中。客户在理解之后的确认能够保证日后一旦有问题时不致出现双方相互推脱责任、纠缠不清的情况。

（8）最后，需求分析报告一定要双方共同签字确认。

图1—3是网络上流传的一组关于客户需求、项目分析、程序设计的漫画，它或许有些夸张，或许有些歪曲，但是，至少会引起我们的一些思考。

由这组漫画我们可以得出一个结论：客户是整个项目的发起者，项目进行的前提是为客户创造价值，因此我们需要将客户需求放在项目的首要地位，把客户作为团队的成员，认真地做好需求分析，准确地制定项目目标。

在具体实施中，可以根据实际情况开展需求调研和需求分析，其中涉及的领域由于具体项目的不同会有所区别。

四、任务成果

（1）掌握需求分析的方法和步骤。

（2）能够完成需求规格说明书。

（3）能够完成可行性分析报告。

（4）解决平时工作中遇到的需求分析方面的疑难问题。

知识点拨

需求：经济学中需求是在一定的时期，在一既定的价格水平下，消费者愿意并且能够购买的商品数量。需求显示了随着价钱升降而其他因素不变的情况下，某个体在每段时间内所愿意买的某货物的数量。在某一价格下，消费者愿意购买的某一货物的总数量称为需求量。在不同价格水平下，需求量会不同。

客户是这样描述需求的

项目经理是这么理解的

分析师是这么设计的

程序员是这么编写的

商业顾问是这么描绘的

项目书写出来是这样的

操作中用了这样的工具

客户是这么建造的

提供的支持是这个样子

这才是客户真正需要的

图 1—3

思考题

思考一：怎样从客户杂乱无章的需求列表中提炼出其亟待解决的核心需求？

思考二：怎样确保客户需求的真实有效？

思考三：怎样确保客户的需求变更得到及时的响应？

任务二　项目模型及业务流程分析

任务导入

招商银行网上购物支付流程如下：

(1) 在网上商店选购商品，按商店提示，选择招商银行网上支付付款。这时您的浏览器将自动连接到招商银行网站，产生付款网页。

(2) 在付款网页中点击“招商银行专业版”，浏览器将弹出一个登录窗口。

(3) 在登录窗口中输入您的用户名和密码，进入招商银行专业版系统。

(4) 在专业版中您可以看到网上商店的名称、订单号、日期、金额等信息，选择您准备用来付款的一卡通，并输入该一卡通取款密码，点击“确定支付”按钮，系统把付款资料传送到银行。

(5) 不管付款成功或失败，您都可以看到银行或商店返回的提示信息。

[问题分析] 面对不同的功能要求，如何设计符合自身特点的业务流程？

任务分析

关键词	项目模型、业务流程
理论要点	项目模型、业务流程设计及需要注意的问题
实践要点	电子商务项目的业务流程

一、任务目标

结合实际项目，建立项目模型，进行业务流程设计。

二、任务要求

(1) 制作项目模型文档，使所有人对项目结果达成共识。

(2) 进行业务流程分析，设计、创建用户界面原型。

(3) 制作项目计划书。

三、任务过程

(一) 基本流程

项目业务流程分析的一般过程如图 1—4 所示。

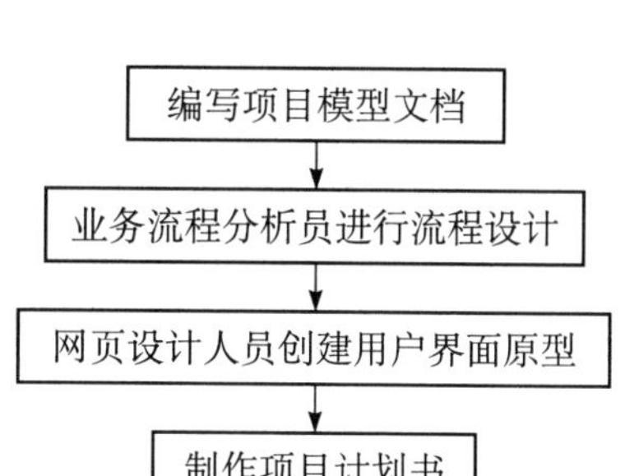

图 1—4　项目模型及业务流程分析

（二）具体步骤

步骤一　编写项目模型文档

在进行需求分析后制作项目模型文档，能在项目进入开发前使所有人对即将要开始完成的项目结果形成共同的认识，并提早发现可能出现的需求变更，这样会大大提高开发的效率和质量。

模型描述应采用最自然的语言，这份文档是对需求分析报告的进一步描述。通过项目模型的描述使客户代表、项目经理、技术人员对即将展开的项目产生最直观的印象，并针对关键的问题进行讨论，形成统一认识。

步骤二　业务流程分析员进行流程设计

业务分析人员要重点协助客户对需求进行归纳分析，查找出所有的业务主角，由于每一类角色参与系统活动时的入口和流程都有所不同，因此业务流程分析员要分别将每个主角的相关活动及流程通过逻辑图和示意图清晰地绘制出来，对系统的机构简要明确地进行描述。

在进行业务流程设计时，需要注意以下事项：

（1）调查用户网络环境和配置，使架构设计师能够制定合理可行的系统架构。

（2）调查用户偏好和技能水平，完善项目开发的深度和用户界面的设计。虽然开发人员和管理人员很容易自认为他们已经了解了用户需要，但实际情况常常不是这样。人们往往关注用户应该如何执行任务，而不是用户偏好如何执行。在多数情况下，偏好问题不仅仅是简单地认为已掌握了用户需要，尽管这本身就很值得研究。偏好还要由经验、能力和使用环境决定。

（3）预测并制定系统的性能指标，为测试人员编写测试计划提供依据。许多项目设计比较重视功能的实现，往往测试阶段能够满足客户的需求，而一旦投入使用，便会发现性能上面临着一个个“瓶颈”。客户由于对专业知识的了解程度有限，往往也会忽略对这方面的要求。因此，为了避免日后陷入纠纷，事先预测并制定性能指标是非常重要的。

步骤三　网页设计人员创建用户界面原型

在实际系统投入开发之前，创建用户界面原型是非常重要的，开发原型的成本远远低于实际开发的成本。在项目初期，创建完整的用户界面，揭示和测试系统的所有功能和可用性，并能够使客户代表参与讨论及修改，可以大大提高项目的成功概率。

创建正确可行的原型以后，系统分析、设计及代码的编写都必须遵照原型进行，确保构建的系统是正确的，测试人员和客户也能够在开发过程中实时地参与检查，可以有效地保障项目的质量。

根据业务流程分析员所提供的流程分析逻辑图及示意图，网页设计人员开始设计、制作用户界面原型。在这个阶段，对于网页设计人员来说还没有进入精细设计的阶段，所以最重要的工作是将业务流程完整地表现出来，并和客户就设计风格、设计规范进行确认和定义。

网页设计人员在充分理解客户需求和所有的业务流程之后，利用合理的布局设计用户界面，比如网站的首页风格、首页需要显示的各个元素、导航的分类和表现方法、各类业务角色的入口，等等。

这里需要注意的是，用户界面不仅仅是网站访问者所浏览的界面，也包括了特殊用户、管理员、业务伙伴等不同的用户界面，甚至还有提示界面、警告界面、出错界面等，设计完整的用户界面原型不仅能够使客户及测试人员更容易明确需求，也会对项目的质量起到不可忽视的作用。

步骤四　制作项目计划书

到了这个阶段，可以说已经掌握了客户的需求并对计划实施的系统开发有了清楚的认识，与客户之间达成了共识，那么在进入下个阶段的工作之前，就需要首先制作项目计划书。

项目计划书要全面描述整个系统的全貌，作为系统分析、测试人员工作的基础，同时是客户验收的标准和业务合同的内容之一。因此，应该仔细谨慎地撰写项目计划书。书后的附录 2 提供了项目计划书模板。根据项目的不同，项目计划书的内容有所不同，该模板基本涵盖了需要在项目计划书中进行确认和描述的核心要素。

四、任务成果

在本阶段的工作过程中，核心的任务是通过上个阶段的需求分析进行项目模型设计和业务流程分析，制作用户界面原型并得到用户的确认，最终完成双方认可的项目计划书，作为下一阶段项目策划模式分析的依据。

知识点拨

最大限度地满足客户的需要才是项目设计开发的关键。真正做到以用户为中心，就要先放弃沉淀在脑子里的经验和想象，到客户工作的地方去观察、记录客户如何工作，然后与客户谈论他们的工作，只有仔细观察和真诚沟通，才能制定出真正符合用户需要的项目计划。为此，开发人员应尽可能早地让用户涉入项目，通常有以下几种熟悉用户及其需求的方法：

（1）与用户交谈。

（2）到办公地点拜访用户。

（3）观察用户工作。

（4）将用户的工作过程进行录像。

（5）了解工作组织。

(6) 自我尝试。

(7) 使用户在工作时边想边说。

(8) 让用户参与设计。

(9) 使设计小组中包括专家级用户。

(10) 执行任务分析。

(11) 利用调查问卷。

(12) 制定可测试的目标。

在可能的情况下，努力将需求和流程设计做到精确、客观和细致，这样不但能保证系统开发的质量和成熟度，也会得到客户的高度满意和信任。

要高质量地完成业务流程分析阶段的工作，就要遵循以下原则：

(1) 到客户的实际工作环境中进行观察和记录，真正以用户为中心进行设计。

(2) 仔细查找各种业务主角，并表述不同主角的各种操作流程步骤。

(3) 简化需求，将客户的需求进行归纳整理，抓住核心问题。

(4) 细化需求，针对核心问题，模拟用户角色，进一步确认流程和规范。

(5) 认真制定设计计划书，为下阶段的工作打好基础。

思考题

思考一：怎样确定项目模型文档包含的内容？

思考二：怎样进行合理的业务流程设计？

任务三　电子商务项目策划模式分析

任务导入

阿里巴巴中国站（www.alibaba.com.cn）是中国领先的B2B网上交易市场。Alexa.com评价其为国际贸易最受欢迎网站、电子商务最受欢迎网站；《福布斯》连续7年评价其为“全球最佳B2B网站”之一；《财富小企业》评价其为6家最受全球企业家欢迎的网站之一。

1. 阿里巴巴的业务模式

战略目标：阿里巴巴的远景是成为一家持续发展101年的企业，成为全球10大网站之一，达到只要是商人就一定要用阿里巴巴的境界。

目标客户：中小型企业。

产品和服务：中国供应商服务、诚信通服务、淘宝网、雅虎中国、阿里软件。

收入与利润来源：国际网站的“中国供应商”、国内网站的“诚信通会员”、面向诚信通会员的“关键字竞价”、广告收入。

核心能力：极具凝聚力的企业文化、稳定的管理团队、优质的信息服务。

2. 阿里巴巴的技术模式

网站的技术模式定位于系统运行的持续稳定性和安全性。

阿里巴巴的通信系统采用互联网和通信网，在服务器的构建上要保证交易信息在通信网络上的安全传递，并且保证数据库服务器的绝对安全，防止网络黑客的闯入破坏。它的系统在抗侵入性、边界服务器、采用加密技术的信息完整性、用户的鉴别服务等方面有严格的要求。

阿里巴巴在身份验证和安全监控上也有一些大的作为。在系统应用软件方面，阿里巴巴采用了网上信用管理系统、身份认证管理系统、网络监控管理系统和网络安全管理系统等，以最大限度地保证网站安全、数据安全、交易安全。

3. 阿里巴巴的经营模式

阿里巴巴采用了创新的经营模式、曲线发展的经营策略，即通过免费使用制造人气和人脉、推出系列的经营项目获取利润。

4. 阿里巴巴的管理模式

组织结构扁平化，各机构权责清晰、职能明确，设立首席执行官、首席运营官、首席财务官和首席技术官，他们的职权和责任是明确的。

人力资源管理特点：不从竞争对手处挖人；员工随时可以离开公司；对请进来的人负责，来之前对他狠一点，来之后对他好一点；激励机制；271 战略；唐僧的团队理念。

网站管理：网上信用管理系统、身份认证管理系统、网络监控管理系统、网络安全管理系统。

5. 阿里巴巴的资本运营模式

阿里巴巴的资本运营模式是对企业成立初期的资产重组，把企业改制成上市股份控股公司，在资本市场上进行融资。

1999 年 3 月，用 50 万创办阿里巴巴网站。

1999 年 7 月 9 日，在香港成立阿里巴巴中国控股有限公司，9 月 9 日在杭州成立阿里巴巴（中国）网络技术有限公司。

1999 年 10 月，吸收了美国著名投资公司高盛牵头的国际财团 500 万美元风险资金。

2000 年 1 月，日本互联网投资公司软库（Softbank）以 2 000 万美元与阿里巴巴结盟，合作开发日文、韩文及多种欧洲语言的当地阿里巴巴国际贸易网站。

2002 年 2 月，日本亚洲投资公司又向阿里巴巴投资，并于当年实现全年盈利。

2003 年 5 月，提前实现当月每日收入 100 万元人民币目标。

2003 年 7 月 7 日，宣布投资淘宝网站。

2004 年 2 月，阿里巴巴再获 8 200 万美元融资，2004 年 7 月阿里巴巴对淘宝网追加投资 3.5 亿元。

2005 年 10 月，雅虎向阿里巴巴集团注资 10 亿美元，阿里巴巴集团收购雅虎中国。

2006 年，阿里巴巴集团战略投资口碑网。

2007 年 11 月，阿里巴巴集团成立网络广告平台阿里妈妈。

2008 年 8 月，作为大淘宝战略的一部分，口碑网并入淘宝网，使淘宝网成为一站式电子商务服务提供商，为更多的电子商务用户提供服务。

2008 年 9 月，成立阿里云计算。

2010 年 5 月，阿里巴巴集团宣布，从 2010 年起将年度收入的 0.3%拨作环保基金，以促进全社会对环境问题的认识。

2010 年 11 月，淘宝商城启动独立域名。

2011 年 6 月，阿里巴巴集团将淘宝网拆分成三个独立公司：淘宝网、淘宝商城和一淘，以便能更精准和有效地服务客户。

2012 年 1 月，淘宝商城宣布将中文名更改为天猫，加强其平台的定位。

2013 年 1 月，阿里巴巴宣布对集团现有业务架构和组织进行相应调整，成立 25 个事业部，具体事业部的业务发展将由各事业部总裁（总经理）负责，从战略到运营层面为阿里巴巴集团的健康、稳定和可持续发展提供保障。

2013 年 4 月 29 日，阿里巴巴通过其全资子公司阿里巴巴（中国），以 5.86 亿美元购入新浪微博公司发行的优先股和普通股，占新浪微博公司稀释摊薄后总股份的约 18%。

[问题分析] 阿里巴巴是如何根据实际环境及需求确定其电子商务项目的业务模式、技术模式、经营模式、管理模式和资本模式的？

任务分析

关键词	项目策划模式
理论要点	项目策划模式思路、流程以及需要注意的问题
实践要点	电子商务项目的业务模式、技术模式、经营模式、管理模式和资金模式

电子商务项目策划是按一定模式进行的。所谓“项目策划模式分析”，就是使策划人按照具体策划样式去做，经过策划人不断总结和分析，形成基本策划模式，并在策划模式分析的过程中，对需求分析进行进一步深化和分析。通常客户及业务人员在需求分析和流程分析的过程中比较注重功能上的表现和定义，这样即使做出正规的用户界面原型，对系统的需求也是不完整的，但不意味着这种需求不存在，而且这些隐藏的需求对项目实施人员来说是极其重要的。因此在完成需求分析和业务流程分析并得到客户的认可之后，对电子商务项目进行策划模式分析是极其重要的，它直接影响到客户的需求能否得到真正的体现和实施。

一、任务目标

结合实际项目，根据项目策划模式的基本流程和思路，完成项目策划模式分析，确定电子商务项目策划模式。

二、任务要求

（1）在思想上重视项目策划模式分析工作，掌握各种模式的内涵。

（2）能够完成电子商务项目模式的策划。

（3）掌握一般项目策划模式分析的思路和流程，能够根据实际项目进行项目模式策划分析。

三、任务过程

（一）基本流程

项目策划模式分析的基本流程如图 1—5 所示。

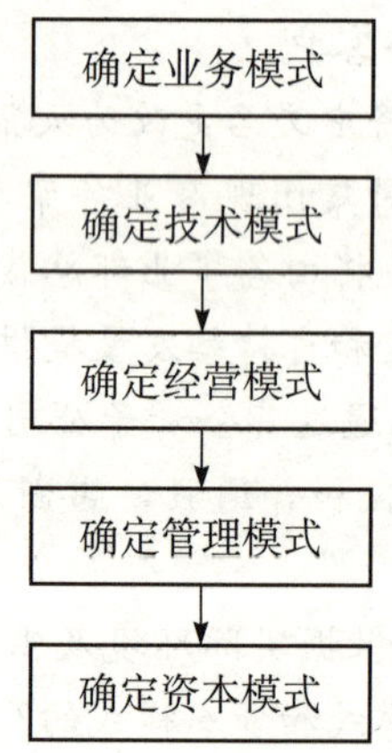

图 1—5　项目策划模式分析基本流程

（二）具体步骤

电子商务项目策划模式指明了电子商务项目策划的主要内容。电子商务项目策划模式可以总结为五大模式：业务模式、技术模式、经营模式、管理模式和资本模式。通过对各模式内涵的分析，项目以发掘业务、拓展服务为主线，依靠多层次技术支持，通过明晰上下游经营路径，实施内外部整合管理，加之有效的资本运作，可在时间、资源等条件约束下较顺利地实现预期目标。

商务本身就是宽泛的，可以说除了纯生产环节外的市场调查、生产计划、原材料采购，产成品储运、流通、交易、消费等商品经济环节都属于商务活动。因此，与软件、工程等项目不同的是，电子商务项目并非专注于特定领域，而是高综合性的，容纳了经济、技术、管理、法律等多个范畴。所以，这五大模式也揭示了电子商务项目区别于传统项目的主要特征。

步骤一　确定业务模式

如果说电子商务项目解决的是“做什么”的问题，其业务模式就是为达成此特定目标而构建“如何做”的框架性体系。从商业买卖角度出发，业务模式由商品选择开始，将信息的发布、商品的呈现、交易的达成、款项的交付、实物的流动或服务的提供等连成一线。从搭建角度讲，业务模式又可包括后台的布置、前台的规划、前后台交流线路设计等。可以说，业务模式勾画出项目策划过程的每一个必要环节，明晰项目策划路径。当然，对于具体的电子商务项目而言，所需环节都是不同的。如建造一个全新的 B2C 企业就需要考虑从商品选择到交易达成的全过程，而一个电子政务项目则只需要策划各部门的最优的应用路径即可。

下面以建立网上商城为例对业务模式进行分析。首先应界定产品或服务。我们可以通过是否需要配送、个性化服务程度、交易复杂程度、产品利用或替换频率四项指标对商品进行分类，提出不可触及性商品和交易程序复杂或个性化程度高的可触及性商品适合在网上进行售卖。这就为商城项目策划提供了依据，可协助其选择售卖商品或服务的种类。其次，界定信息发布和商品呈现的形式也必不可少。信息可以是纯文字的，也可以采取图片或三维立体方式。交易的达成和款项的支付则更为复杂。网上直接支付要求与银行开通接口，网下支付则能采用现付、邮寄或电汇等方式。如果有实物配送的话，则要界定是采取自我实现，还是由第三方代理。

总之，业务模式就是根据计划中的商品或服务销售实施环节对电子商务项目进行的策划。这一阶段形成初步概念，为后期的技术开发提供思路，为具体经营做好铺垫。

步骤二　确定技术模式

技术模式是电子商务项目策划过程中实现业务和经营模式的技术支撑系统，主要负责维护系统正常运行及意外发生时保护与恢复硬件、软件及相关人员配备。硬件系统包括通信、计算机及其他有专项功能的设备、仪器，如路由器、服务器、个人电脑、扫描仪、刷卡机等。软件系统主要涵盖系统软件和应用软件。

技术模式是基于项目策划的业务模式构建而成的，在应用过程中要注意以下几点：其一，对每一模块需运用的方法和工具要提出多样化选择方案，通过综合评价，采用最适宜的系统。这样在保证工具的先进性、系统的可操作性的同时，使前中后期的投入量尽可能达到均衡。在解决不必要支出的同时，防止后期隐患。其二，要从全局出发，考虑各子模块及各阶段的兼容性，保证系统比较全面地结合。其三，应注意对前期设备和数据的整合运用，提高系统的有效性。

步骤三　确定经营模式

经营模式与业务模式是密切相连的。如果说业务模式注重对整体环节的设计和具体路径的选择的话，那么经营模式则主要考虑在技术条件允许的情况下如何展开行动，实现业务模式各环节设想，促进预期目标的实现。这不仅包括选择各环节协作者、协作方式、分成方法，还包括非业务模式环节的市场开拓、广告宣传等事宜。可以说，经营模式使业务模式的框架更加饱满、更加灵活。

沿用上述案例，可以发现，在对网上商城的经营模式进行策划时需要考虑商品的采购、储存、运输、配送、结算、网上网下的有效结合、市场开发等问题。首先，要考虑在业务模式阶段确定的售卖商品基础上应选择哪些供货商，并采取何种方式（赊账式、一次付清式或其他）。其次，对支付和配送等环节协作对象的选择也十分重要，且具体的操作过程还需要细致推敲和成本核算。最后，商场内部的市场开拓、产品储存、中长距离运输等问题也需要一一策划。

步骤四　确定管理模式

从一般意义上讲，对项目的管理自始至终都伴随着项目的进行。这里的管理模式是指为保证项目正常运行和发生意外时能保护与恢复项目的法律、标准、规章、制度、机构、人员和信息系统等，它能对系统的运行起到跟踪监测、反馈控制、预测和决策的作用。

步骤五　确定资本模式

资本模式囊括了从资本进入（选择类型、计划筹措）、运作（内部运作与外部运作）到退出（主动退出、被动退出）的整个过程。要策划一个电子商务新项目或在原有基础上建设一个大的电子商务项目，对资本模式的规划必不可少。在资本模式设计过程中要权衡各方面因素，选择最优方案。资本获取有多种方式，它可以是自有资金、天使基金、风险资金、银行贷款、招商入股或股票发行、售卖债券等。对于新项目而言，一般以前三者为主要形式，招商入股和银行贷款也常常被采用，但有一定风险。而对大的增进型项目，股票发行、售卖债券或进行企业股份制改造则较为常见。作为项目负责人，不仅要考虑项目建设阶段的资金筹集以及投放环节，还要为后期资金运作和退出做好规划。

经过系统的、科学的、客观的分析，就比较容易和客户在业务模式、经营模式、技术模式、管理模式、资本模式等方面达成一致的认识。在此基础上，如果能顺利地将客户需求的业务逻辑分析转化为程序逻辑，把原先用户可视化的界面原型和业务流程图转化为项目组成员理解的模型和规范，那么项目就已经成功了一半。

四、任务成果

在本阶段的工作过程中，核心的任务是通过上个阶段的项目模型及业务流程分析，根据项目策划模式的基本流程和思路，完成项目策划模式分析，确定电子商务项目策划模式。

知识点拨

上述五大模式按照流程或关联度可有不同划分。从分析步骤讲，项目策划应首先探讨业务模式，研究项目各环节的逻辑框架，形成项目策划的大体思路。接下来进入技术模式分析阶段，按照业务模式模型，细化相应的技术路线和工具。工作完成后，移交下一阶段的经营模式策划，即在业务模式和技术模式的支持下，具体分析经营路径和方法，做出较全面的计划。管理模式策划主要负责安排相应的工作，制定详尽的任务书，预备实施事宜。资本模式作为最后一个环节，要全局考虑各项需求，筹划资金引入和运作方式。

当然，就关联度而言，电子商务项目策划的业务模式是基础阶段，经营模式是升华阶段，而技术模式、管理模式、资本模式则是全面的支持模块。任何电子商务项目首先要做的是对业务模式的探讨，只有经过业务模式分析，项目才会有明晰的发展主线。而经营模式将业务模式的设想具体化，起到激活器的作用。

思考题

思考一：项目的业务模式对项目的技术模式提出了怎样的要求？

思考二：项目的经营模式对项目的管理模式提出了怎样的要求？

思考三：如何选择合理的资本模式？

任务四　行业趋势与竞争对手分析

任务导入

在进行竞争对手分析时经常会出现以下情况：咨询顾问与这家企业的中高层领导研究企业将如何分析竞争对手时发现，不同部门和级别的经理对竞争对手分析的理解不同，关心的内容也各异。销售经理谈了许多关于如何建立竞争对手产品价格跟踪系统、定价、销售队伍的分布、业务能力、薪酬待遇和服务等内容；市场营销经理最关心竞争对手的品牌定位、市场份额、产品的幅度和深度、广告开支、分销范围等；生产运营经理非常注重竞争对手制造基地的成本定位、经济规模、供应链等问题；研发部经理谈论了许多竞争对手的技术路线、关键技术、专利和创新能力等内容；公司执行总裁往往更关心财务杠杆、运营回报、合作关系等内容；而集团公司总部的决策者最关心影响集团发展的技术平台建设、集团纵向整合的程度、经营主体的地域覆盖和地点分布、部门之间的协作以及公司如何跟踪了解对手的资本运营手段和收购路线，以分析评价对手的市场定位和核心竞争力。

提示：古代的寓言故事“盲人摸象”中提到：摸到象腿的盲人认为大象像根柱子，摸到象鼻子的盲人说大象像条大蟒蛇，摸到大象身子的盲人说大象像堵墙……

［**问题分析**］对于这种情况有好的解决办法吗？

任务分析

关键词	竞争对手分析
理论要点	竞争对手分析的思路、流程以及常用方法
实践要点	竞争对手分析的一般流程、一般方法

在经济全球化的条件下，面对日益激烈的市场竞争，企业欲生存发展，就必须采取有效的竞争战略。在进行项目策划时，企业在确定业务领域的同时，还必须对行业发展趋势及竞争对手进行深入分析，了解所在行业和市场以及参与竞争的对手，因此竞争对手分析成为企业电子商务项目策划中必不可少的组成部分。

一、任务目标

分析行业发展趋势，确定企业目标市场，界定竞争对手，对竞争对手予以准确分析。

二、任务要求

（1）从思想上重视竞争对手分析工作，掌握竞争对手分析的一般流程。

（2）掌握竞争对手分析的一般方法，能够根据实际进行竞争对手分析。

三、任务过程

（一）基本流程

行业趋势与竞争对手分析的一般流程如图 1—6 所示。

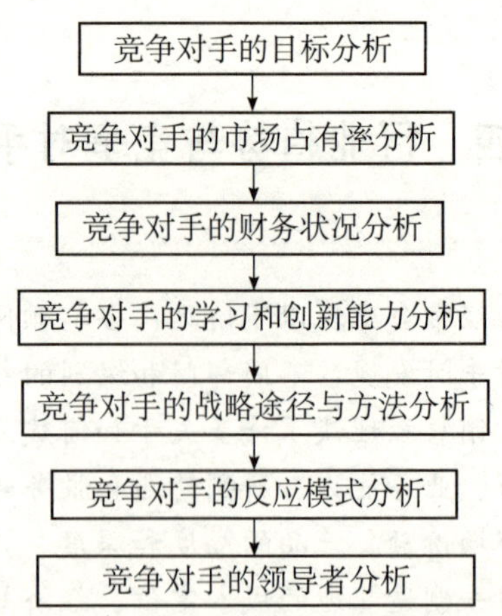

图 1—6 行业趋势与竞争对手分析基本流程

（二）具体步骤

准确地对企业的竞争对手进行界定非常重要。任何一个企业都难以有足够的资源和能力，也没有必要与行业内的企业全面为敌，因此企业必须处理好主要的竞争关系，确定其直接主要竞争对手。与市场细分相类似，行业也可以细分为不同的战略群组。战略群组（亦称战略集团）就是一个行业中沿着相同的战略方向，采用相同或相似战略的企业群。只有处于同一战略群组的企业才是真正的竞争对手。因为它们通常采用相同或相似的技术，生产相同或相似的产品，提供相同或相似的服务，采用相互竞争性的定价方法，因而其间的竞争要比与战略群组外的企业的竞争更直接、更激烈。因此企业的直接竞争对手是指那些向相同的顾客销售基本相同的产品或提供基本相同的服务的竞争者。

在确定了主要的竞争对手以后，就需要对每一个竞争对手做出尽可能深入、详细的分析，竞争对手分析一般由以下几个步骤实现：

步骤一　竞争对手的目标分析

明确竞争对手在市场里找寻什么，竞争对手行为的驱动力是什么，竞争对手在利润目标以外的目标是什么以及竞争对手的目标组合，竞争对手用于攻击不同产品、市场细分区域的目标等，由此可以预测竞争对手对目前的位置是否满意，判断竞争对手会如何改变战略及其对外部事件会采取什么样的反应。

步骤二　竞争对手的市场占有率分析

市场占有率通常用企业的销售量与市场的总体容量的比例来表示。竞争对手市场占有率分析的目的是为了明确竞争对手及本企业在市场上所处的位置。分析市场占有率不但要分析在行业中竞争对手及本企业总体的市场占有率的状况，还要分析在细分市场中竞争对手的占有率状况。

分析总体的市场占有率是为了明确本企业和竞争对手相比在行业中所处的位置，弄清楚本企业和竞争对手是市场的领导者、跟随者还是市场的参与者。

分析细分市场的市场占有率是为了明确企业的哪个市场区域或是哪种产品具有竞争力，哪个区域或是哪种产品处于劣势地位，从而为企业制定具体的竞争战略提供依据。

步骤三 竞争对手的财务状况分析

竞争对手财务状况分析主要包括盈利能力分析、成长性分析、负债情况分析、成本分析等。其中，盈利能力分析通常采用的指标是利润率。比较竞争对手与本企业的利润率指标，并与行业的平均利润率比较，可以判断本企业的赢利水平处在什么样的位置上。同时要对利润率的构成进行分析，主要分析主营业务成本率、营业费用率、管理费用率以及财务费用率。看哪个指标是优于竞争对手的，哪个指标比竞争对手差，从而采取相应的措施提高本企业的盈利水平。竞争对手分析的主要指标是产销量增长率、利润增长率。同时对产销量的增长率和利润的增长率做出比较分析，看两者增长的关系是利润的增长率快于产销量的增长率，还是产销量的增长率快于利润的增长率。一般来说，利润的增长率快于产销量增长率，说明企业有较好的成长性。

步骤四 竞争对手的学习和创新能力分析

对竞争对手学习和创新的分析，可以运用如下几个指标：

（1）推出新产品的速度，这是检验企业科研能力的一个重要指标。

（2）科研经费占销售收入的百分比，这体现出企业对技术创新的重视程度。

（3）销售渠道的创新，主要看竞争对手对销售渠道的整合程度。销售渠道是企业盈利的主要通道，加强对销售渠道的管理和创新，更好地管控销售渠道，企业才可能在整个价值链中（包括供应商和经销商）分得更多的利润。

（4）管理创新。在激烈的市场竞争环境下，企业只有不断提高自身的管理水平，进行管理创新，才能不被激烈的市场竞争所淘汰。

通过对竞争对手学习与创新能力的分析，找出本企业在学习和创新方面存在的差距，提高本企业的学习和创新的能力。只有通过不断学习和创新，才能打造企业的差异化战略，提高企业的竞争水平，以获取高于行业平均利润的超额利润。

步骤五 竞争对手的战略途径与方法分析

战略途径与方法是灵活的、多方面的。应结合企业的各个方面进行分析，比如，常见的营销战略有产品策略、价格策略、促销策略、渠道策略等。

步骤六 竞争对手的反应模式分析

了解竞争对手的目标、战略、强弱，都是为了解释其可能的竞争行动及其对本公司的产品营销、市场定位及兼并收购等战略的反应，也就是确定竞争对手的反应模式。概括起来说，竞争对手对竞争的反应无非有三种情况：不采取反击行动、防御性反击和进攻性反击。采用哪一种反应模式取决于竞争对手对目前位置是否满意、它是否处在战略转变之中以及本公司战略对竞争对手的刺激程度。具体说来，可以分为六种反击模式。

（1）坐观事变型。不立即采取反击行动。其原因可能是深信顾客的忠诚度，也可能是没有反击所必需的资源，还可能是并未达到应予反击的程度。对于这类竞争对手要格外慎重。

（2）全面防御型。会对外在的威胁和挑战做出全面反应，以确保其地位不被侵犯。但是全面防御也会把战线拉长，对付一个竞争者还可以，若是同时要对付几个竞争者的攻击，则会力不从心。

（3）死守阵地型。因为其反击范围集中，而且又有背水一战、拼死一搏的信念，所以反应强度相当高，这类反击行动是比较有效的；又因为是集中在较小范围内的反击，所以其持久力也较强。

（4）凶暴型。即对竞争对手的所有的进攻都会做出迅速而强烈的反击。

（5）选择型。可能只对某些类型的攻击做出反应，而对其他类型的攻击则不然。因此，必须了解这种类型反击者的敏感部位，避免不必要的冲突。

（6）随机型。它的反击最不确定，或者根本无法预测，它可能会采取任何一种可能的反击方式。

步骤七　竞争对手的领导者分析

领导者的风格往往决定了一个企业的企业文化和价值观，是企业成功的关键因素之一。对竞争对手领导者的分析包括了解其姓名、年龄、性别、教育背景、主要经历、培训经历、过去的业绩等。通过这些方面的分析，全面了解竞争对手领导者的个人素质，分析他的这种素质会给他所在的企业带来什么样的变化和机会。当然，这里还包括掌握竞争对手主要领导者的变更情况、分析领导者的更换为企业的发展所带来的影响等。

四、任务成果

在本阶段的工作过程中，核心的任务是根据行业的发展趋势确定企业的竞争对手，并进行竞争对手分析，为下一阶段合作伙伴的选择确定标准和依据。

知识点拨

竞争对手分析与一般企业分析基本一样，只是分析的主体是竞争对手。下面简单介绍几种用于竞争对手分析的方法。

1. 组合矩阵分析法

组合矩阵分析的基本目的是让企业了解其所有业务活动和各业务之间的关系，并帮助企业决定投资于哪些业务，哪些业务属于现金型，哪些业务需要出售，哪些业务需要关闭。这种方法如图1—7所示。

市场前景

收入规模	差	一般	好
低	业务1 考虑出售		业务4 是否能成为领先者
中		业务3 能否继续发展	
高	业务2 现金机器		业务5 优先发展

图1—7　组合矩阵分析法

由图1—7可以看出，业务2的市场前景不好，但市场占有率高，目前是企业的“现金机器”，因此企业应当投入足够的资金来维持该项业务的正常运行，使企业有能力利用该业务当前的市场占有率为企业赚取尽可能多的现金。

业务1的市场前景差而且占有率低，这时企业需要考虑该项业务能否成功，即使认为能够成功，也要在人力和物力的投入上加以慎重考虑，也许放弃该业务是比较好的选择。

业务5的市场占有率高而且市场前景好，但它是企业中“现金饥渴型”业务，急需注入大量资金以发展该项业务，使其成为市场的领先者并尽快获得回报。

业务4虽然有很好的市场前景，但是市场占有率很低。这时，决策者就应当尽快决定是继续该项业务还是放弃。因为，要获得较高的市场占有率，企业必须承担相应的资金投入，否则，当市场领先者获得更多的市场份额后，企业这项业务在市场上就会处在更加劣势的地位。

矩阵图中的每个位置代表某项业务在市场竞争中占有的不同市场份额和具有的市场前景。组合矩阵分析法可以帮助企业在业务选择时进行决策，例如通过分析可以了解企业的收购和建立战略联盟的战略将会使企业在市场中的地位发生怎样的变化；企业确定“现金饥渴型”业务的资金需求量不超过企业“现金机器型”业务的现金收入等。

利用组合矩阵分析法进行竞争对手分析的作用之一是确定每个竞争对手在矩阵图中的位置，并与本企业的位置加以比较，以发现哪些竞争对手在全国或全球竞争中处在优势的地位。特别是，当本企业正在寻求国际扩张机会和优势地位时，行业中的竞争者还都处在地区范围内，没有真正取得全球化地位，竞争者之间还不甚了解彼此，并且还未在市场上相遇时，用这种方法进行竞争对手分析和比较是非常有益的。

2. 价值链分析法

要诊断一个企业的竞争优势，需要确定它在特定行业竞争中的价值链。价值链产生于企业中各自独立运作的业务活动之中，如产品的设计、生产、市场营销、送货和支持活动。所有这些经营活动都会对企业产生相应的成本并且为相互的差异建立基础。一般认为一个企业应该有五种工作范畴，即内部物流、生产运作、外部物流、市场开发和销售、服务。这五方面的工作无论哪一个都有很大的潜力为顾客提供各自的价值，并帮助企业建立竞争优势。因此，进行价值链分析，首先应检查企业在这五方面所涉及的工作流程，确定成本发生在哪里，什么能为顾客创造价值。如企业的采购供应、研发、人力资源和基础设施等方面的工作都是这五个工作范围内的，顾客可能看不到它们的运营成效，但是它们无疑也在创造和消耗着企业的价值。例如，一个企业对员工培训的价值并不会直接从培训中体现出来，而是从员工的工作绩效和工作质量中体现出来。可见，价值链存在于每个企业的每个环节。因此，进行竞争对手分析时，深入理解竞争对手的价值链是企业制定竞争战略的一个有益和有效的方法。

3. 标杆法

标杆法（Benchmarking）经常用于竞争对手分析中的经营业绩标准的评价。标杆法是分析一个企业取得比另一个企业更好的绩效时所采用的流程，是对彼此的绩效进行比较的方法。标杆法包括如下要素：

（1）确定标杆的内容是什么。

（2）确定把谁作为标杆。

（3）对本企业关心的方面进行研究。

（4）对作为标杆对象的企业的相关方面进行研究。

（5）把研究结果进行对比分析。

（6）制定自身企业的改进方案。

标杆法的应用主要侧重于企业运作流程层面，主要方法是：将本企业尽可能多的业绩指标与竞争对手的业绩指标进行对比分析。当然，竞争对手业绩指标的获得是运用该法的关键。通常可以从行业协会或其他行业出版物和统计部门的公开资料中获得，也可以通过专门的市场调查获得。可以对竞争对手的某服务项目进行市场调查。例如，对它们从顾客订货到送货上门的时间周期长短进行调查；对产品售后服务时上门维修的工程师的服务水平进行调查；对向顾客开放的服务门店进行调查，如对超市收款台或银行柜台前高峰时段顾客排队等候时间、排队长短进行调查等。标杆法是许多世界著名企业经常使用的竞争对手分析方法，也是企业培养竞争优势的有效方法之一。同时，这种方法也能完全用于企业内部流程各环节的业绩对比和评估。

由于标杆法主要侧重于企业的业务流程层面，因此在行业不同但操作流程类似的企业之间也可以通过标杆法进行研究。同一行业中的企业可能在某些运作流程方面处于领先地位，但另一些流程环节可能不如其他行业企业先进，因此行业之间相互学习是非常必要的。

总之，将标杆法应用于竞争对手分析，目的不是为了复制对手的某些管理和操作程序，而是将别人好的解决方案和经验借鉴到本企业的经营管理环节中来并加以改善，其最终目的是进一步加强本企业的竞争优势。

思考题

思考一：怎样准确地确定竞争对手？

思考二：面对竞争对手的不同反应模式，应如何制定竞争策略？

思考三：如何避免和竞争对手产生正面冲突？

任务五　项目合作伙伴选择与管理分析

任务导入

2012年Magentoucd Team见证了Magento天价被ebay收购的传奇，同时，伴随着电子商务的成长与机遇，其在外贸电商技术领域中有了新的发展，不断有客户咨询相关的服务，项目实施的业务量也有了快速增加。Magentoucd Team自身现有的工作人员与相关配套设置已不能支撑其满足客户的需求。俗话说：一个篱笆三个桩，一个好汉三个帮。Magentoucd Team急需寻找合作伙伴，以应对市场和客户的需求。

【问题分析】如果你是Magentoucd Team中的决策者，你将如何制定合作伙伴的选择方案？

任务分析

关键词	项目合作伙伴选择
理论要点	项目合作伙伴选择的思路、流程以及需要注意的问题
实践要点	项目合作伙伴选择的注意事项及基本标准

一、任务目标

能够根据总体规划和实施方案选择合适的合作伙伴，并与相关合作伙伴建立明确的合作关系。

二、任务要求

（1）从思想上重视合作伙伴的选择，了解合作伙伴选择的目标。

（2）掌握一般项目合作伙伴选择的思想和流程，能够根据实际合理选择项目合作伙伴。

（3）掌握项目合作伙伴选择的一般标准，网站项目可能涉及的合作伙伴类型。

三、任务过程

（一）基本流程

项目合作伙伴选择与管理的基本流程如图1—8所示。

（二）具体步骤

电子商务系统的技术特点决定了商务网站平台的建设和运营需要有合作伙伴，因此应依据总体规划和实施方案全面考虑具体的合作伙伴，签订合作合同。商务网站建设的主要合作伙伴有软硬件厂商、CA认证中心、银行以及支付网关、物流提供商、商务网站建设服务商、项目监理服务商等。

步骤一　选择软硬件厂商，签订采购合同

在实施方案中，一般已经进行过软硬件选型，具体与哪些厂商进行合作，则主要考虑

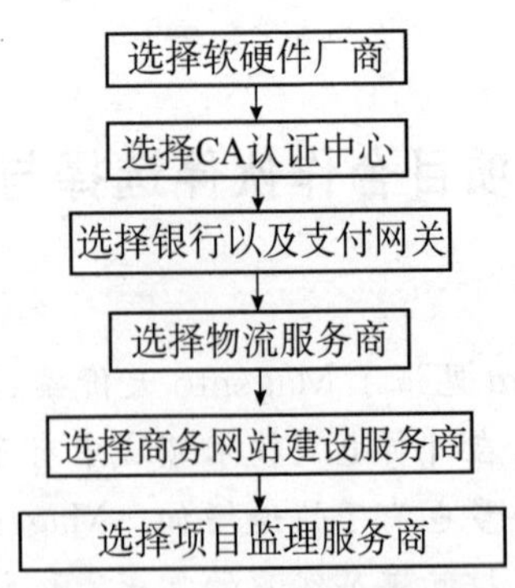

图 1—8 项目合作伙伴选择与管理基本流程图

厂商能够提供的服务及所给的价格折扣。

厂商对客户的服务程度往往是分为不同级别的，要看商务网站建设的采购规模、网站的社会影响力。如果商务网站属于某行业的经典案例，往往可以争取与厂商的紧密合作，在采购价格上得到更好的折扣，或者厂商会主动提供试用平台；在技术开发方面、系统的部署集成方面得到较好的支持；在宣传方面，厂商会以典型案例的方式加入它们产品的推广或活动中。一般服务好的厂商会不断组织产品技术培训和应用培训，不断推出新的技术方法。

大部分厂商实行产品代理制，不同代理商因为与厂商合作方式以及代理规模不同，能够给客户的折扣也不同，因此要选择级别合适的代理商。

软硬件采购时间主要受两个因素的制约：一是相关产品是不是需要提前订购，提前多少；二是网站的开发环境是不是要用到这些产品。有些电子商务平台产品、大型服务器等需要提前一定时间下订单，甚至是下了订单之后，厂商才安排从境外或其他地区运送过来。如果能够建立免费的开发环境，软硬件需要在进行系统集成之前到位。

步骤二　选择 CA 认证中心

从 CA 认证中心的建设背景来看，国内的 CA 认证中心大致可分为三类：大行业或政府部门建立的 CA，如 CFCA、CTCA 等；地方政府授权建立的 CA，如上海 CA、广东 CA 等；另外，还有商业性 CA。

目前中国 CA 认证中心很多，而国内 CA 之间与国外 CA 之间的交叉认证还没有实现。选择与哪家 CA 合作，一要看这家 CA 认证中心是不是通过了国家信息安全测评机构的测评、目前的发证情况或证书使用领域等；二要看商务网站本身、网站使用者、合作银行等是不是方便申请证书，尤其是合作银行是不是已经在使用或愿意使用这家 CA 的证书；三要看 CA 认证中心对商务网站应用证书时的技术支持能力。

步骤三　选择银行以及支付网关

在线支付作为电子采购、企业交易和网上零售等交易服务中的关键环节，对于实现信息流和资金流的统一、实现商务网站多元化交易服务具有重要的意义。

随着社会经济与信息技术的不断发展，人们对支付系统的运行效率和服务质量的要求也越来越高，促使支付系统不断从手工操作走向电子化、网络化。在讲求速度的电子商务环境中，如果依赖传统的支付形式，诸如现金、支票、银行汇票等，付款及清偿的流程将成为交易的“瓶颈”环节。在线支付是电子商务的关键环节，也是电子商务得以顺利发展的基础条件。没有合适的在线支付手段相配合，这样的电子商务只能是一种电子商情、电子合同或者初始意义上的电子商务。电子商务极为重要的一点就是在进行付款、信用借贷及债务清偿的过程中能提供及时、方便安全的服务，整合了商品采购与付款行为。

凡涉及网上的资金流，都少不了与银行、银联或支付网关合作，银行、银联、支付网关向商务网站提供支付接口，收取一定的服务费用。商务网站的用户在首次产生交易活动前，需要根据网站的提示，向其开户银行申请开通网上银行服务。商务网站的交易服务特征不同，所需要的在线支付解决方案也就不同。

步骤四　选择物流服务商

商务网站涉及商品的配送，一般采用与第三方物流公司合作的方式解决物流的问题。选择合适的物流公司，签订合作合同，明确定义合作内容、工作接口、工作流程。根据工作流程及工作接口的定义，确定商务网站的相关程序接口及界面。

步骤五　选择商务网站建设服务商

当商务网站平台建设要进行全部或部分外包时，就要选择相应的服务商进行合作。市场上提供商务网站建设服务的单位很多，它们各自所熟悉的行业不同、领域不同、经验的积累也不同。大型商务网站可以通过招标的方式选定合作伙伴。招投标需要一定的周期，而且需要一定的预算支持。如果网站规模相对较小，或是对行业内的服务商比较熟悉，也可以通过邀标或是直接找几家服务商提供方案，然后对方案进行比较分析，选择对业务比较了解、技术方案及预算合理的一家。

与选定的服务商之间要签订正式的合作合同。合同中要明确规定合作内容、成果交付时间、合同金额等。为了减少歧义，往往把商务网站的设计书作为合同的附件。如果确定把外包系统、需求分析说明书也作为将来的验收依据，就要求在合同中声明二者的合同效力，并在外包及需求分析说明书经过评审后，合作双方签名生效。

步骤六　选择项目监理服务商

大型商务网站的建设一般采用外包的方式，委托某个商务网站建设服务商进行开发建设。在实践中经常会面临这样的问题：需方在商务网站建设过程中提出了许多严格的要求，而网站建设服务商认为其存在不合理；企业对 IT 技术不内行，无法对开发方的工作质量进行控制。这些问题往往来源于需方和供方的知识与信息的不对称，在这种情况下，引入项目监理是个可行的方案。

从监理方的角度来看，其工作职责是完成需方的委托，对商务网站建设项目进行监督管理，其主要任务一般包括以下几方面：

(1) 协助需方组织项目的招标、评标活动。

(2) 协助需方与供方签订商务网站的开发合同。

(3) 根据需方的授权，监督并管理开发合同的履行。

(4) 根据监理合同的要求为需方提供技术服务。

(5) 监理合同终止后，向需方提交监理工作报告。

根据监理内容和程度的不同，商务网站建设项目监理可分为咨询式监理、里程碑式监理和全程式监理三种，后两种方式往往需要签订三方合作合同。

咨询式监理指的是只对需方项目开展过程中提出的问题进行解答，其性质类似于业务咨询或方案咨询。这种方式费用最少，监理方的责任最轻，适合于对电子商务项目有较好把握、技术力量较强的需方采用。

里程碑式监理指的是将商务网站的建设划分为若干个阶段，在每个阶段都设置一个里程碑任务，在里程碑任务到来时通知监理方进行检测。一般来说，这种方式比咨询式监理的费用要高，监理方也要承担一定的责任。里程碑的确定需要供方的参与，或者说监理合同的确立需要供方的参与，否则就会因对里程碑的界定不同而产生矛盾。

全程式监理要求在监理过程中不但要对网站建设过程中的里程碑进行审查，而且要派相应人员全程跟踪、收集网站开发过程中的信息，不断评估开发方的质量和效果。这种方式费用最高，监理方的责任也最大，适合那些对商务网站的开发不太了解、技术力量偏弱的需方采用。

四、任务成果

在本阶段的工作中，核心的任务是根据项目方案的功能要求合理地选定合作伙伴，并达成合作意向。

知识点拨

既然是合作，在项目进行过程中一定要贯彻合作的思想，也就是说，从选择合作伙伴开始就要有双赢的想法。有了双赢的想法还不够，还应该做到多方面知己知彼。只有多方面知己知彼，才能平衡多方面的利益与目标，才能做到多赢。

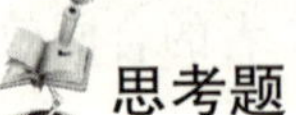

思考题

思考一：怎样确定电子商务项目所需要的合作伙伴？

思考二：如何选择适合于项目功能需求的合作伙伴？

项目二　电子商务项目管理

学习提示

学习目标：

- 知识目标：掌握项目管理中的需求管理、成本管理、资源管理、风险管理，了解常用的项目管理工具。
- 能力目标：掌握项目管理原理、技术、方法和工具，参与或领导启动、计划、组织、执行、控制和收尾过程的活动，确保项目能在规定的范围、时间、质量与成本等约束条件下完成。
- 素质目标：培养管理意识、团队合作精神、独立分析和风险预控能力。

本项目重点：

- 需求管理、成本管理、资源管理、风险管理。

本项目难点：

- 如何将项目管理中的各个环节串联起来，完成启动、计划、组织、执行、控制和收尾整个过程。

任务一　电子商务项目需求管理

任务导入

为了更好地使学生进行自主学习，某学院决定开发一套数字化学习平台，对该平台的具体需求如下：

(1) 平台开发目标：使所有的课程实现同步数字化、网络化、实现学生能够在线学习的基本目标。

(2) 应用范围：在原有的精品课资源系统中，加入全部课程视频和在线学习系统，以期完善目前的学习平台。

[问题分析] 根据上述需求和目标，能否准确确定需求并开展需求分析？如不能，还需要了解哪些情况？

任务分析

关键词	项目需求、需求分析、项目需求管理
理论要点	什么是需求，如何进行需求分析，需求管理应注意的问题
实践要点	能够结合实际项目，完成简单的项目需求分析

一、任务目标

了解需求的定义，对所实施的电子商务项目进行需求分析，按照规范形成需求分析报告，掌握需求分析和需求管理过程中的注意事项。

二、任务要求

（1）从概念上理解需求的含义，了解需求本身的重要性。

（2）能够在项目执行前期为整体项目进行需求分析并形成报告。

（3）掌握项目需求分析的流程和思路，掌握需求报告的格式和注意事项，能够根据项目进程准确地进行需求分析并形成报告和进行需求管理。

三、任务过程

（一）基本流程

项目需求管理的基本流程如图 2—1 所示。

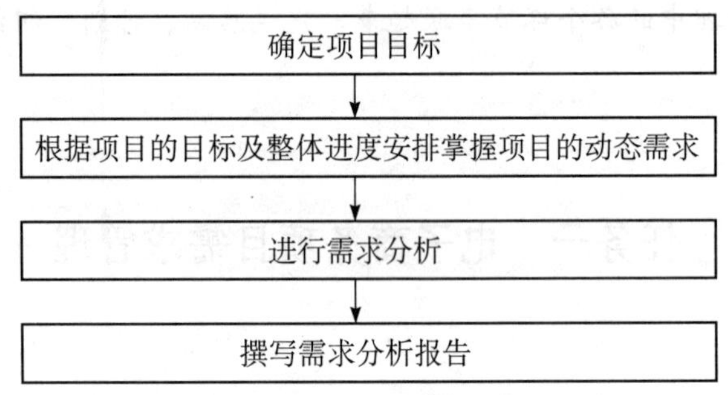

图 2—1　项目需求管理基本流程图

（二）具体步骤

步骤一　确定项目目标

确定一个项目的目标，首先要了解什么是项目的目标。

项目目标是指一个项目为了获得预期成果必须完成的各项指标，主要表现为质量目标、工期目标和投资目标。它们的目标值由合同界定，彼此之间相互联系、相互制约。

确定项目目标的过程如图 2—2 所示。

（1）分析项目状况。

对项目的整体环境进行分析，包括对内外部环境、上层组织系统、市场情况、相关干系人（客户、承包商、相关供应商等）、社会经济和政治、法律环境等的分析。

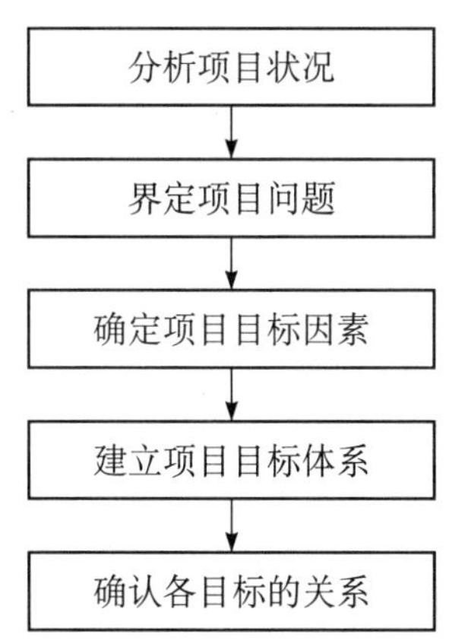

图 2—2　项目目标确定过程图

(2) 界定项目问题。

对项目情况分析后，找出影响项目顺利进行的因素和问题，并对问题进行分类、界定，分析得出项目问题产生的原因、背景和界限。

(3) 确定项目目标因素。

根据项目当前问题的分析和定义，确定可能影响项目发展和成败的明确、具体、可量化的目标因素，如项目风险大小、资金成本、项目涉及领域、通货膨胀、回收期等。具体应该体现在项目论证和可行性分析中。

(4) 建立项目目标体系。

通过项目因素，确定项目相关各方面的目标和各层次的目标，并对项目目标的具体内容和重要性进行描述。

(5) 确认各目标的关系。

确认哪些是必然（强制性）目标，哪些是期望目标，哪些是阶段性目标，不同的目标之间有哪些联系和矛盾，以便于对项目进行整体把握和推进项目的发展。

步骤二　根据项目的目标及整体进度安排掌握项目的动态需求

在管理学中，传统意义的需求是指消费者（家庭）在某一特定时期内，在每一价格水平时愿意而且能够购买的某种商品量。需求是购买欲望与购买能力的统一。对于一个电子商务项目的需求来说，它除了含有需求理论的普遍特征外，还应该具备以下特点：

(1) 围绕并符合项目的总体目标。

(2) 不是一个简单的静止需求，而是随项目的进度安排、阶段目标、里程碑事件的变化而动态调整的。

(3) 需求一定是面向对象的需求。

(4) 需求一定是可量化的、可输出的、反映于具体业务流程中的。

(5) 分步目标服务于总目标，分步需求服务于总需求。

步骤三　进行需求分析

电子商务项目中的需求分析不同于其他项目的需求分析，它涉及计算机指令，即根据某种目标制定某一需求后设定计算机所要完成某一任务的程序。它是指对要解决的问题进行详细分析，弄清楚问题的要求，包括需要输入什么数据，要得到什么结果，最后应输出什么。

需求分析是电子商务系统中的一个关键过程。在这个过程中，系统分析员和软/硬件工程师要确定顾客的需求。只有在确定了这些需求后，他们才能够分析和寻求新系统的解决方法。

（1）需求分析的内容。

技术层面上的需求分析一般包括以下几个方面：

①项目可行性研究。针对大型的、复杂的电子商务系统，首先要进行可行性研究。从技术、经济和社会因素三个方面进行研究并论证该项目的可行性，通过开发人员对客户的需求及环境进行调查，判断项目的可行性，根据可行性研究的结果决定项目的取舍。

②确定对系统的综合需求。虽然功能需求是对电子商务系统的一项基本的需求，但却并不是唯一的需求，通常对电子商务系统有以下几方面的综合需求：功能需求、性能需求、可用性需求、技术（及接口）需求、未知需求。

③分析系统的数据需求。信息处理和数据整合与传输是电子商务系统的重点，因此我们就需要对系统的数据进行分析，一般采用建立数据模型的方法，即利用数据字典全面定义数据，并利用图形化工具辅助描述数据结构。

④导出系统的逻辑模型。②、③两项分析的结果可以导出系统的详细的逻辑模型，通常用数据流图、E-R 图、状态转换图、数据字典和主要的处理算法描述这个逻辑模型。

⑤修正系统开发计划。根据在分析过程中获得的对系统的更深入的了解，可以比较准确地估计系统的成本和进度，修正以前制定的开发计划。

（2）常用的调查方法。

常用的调查方法有以下几种：

①亲自作业：通过亲自参加业务工作来了解业务活动的情况。这种方法可以比较准确地理解用户的需求，但比较耗费时间。

②座谈会：通过与用户座谈来了解业务活动情况及用户需求。座谈时，参加者之间可以相互启发。

③问询及专人介绍：对某些调查中的问题，可以找专人问询。

④调查问卷：如果调查问卷设计得比较合理，这种方法会很有效，也很易于为用户所接受。

⑤资料法：即查阅与原系统有关的数据记录，包括原始单据、报表等。

步骤四　撰写需求分析报告

（1）需求分析报告的编写目的。

编写需求分析报告的目的是规范项目需求，提高电子商务项目系统开发过程中的可见度，便于面向对象开展沟通和研发，便于对项目系统开发过程进行控制与管理。需求分析报告的制定也是工作成果的原始依据，能够确保电子商务项目实施的顺利进行和后续推广应用。

（2）需求分析报告包括两个阶段。

①可行性研究与计划阶段。

a. 可行性研究报告；

b. 项目开发进度计划。

②需求分析阶段。

a. 撰写数据要求说明书；

b. 撰写用户手册概要；

c. 撰写需求说明书。

任务说明

在具体实施中，可以根据实际项目来进行需求分析。电子商务项目包罗万象，偏重于理论研究的项目和偏重于技术开发的项目需要分别对待，对于系统开发的项目需要从项目总体目标、数据分析、面向对象概念和动态需求几个层面进行需求分析和管理。

四、任务成果

（1）掌握如何确定项目的目标。

（2）了解电子商务项目需求的特点和需求分析的一般步骤。

（3）掌握撰写可行性分析报告和需求分析报告的格式和内容。

（4）能够根据某一电子商务项目进行项目的需求分析并撰写项目需求分析报告。

知识点拨

项目的目标：就是实施项目期望得到的结果，即项目所能交付的成果或服务。

需求分析：是指对要解决的问题进行详细分析，弄清楚问题的要求，包括需要输入什么数据，要得到什么结果，最后应输出什么。可以说，需求分析就是确定要计算机“做什么”。

思考题

思考一：某大型超市想开发一套电子销售系统，以配合实体销售。据悉，该超市商品品种齐全，在零售行业内享有一定声望，但迟迟未开发电子销售系统的主要原因在于：（1）对网络安全的担忧；（2）支付体系的选择；（3）与超市内网的关系梳理。现在请对此超市要开发电子销售系统进行需求分析并撰写一份需求分析报告。

思考二：当局部目标发生变化时，需求是否一定也随之变化？

任务二　电子商务项目资源管理

任务导入

小李在某公司亚太区总部负责该区的软件开发。为了应付业务迅速增长所带来的需求，公司在各地都需要做一些大型项目，包括主机的转换与安装、应用系统开发等项目。总公司要求他们把部分开发工作外包，这样可以降低开发成本，同时也可以在这一段时间内保证有足够的人力来完成项目。最后，他们决定利用公司本身的资源在区域各计算机中心内进行软件核心功能模块的开发，周边功能模块则实行外包。他们选择了菲律宾和泰国这两地的软件企业来协助开发部分应用软件，因为这两地有大批新兴的软件企业，所需的开发费用只是项目基线的四分之一而已。在具体操作上，首先，他们对两地一些有规模的软件企业进行严格审核，包括对这些企业的技术人员数量、技术水平、财务状况、可靠性等各方面进行深入评估，然后选择一家从事外包。他们制定有关程序的规格说明，然后把这些说明交给对方进行编程和模块测试。当接到第一批交回的程序时，他们从测试报告中发现结果跟公司的期待有很多不同之处，在测试过程中发现有些程序不能与核心模块连接，甚至有些程序不能在主机上运行。除了对交回程序的质量感觉失望之外，他们也意识到这会全面影响整个项目的进度。

［问题分析］从资源管理的角度分析项目外包的原因和应考虑的因素。

任务分析

关键词	资源、资源管理
理论要点	了解资源的概念，掌握项目的内、外部资源以及项目的费用、时间和质量管理方法，掌握资源规划矩阵
实践要点	能够结合实际项目，根据 WBS 对项目资源进行分析、汇总

一、任务目标

了解项目资源的基本概念和有效运用方法，掌握 WBS 数据字典和资源规划矩阵。

二、任务要求

（1）从概念上理解资源的含义。

（2）掌握资源管理的基本流程。

（3）了解资源规划矩阵、WBS 工作法等有效的资源管理工具。

三、任务过程

（一）基本流程

资源管理的基本流程如图 2—3 所示。

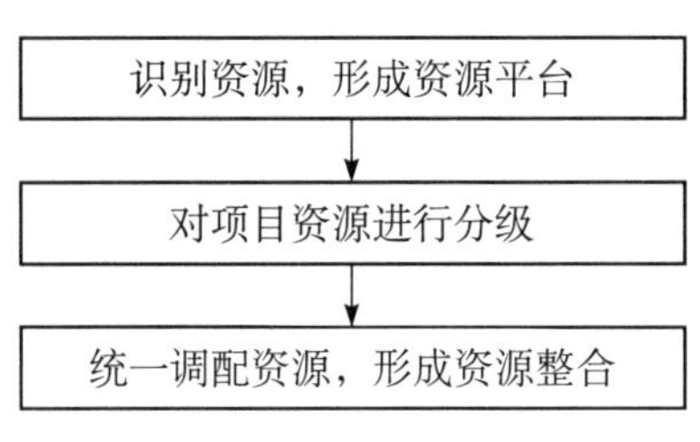

图 2—3　资源管理基本流程图

（二）具体步骤

步骤一　识别资源，形成资源平台

一个项目的启动，往往需要准备很多资源，如人力资源、物料资源、设备资源、信息资源等。就单个项目来说，项目中所涉及的资源都必须统筹管理。但是对大多数企业而言，最有效的办法是最先对影响项目成败的核心资源进行统筹管理（或者按照约束理论找到瓶颈资源）。如对技术明星的管理，每个项目组都希望技术明星们到自己的项目组，从而造成资源的争夺。还有对关键设备与物料的管理等。企业需要对这些关键资源建立统一管理机制，其中资源池就是一种较好的方式。资源池的管理，通常包含了对资源能力及培养的记录、对资源工作状态的维护以及资源选拔与分配的制度。

步骤二　对项目资源进行分级

要保证企业投资收益的最大化（包含财务、市场竞争等方面因素），一个最简单的方式就是要使资源投入到最合适的项目中，但考虑到风险与收益的关系，通常需要对项目进行组合管理，就是要考虑各种不同收益的项目组合，以确保企业投资收益的最大化。要做项目组合管理，首先就要明确核心资源如何在项目中分配，也就是在同样的情况下，哪些项目要优先保证资源，哪些只要兼顾，哪些可以忽视等。对项目优先级的评定，不同企业有不同的做法：有的采用数学方式，如通过投资回报率与年限；有的采用非数学方式，如资源能力要求、战略影响与收益高低等。无论采用何种方式，关键的优先级的排序原则要唯一，要尽可能简单，要能被企业员工认可。

建立项目资源分配的优先级后，企业要严格按照规则对项目进行统一的资源分配，并及时监督项目资源的使用状态。

步骤三　统一调配资源，形成资源整合

当一个企业同时存在多个运作项目时，对多个项目的资源进行平衡就显得至关重要。但目前关于这个方面的研究不多，缺少可操作的方法。如果能将多个项目整合成一个超级项目，用单个项目资源平衡的方式来管理多个项目，那么单个项目就成为新组合的超级项目中的一项任务了。对于单个项目而言，很多资源约束的方法就可以用上了，如资源平衡法、关键链法等。具体做法如下：

（1）将多个项目（通常包含该项目的几个关键里程碑任务及核心资源需要承担的WBS）按照时间先后顺序进行排列（如果项目间有关联关系，可以进一步建立项目AOA网络，用虚活动建立关联，并按照时间先后顺序显示）。

（2）按照项目资源分配有限原则，一次性将关键资源分配到项目中（最好将核心资源所承担的任务显示出来）。

（3）找到项目间可共享的资源，通过资源工作的先后顺序建立项目之间的依赖关系，进一步形成多项目的网络。

（4）找到项目中的瓶颈资源（在 MS Project 中通过资源工作图表能够很容易找到过度分配的资源，该资源一般就是瓶颈资源），调节瓶颈资源的任务顺序（要注意各项目的起始约束条件，用 MS Project 就可以非常方便地设定，否则容易造成调整后项目计划与实际不相符）。

（5）去掉各项目的安全时间，将去掉的安全时间统一分配到多项目的关键路径与接驳处分配缓冲。

（6）再次审视瓶颈资源工作顺序安排，找到关键链并实时监控。

任务说明

在项目的具体实施过程中，动态掌握项目所拥有的资源。学会运用项目管理工具，如 WBS 树形图、资源规划矩阵等，对现有的资源进行盘点，通过资源的分层分级和匹配，做到资源整合，达到资源管理最优的目的。

四、任务成果

（1）掌握有关资源的概念。

（2）了解项目中资源的种类。

（3）掌握项目管理中 WBS 的方法和步骤。

（4）了解什么是资源规划矩阵。

知识点拨

1. 资源

资源的内涵十分丰富，可以理解为一切具有现实和潜在价值的东西，包括自然资源和人造资源、内部资源和外部资源、有形资源和无形资源。诸如人力和人才、原料和材料、资金和市场、信息和科技等。此外，专利、商标、信誉以及某种社会联系等，也是十分有用的资源，特别是在知识经济时代，知识作为无形资源的价值更加突出。资源轻型化、软化的现象值得重视。我们不仅要管好用好“硬”资源，也要学会管好用好“软”资源。由于项目固有的一次性特征，项目资源不同于其他组织机构的资源，它多是临时拥有和使用的。资金需要筹集，服务和咨询力量可以采购（如招标发包）或招聘，有些资源还可以租赁。项目过程中资源需求变化甚大，有些资源用完后要及时偿还或遣散，任何资源积压、滞留或短缺都会给项目带来损失。资源的合理、高效使用对项目管理尤为重要。

2. WBS 树形图

WBS 即工作分解结构（Work Breakdown Structure），是以可交付成果为导向对项目要素进行的分组，它归纳和定义了项目的整个工作范围，每下降一层代表对项目工作的更详细定义。

在项目管理实践中，WBS都是最重要的内容。WBS总是处于计划过程的中心，也是制定进度计划、资源需求、成本预算、风险管理计划和采购计划等的重要基础。WBS同时也是控制项目变更的重要基础。项目范围是由WBS定义的，所以WBS也是一个项目的综合工具。

（1）WBS具有四个主要用途。

①WBS是一个描述思路的规划和设计工具。它帮助项目经理和项目团队确定和有效地管理项目的工作。

②WBS是一个清晰地表示各项目工作之间的相互联系的结构设计工具。

③WBS是一个展现项目全貌，详细说明为完成项目所必须完成的各项工作的计划工具。

④WBS定义了里程碑事件，可以向高级管理层和客户报告项目完成情况，是项目状况的报告工具。

（2）制定WBS计划的三个步骤。

①分解工作任务。将一个总的工作范围（如软件项目×××）逐渐细分到合适的力度，以便对任务进行计划、执行和控制。对于软件项目来说，分解工作任务不是一项单纯的计划活动，而是要根据项目的特点决定工作任务的分解结构。实际工作中更多地会考虑技术因素来确定工作分解结构的形式。

②定义活动依赖关系。确定了项目中要完成哪些活动以后，需要对这些活动之间的依赖关系做出定义。活动之间的依赖关系取决于实际工作的要求，不同活动之间的依赖关系决定了活动的优先顺序及其重要性。活动依赖关系是确定项目关键路径和活动浮动时间的必要条件，定义活动间依赖关系的目的是确定每一项活动所需的输入、输出关系。

③分配时间和资源。完成工作任务分解并定义了活动的依赖关系后，应该为每项活动分配相应的时间和资源。通常活动都会产生自己的交付物。为活动分配时间可以采用自下而上和自上而下两种不同的方法。自下而上是先估计最小粒度的活动所需要的时间，项目所需的时间则取决于所有项目活动的关键路径时间；自上而下则是确定完成项目所需要的总的时间，然后将时间分配给不同的活动。这两种方法在实际中都有应用，对于客户项目，很多情况下只能采取自上而下的方式，因为大多数项目都事先确定了项目的交付时间。在软件项目计划中，资源分配主要指人员的分配，指定了时间资源以后，应该指定人力资源。一项工作任务是否能够完成，所需要的时间和人员是两个最主要的变量。在一定的范围内，时间和人员是可以互换的，即增加人员会缩短工作时间，延长时间会降低对人员的需求量（但这种观点的缺点在于管理者往往会认为所有的活动都可以互换时间和人力资源）。如果已经确定了活动的完成时间，则要指定相应的人员作为完成活动的责任人。

（3）资源规划矩阵。

资源规划矩阵是以WBS结构为主，结合项目进度计划进行资源规划，通过分析和识别，确定项目需要投入的资源种类和数量的分析方法。其内容必须准确详细，数据来源要可靠。具体如表 2—1 所示。

表 2—1　　资源规划矩阵

WBS 结果	资源需求量				
	资源 1	资源 2	资源 3	资源 4	资源 5
工作包 1					
工作包 2					
……					

思考题

思考一：面对局部利益，资源应如何进行整合？整合后的资源是否还可以进行二次利用？

思考二：资源规划矩阵的形式不唯一，可否根据资源规划矩阵的概念和目的自行设计出一个项目的资源规划矩阵？

任务三　电子商务项目风险管理

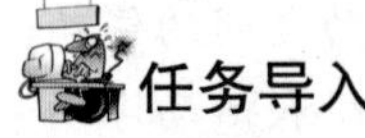
任务导入

安然曾作为美国最大的石油和天然气企业之一，在 2002 年营业收入就超过1 000 亿美元，雇用员工 2 万人，是美国“财富 500 强”中的第七大企业。但经美国证监会调查，发现安然以表外（投资合伙）形式，隐瞒了 5 亿美元的债务，亦发现该公司从 1997 年以来虚报利润达 5.8 亿美元。

消息公布后，安然的股价暴跌，安然申请破产保护，但在之前 10 个月内，公司却因为股票价格超过预期目标而向董事及高级管理人员发放了 3.2 亿美元的红利。

安然事件发生后，在对其分析调查时发现：安然的董事会及审计委员会均采取不干预监控模式，没有对安然的管理层实施有效的监督。事件发生之后，部分董事表示不太了解安然的财务状况，也不太了解他们的期货及期权的业务。

由于安然重视短期的业绩指标，管理层的薪酬亦与股票表现挂钩，这诱发了管理层利用创新的会计方法做假，以赢取丰厚的奖金和红利。虽然安然引用了非常先进的风险量化方法监控期货风险，但是营运风险的内部控制形同虚设，管理高层常常藐视或推翻公司制定的内部控制制度，这是最终导致安然破产的重要因素。

[问题分析] 安然公司为什么会出此事故？

任务分析

关键词	风险的识别、风险评估、风险控制
理论要点	掌握识别风险的方法，能够划分风险等级，进行风险评估，理解有效控制风险的方法，了解风险管理计划的制定
实践要点	能够结合实际项目进行项目的风险评估分析和风险控制，尝试编写行之有效的风险管理计划

一、任务目标

了解风险管理的层级，对项目在实施过程中有可能遇到的风险进行识别、评估和有效控制，掌握常用的风险识别和风险评估工具，掌握风险管理的流程和风险管理计划的制定。

二、任务要求

（1）了解风险管理的重要性以及如何成功地进行风险管理。

（2）掌握风险管理的整个流程，特别是风险评估和识别。

（3）可以根据实际项目进行风险识别、评估并制定相应的风险管理计划。

三、任务过程

（一）基本流程

项目风险管理的基本流程如图 2—4 所示。

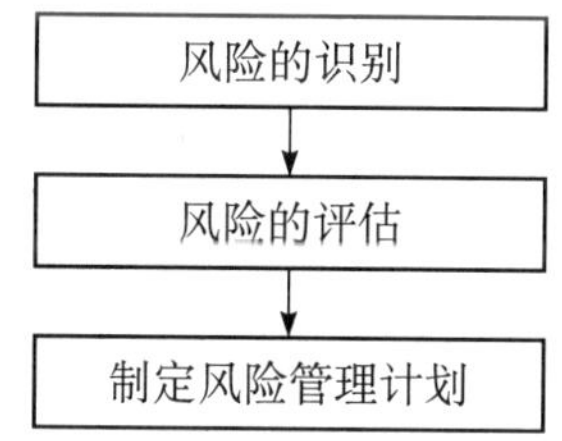

图 2—4　项目风险管理基本流程图

（二）具体步骤

步骤一　风险的识别

管理风险的第一步是识别那些可能将风险带到项目计划中来的因素。项目经理很难识别出所有的风险因素，最重要的是要诚实地对待风险，一旦风险被识别，需要清楚地描述每个风险的情况。例如，来自承包商的风险可能有：承包商不按预先提交的计划开展工作；承包商没有领会和遵从程序设计标准；承包商指派没有经验的人领导团队；团队难以管理；等等。

风险识别既可以通过历史经验来判断，也可以通过对各种客观的资料和记录进行分析，通过整理和归纳以及必要的问询，可以找出各种明显和潜在的风险及其损失规律。由于风险具有不确定性，因而风险识别是一项持续性和系统性的工作，需要风险管理者密切注意原有风险的变化，并随时发现新的风险。

风险识别的方法有多种，如风险清单法、流程图分析法、财务报表分析法、实地调查法等。

常用的风险识别工具有：风险检查列表、头脑风暴法、风险文档表格、周期性的风险报告等。

步骤二　风险的评估

风险评估是指在风险事件发生之后，对于风险事件给人们的生活、生命、财产等各个方面造成的影响和损失进行量化评估工作。

风险评估是对信息资产面临的威胁、存在的弱点、造成的影响以及三者综合作用而带来的风险的可能性的评估。作为风险管理的基础，风险评估是组织确定信息安全需求的一个重要途径，属于组织信息安全管理体系策划的内容。

（1）风险评估的主要内容。

①识别组织面临的各种风险。

②评估风险概率和可能带来的负面影响。

③确定组织承受风险的能力。

④确定风险消减和控制的优先等级。

⑤推荐风险消减对策等。

（2）风险评估的主要方法和三个可行途径。

①风险评估的主要方法。

a. 风险发生概率评估。

b. 风险影响评估。

c. 风险生命期评估。

d. 风险分类。

e. 风险等级排序。

f. 风险信息图形表达。

②风险评估的三个可行途径。

在风险管理的前期准备阶段，组织已经根据安全目标确定了自己的安全战略，其中就包括对风险评估战略的考虑。

风险评估的操作范围可以是整个组织，也可以是组织中的某一部门，或者独立的信息系统、特定系统组件和服务。影响风险评估进展的某些因素，包括评估时间、力度、展开幅度和深度，都应与组织的环境和安全要求相符合。组织应该针对不同的情况选择恰当的风险评估途径。

目前，实际工作中经常使用的风险评估途径包括基线评估、详细评估和组合评估三种。

a. 基线评估。

如果组织的商业运作不是很复杂，并且组织对信息处理和网络的依赖程度不是很高，或者组织信息系统多采用普遍且标准化的模式，基线风险评估（Baseline Risk Assessment）就可以满足基本的安全水平要求，并且满足组织及其商业环境的所有其他要求。

采用基线风险评估，组织根据自己的实际情况（所在行业、业务环境与性质等），对信息系统进行安全基线检查（用现有的安全措施与安全基线规定的措施进行比较，找出其中的差距），得出基本的安全需求，通过选择并实施标准的安全措施来消减和控制风险。

基线评估的优点是需要的资源少、周期短、操作简单。对于环境相似且安全需求相当的诸多组织，基线评估显然是最经济有效的风险评估途径。当然，基线评估也有其难以克服的缺点，比如基线水平的高低难以确定，如果过高，可能导致资源浪费和限制过度；如果过低，可能难以达到充分的安全。

基线评估的目标是建立一套满足信息安全基本目标的最小的对策集合，它可以在全组织范围内实行，如果有特殊需要，应该在此基础上对特定系统进行更详细的评估。

b. 详细评估。

详细风险评估要求对资产进行详细识别和评价，对可能引起风险的威胁和弱点水平进行评估，根据风险评估的结果来识别和选择安全措施。这种评估途径集中体现了风险管理的思想，即识别资产的风险并将风险降低到可接受的水平，以此证明管理者所采用的安全控制措施是恰当的。

详细评估的优点在于组织可以通过详细的风险评估对信息安全的风险有一个精确的认识，并且准确定义出组织目前的安全水平和安全需求；同时，详细评估的结果可用来管理安全变化。当然，详细的风险评估可能非常耗费资源，包括时间、精力和技术，因此，组织应该仔细设定待评估的信息系统范围，明确商务环境、操作和信息资产的边界。

c. 组合评估。

基线风险评估耗费资源少、周期短、操作简单，但不够准确，适合一般环境的评估；详细风险评估准确而细致，但耗费资源较多，适合严格限定边界的较小范围内的评估。基于此，实践中组织多采用二者结合的组合评估方式。

为了确定选择哪种风险评估途径，组织应首先对所有的系统进行一次初步的高级风险评估，着眼于信息系统的商务价值和可能面临的风险，识别出组织内具有高风险的或者对其商务运作极为关键的信息资产（或系统），这些资产或系统应该划入详细风险评估的范围，而其他系统则可以通过基线风险评估直接选择安全措施。

这种评估途径将基线风险评估和详细风险评估的优势结合起来，既节省了评估所耗费的资源，又能确保获得一个全面系统的评估结果，而且，组织的资源和资金能够应用到最能发挥作用的地方，具有高风险的信息系统能够被预先关注。当然，组合评估也有缺点：如果初步的基线风险评估不够准确，某些本来需要详细评估的系统也许会被忽略，最终导致结果失准。

步骤三 制定风险管理计划

风险管理计划是在项目实施过程中对所面临的和潜在的风险进行识别和评估后系统地进行整理和归纳，并通过制定风险管理计划来对现有风险和潜在风险实施风险控制。

（1）风险管理计划的主要内容。

①风险管理的范围和力度的陈述。风险管理同其他项目管理任务一样，必须裁减，以适合个别项目的规模、价值和复杂性。

②风险管理周期的陈述。说明怎样和什么时候进行风险检查，是作为一个分开的过程还是作为连续的项目监控工作的一部分进行。

③风险管理者的角色和责任。明确谁负责风险管理过程，明确风险审查和控制的机制。

④风险管理产品的描述。如为高级管理者准备的风险评估报告等。

（2）风险管理计划中所涉及的有关风险管理计划编制工具。

①责任指派。

②减轻风险影响计划。

③活动与风险项对应关系列表。

④在风险计划编制期间对成本、效益进行评估。

⑤在风险计划编制期间对原因和影响的分析。

⑥减轻风险影响计划的重新编制。

任务说明

根据实际项目来进行风险分析，识别现有的和潜在的风险，并对所有的风险划分等级进行风险评估，然后制定出风险管理计划，制定出具体风险预控方案。

四、任务成果

（1）了解风险管理的层级。

（2）掌握风险管理的整个流程。

（3）掌握风险识别、风险评估的含义和具体方法。了解风险识别、风险评估过程中所使用到的工具。

（4）能够根据某一电子商务项目制定出风险管理计划。

知识点拨

风险管理的目的：风险管理的目的是在风险产生危害之前识别它们，从而有计划地消除或削弱风险。

风险管理计划：风险管理计划是在项目实施过程中对所面临的和潜在的风险进行识别和评估后系统地进行整理和归纳，并通过制定风险管理计划来对现有风险和潜在风险实施风险控制。

风险评估：风险评估（Risk Assessment）是指在风险事件发生之后，对风险事件给人们的生活、生命、财产等各个方面造成的影响和损失进行量化评估的工作。它是对信息资产面临的威胁、存在的弱点、造成的影响以及三者综合作用而带来的风险的可能性的评估。作为风险管理的基础，风险评估是组织确定信息安全需求的一个重要途径，属于组织信息安全管理体系策划的内容。

思考题

思考一：某项目经理在对所实施项目进行风险管理时，识别出一组（A～E）风险数据，请对识别出的风险进行风险评估并排序。

A：进度延误大于30%，或者费用超支大于30%。

B：进度延误20%～30%，或者费用超支20%～30%。

C：进度延误低于20%，或者费用超支低于20%。

D：进度延误低于10%，或者费用超支低于10%。

E：进度延误低于5%，或者费用超支低于5%。

思考二：请用示意图画出风险管理的整个流程和相互关系。

任务四 电子商务项目成本控制

任务导入

对于一些直接的、显性的成本项目，“每一项费用都有年度预算和月度计划，财务预算是一项制度，每一笔支出都要有据可依，执行情况会与考核挂钩。”百安居的卫哲说。

“员工工资、电费、电工安全鞋、推车修理费，神秘顾客购物……”5月份的营运报表上记录着137类费用单项。其中，可控费用（人事、水电、包装、耗材等）84项，不可控费用（固定资产折旧、店面租金、利息、开办费摊销）53项。尽管单店日销售额曾突破千万元，营运费用仍被细化到几乎不能再细化的地步，有的甚至单月费用不到100元。

每个月、每个季度、每一年都会由财务汇总后发到管理者的手中，超支和异常的数据会用红色特别标识，管理者会对报告中的红色部分相当留意，在会议中，相关部门需要对超支的部分做出解释。

一套成形的操作流程和控制手册在百安居被使用，该手册从电、水、印刷用品、劳保用品、电话、办公用品、设备和低值易耗品八个方面提出控制成本的方法。比如将用电的节俭规定到了以分钟为单位，如用电时间控制点为7：00～23：30，依据营业、配送、季节和当地的日照情况划分为18个时间段，相隔最长的7个小时，相隔最短的仅有两分钟。

“我们希望所有员工不要混淆抠门与成本控制的关系，原则上，要花该花的钱，少花甚至不花不该花的钱，我们要讲究花钱的效益。”《营运控制手册》的前言部分如此写道。而且“降低损耗，人人有责”的口号随处可见。这种文化的灌输从新员工入职培训时就已经开始，并且常常在每天的晨会中不断灌输、强化。

[问题分析] 成本控制是简单的节俭吗？如果你是一家百货公司的老板，你将如何借鉴百安居的案例对自己的企业进行成本控制？

任务分析

关键词	项目成本管理、成本控制
理论要点	成本管理的定义，成本控制的方法，成本控制的目标和意义
实践要点	能够结合实际项目了解并掌握成本控制的方法

一、任务目标

了解成本控制和成本管理的概念，研究为什么要对所实施的项目进行成本控制，找出成本控制的目的和意义，掌握成本控制的方法和标准。

二、任务要求

（1）掌握成本控制的概念及实施的目的和意义。

（2）能够在项目实施过程中按照成本控制的原则和方法进行成本控制。

（3）掌握成本控制的流程以及成本控制过程中的标准化工作。

三、任务过程

（一）基本流程

项目成本控制的基本流程如图2—5所示。

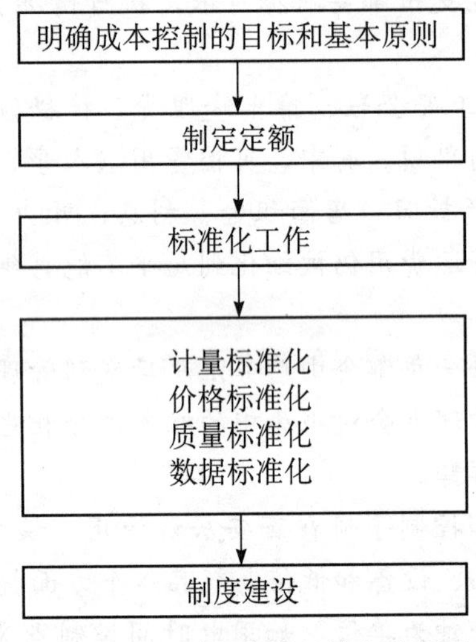

图2—5　项目成本控制基本流程图

（二）具体步骤

步骤一　明确成本控制的目标和基本原则

1. 成本控制的目标

在企业发展战略中，成本控制处于极其重要的地位。如果同类产品的性能、质量相差无几，决定产品市场竞争的主要因素则是价格，而决定产品价格高低的主要因素是成本。因此只有降低了成本，才有可能降低产品的价格。成本管理控制应是全过程的控制，不仅要控制产品的生产成本，还要控制产品寿命周期成本的全部内容。实践证明，只有当产品的寿命周期成本得到有效控制，成本才会显著降低；而从全社会角度来看，只有如此，才能真正达到节约社会资源的目的。此外，企业在进行成本控制的同时还必须要兼顾产品的不断创新，特别是要保证和提高产品的质量，绝不能片面地为了降低成本而忽视产品的品种和质量，更不能为了片面追求眼前利益而采取偷工减料、冒名顶替或粗制滥造等歪门邪道来降低成本；否则，其结果不但坑害了消费者，最终也会使企业丧失信誉，甚至破产倒闭。

（1）要对成本进行控制，就必须先了解成本为何发生，它与哪些因素有关，有何关系。如何有效地控制成本，使企业的资源利用达到最大的收益，就应该从作业入手，力图增加有效作业，提高有效作业效率，同时尽量减少以至于消除无效作业，这是现代成本控制方法的基础理念。

（2）传统的产品成本一般只是指产品的制造成本，即包括产品的直接材料成本、直接人工成本和应该分摊的制造费用，而将其他的费用放入管理费用和销售费用中，一律作为期间费用，视为与产品生产完全无关。而广义的成本既包括产品的制造成本（中游），还包括产品的开发设计成本（上游），同时也包括使用成本、维护保养成本和废弃成本（下游）等一系列与产品有关的所有企业资源的耗费。相应的，对于成本控制，就要控制这三个环节所发生的所有成本。

（3）传统的成本降低基本是通过成本的节约来实现的，即力求在工作现场不浪费资源和改进工作方式以节约成本，其主要方法有节约能耗、防止事故、以招标方式采购原材料或设备等，这是企业的一种战术改进，属于降低成本的一种初级形态。高级形态的成本降低需要企业在产品的开发、设计阶段，通过重组生产流程来避免不必要的生产环节，达到成本控制的目的。

（4）在价值链的各个阶段中，时间都是一个非常重要的因素。很多行业的各项技术的发展变革速度正在加快，产品的生命周期变得很短。企业能将产品及时地送到顾客手中是第一步，更重要的是对顾客的意见及时采取措施，使顾客价值最大化。这样既可以赢得市场，又可以随时掌握市场的动态。

2. 成本控制的基本原则

（1）全面介入的原则。全面介入原则是指成本的全部、全员、全过程控制。全部是对产品生产的全部费用加以控制，不仅对变动费用要进行控制，对固定费用也要进行控制。全员控制是要发动领导干部、管理人员、工程技术人员和广大职工建立成本意识，参与成本的控制，认识到成本控制的重要意义，才能付诸行动。全过程控制，是对产品设计、制造、销售的整个过程进行控制，并将控制的成果在有关报表上加以反映，借以发现缺点和问题。

（2）例外管理的原则。成本控制要将注意力集中在非正常的例外事项上。因为实际发生的费用往往都会与预算有出入，如发生的差异不大，也就没有必要一一查明其原因，而只要把注意力集中在非正常的例外事项上并及时进行信息反馈即可。

（3）经济效益的原则。提高经济效益，不单是降低成本的绝对数，更重要的是实现相对的节约，取得最佳的经济效益，以较少的消耗取得更多的成果。

步骤二　制定定额

定额是指企业在一定生产技术水平和一定的组织条件下，人力、物力、财力等各种资源的消耗达到的数量界限，主要有材料定额和工时定额。

成本控制的主要步骤是制定所要消耗的定额，只有制定出消耗的定额，才能实现成本控制。工时定额的制定主要考虑各地区的收入水平、企业工资战略、人力资源状况等因素。在现代企业管理中，人力成本越来越大，工时定额显得特别重要。

在工作实践中，根据企业生产经营特点和成本控制需要，还会出现动力定额、费用定额等。定额管理是成本控制基础工作的核心，建立定额领料制度，控制材料成本、燃料动力成本，建立人工包干制度，控制工时成本以及控制制造费用，都要依赖定额制度，没有很好的定额，就无法控制生产成本；同时，定额也是成本预测、决策、核算、分析、分配的主要依据，是成本控制工作的重中之重。

步骤三　标准化工作

标准化工作是现代企业管理的基本要求，它是企业正常运行的基本保证，它促使企业的生产经营活动和各项管理工作达到合理化、规范化、高效化，是成本控制成功的基本前提。在成本控制过程中，下面几项标准化工作极为重要。

1. 计量标准化

计量是指用科学的方法和手段，对生产经营活动中的量和质的数值进行测定，为生产经营，尤其是成本控制提供准确数据。如果没有统一的计量标准，基础数据不准确，就无法获取准确的成本信息，控制更无从谈起。

2. 价格标准化

成本控制过程中要制定两个标准价格：一是内部价格，即内部结算价格，它是企业内部各核算单位之间、各核算单位与企业之间模拟市场进行商品交换的价值尺度；二是外部价格，即在企业购销活动中与外部企业产生供应与销售的结算价格。标准价格是成本控制运行的基本保证。

3. 质量标准化

质量是产品的灵魂，没有质量，再低的成本也是徒劳的。成本控制是质量控制下的成本控制，没有质量标准，成本控制就会失去方向，也谈不上成本控制。

4. 数据标准化

制定成本数据的采集过程，明晰成本数据报送人和入账人的责任，做到成本数据按时报送，及时入账；数据便于传输，实现信息共享；规范成本核算方式，明确成本的计算方法；成本的书面文件实现格式化、图表化，做到成本核算结果准确无误。

步骤四　制度建设

在市场经济中，企业运行的基本保证，一是制度，二是文化，制度建设是根本，文化建设是补充。没有制度建设，就不能固化成本，就不能保证成本控制质量。成本控制中比较重要的制度是定额管理制度、预算管理制度等。

在实际工作中，制度建设方面主要有两个问题：一是制度不完善，在制度内容上，制度建设更多地从规范角度出发，看起来像命令。正确的做法应该是制度建设要从运行出发，这样才能使责任人找准位置，便于操作。二是制度执行不力，老是强调管理基础差、人员限制等客观原因，一涉及利益调整等内容就收缩起来，导致制度形同虚设。

任务说明

在项目的实际实施过程中，用成本控制的方法找出项目的资源消耗定额，然后按照计算标准化、质量标准化、价格标准化、数据标准化这四项进行标准化工作，最终明确并建立制度以保障成本控制的顺利进行。

四、任务成果

(1) 了解成本管理和成本控制的概念。

(2) 掌握成本控制从定额制定到标准化工作再到建立制度的整个流程。

(3) 了解成本控制的目的和基本原则。

知识点拨

项目成本管理是指承包人为使项目成本控制在计划目标之内所做的预测、计划、控制、调整、核算、分析和考核等管理工作。

成本控制是指企业根据一定时期预先建立的成本管理目标，由成本控制主体在其职权范围内，在生产耗费发生以前和成本控制过程中，对各种影响成本的因素和条件采取的一系列预防和调节措施，以保证成本管理目标实现的管理行为。

定额是企业在一定生产技术水平和组织条件下，人力、物力、财力等各种资源的消耗达到的数量界限，主要有材料定额和工时定额。

思考题

思考一：公司效益奖的发放对于成本控制是利是弊？应该被成本控制掉吗？

公司效益奖，按年度成本降低总额的5%～10%和超过目标利润的3%～5%提取，某集团仅2008年效益奖发放了3 800万元。结果，集团拼搏一年，不仅圆满实现了目标，而且扭亏为盈，当年为总厂创造利润82.67万元。

思考二：如何认识成本控制中人的作用，成本控制只是领导层的决定吗？

任务五　项目管理软件使用介绍

任务分析

关键词	项目管理软件
理论要点	项目管理软件、项目管理工具
实践要点	能够使用项目管理软件，结合实际项目进行管理

一、任务目标

能够使用项目管理软件，结合实际项目进行管理。

二、任务要求

（1）能够掌握项目管理软件的正确使用方法。

（2）能够了解常用项目管理工具的使用技巧。

三、软件介绍

（一）项目、项目管理和项目管理工具

在信息时代，企业的任何活动都必须得到 IT 的支持。IT 是构筑企业竞争优势的核心部分，平庸者与业界领先者的差距不在于领先者创造了什么，而在于领先者是用什么创造的。企业的例行活动得到了以 ERP 为代表的一系列 IT 工具的支持，而项目和项目管理的兴起则呼唤新的工具——项目管理工具。

作为新兴市场，项目管理工具市场还不成熟，不像 ERP 市场那样有明显的业界领先者（如 SAP 和 Oracle），软件选型的风险较小。而项目管理工具市场目前群雄并起，在 PMI（项目管理协会，世界著名项目管理组织）的网页上，推荐的项目管理工具有近百家，孰优孰劣，不容易看清楚，风险很大。基于笔者实际使用或选型测试的经验，本文介绍几个项目管理工具，并介绍一些关于项目管理工具的需求、选型和实施方面的经验。

（二）PM Office 简介

PM Office（以下简称 PMO）是 IPD 业务变革项目所衍生出来的项目管理工具。PMO 是由加拿大的 Systemcorp 公司开发出的企业集成项目管理工具。Systemcorp 在推出 PMO 3.1.2 后，吸引了 IBM 的投资，合作开发了 PMO 4.0。

以华为实施 PMO 项目为例。按计划，实施过程分两个阶段：第一阶段基于 PMO 3.1.2 实施其计划管理、人力资源管理和文档管理三方面功能，并在 IPD 试点 PDT＃2 中推行；第二阶段基于 PMO 4.0 实施其成本管理、时间管理、变更管理等功能，并在 IPD 试点 PDT＃3 中推行。PMO 的基本功能可以用图 2—6 来概括。PMO 认为，项目活动可主要分为三类，即计划、执行和监控。参与项目活动的角色可分为：系统管理员/业务管理员、项目经理、项目成员、项目主管和功能部门经理。不同的角色在 PMO 这个公共平台上各司其职，协同完成各类项目活动。下面基于图中的各个角色对 PMO 的功能进行介绍。

1. 系统管理员/业务管理员

系统管理员和业务管理员的职责是根据业务需求配置 PMO 环境。PMO 环境配置包括：费用编码设置、时间编码设置、项目元素属性设置、人力资源定义和资源能力定义。

2. 项目经理

项目经理是项目的“法人代表”，为项目成败承担完全责任，是驱动项目前进的“发动机”。项目经理的工作流程如图 2—7 所示。

（1）制定项目进度计划。

在 PMO 中，制定项目进度计划有三种方式。

①基于项目模板。PMO 支持把具有重复使用价值的项目存成项目模板，供以后类似项目使用。

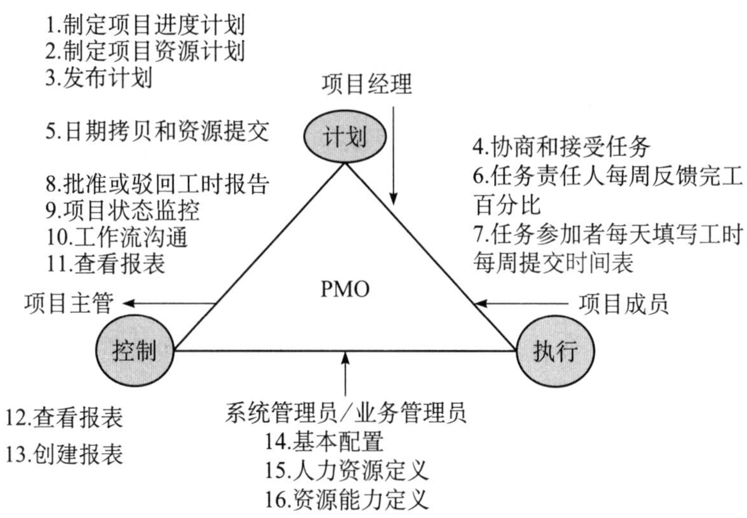

图 2—6　PMO 中的主要活动和角色

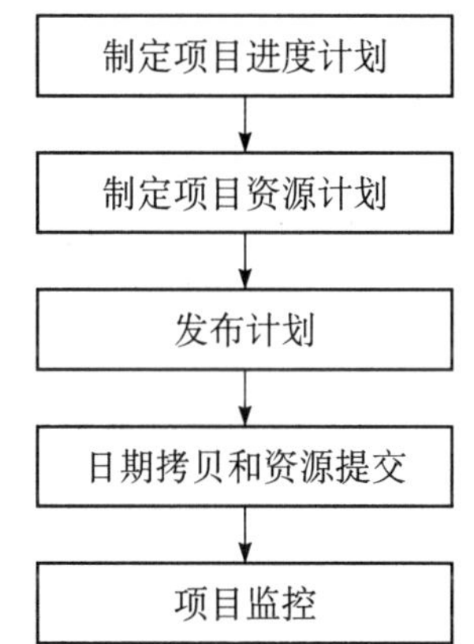

图 2—7　项目经理工作流程图

IPD 流程在项目管理中表现为一套完整、全面的项目 WBS 模板以及指导 WBS 中任务执行的文档模板。PDT 通过执行项目 WBS，从而执行 IPD 流程。华为的大部分研发项目都可基于存放在 PMO 中的 IPD WBS 模板创建自己的项目计划，从而遵循了 IPD 的流程和方法。这也是项目管理 IT 工具固化 IPD 流程的意义所在。

②从 MS Project 中导入项目计划。

③在 PMO 中直接创建。

（2）制定项目资源计划。

项目资源计划制定是一个由粗到细，不断细化的过程。首先，项目经理可针对每个任务制定资源能力计划，即不指派到具体的人，而仅考虑所需工作量，所需资源的数量、技能和工作地点等要求。待资源能力计划通过评审后，项目经理找资源经理落实资源，再用实际资源去替代资源能力计划。

PMO 支持多种资源能力查找方式，包括基于期间、部门、角色和技能要求等。对于资源查找，支持更多的方式，包括基于期间、部门、角色、技能要求、姓名、工号、项目等。

（3）发布计划。

完成计划制定后，项目经理将计划发布。在 PMO 的项目视图中，选中计划发布，即将该项目的所有任务发布给项目成员，项目成员在各自的个人任务箱中可查看自己的任务。

（4）日期拷贝和资源提交。

计划发布后，项目成员可就自己任务的进度、质量等要求和项目经理协商，最终达成一致，并接受任务。

所有项目成员都接受任务后，项目经理将执行项目日期拷贝和资源提交，项目计划被保存，正式开始执行，以后的任何修改将通过变更流程完成。

在 PMO 中，选中项目，点击鼠标右键，选择拷贝日期，将建议日期拷贝到计划日期，然后将计划日期拷贝到基准日期；再选择资源提交，将资源的建议工时拷贝到计划工时，并将资源的可用工时从其总工时中扣除。

（5）项目监控。

项目监控包括：审批项目成员的工时报告；通过报表等方式跟踪项目进度、成本和质量；进行风险管理、问题管理和变更管理等。

3. 项目成员

项目成员是任务的执行者，其主要职责是：在规定的预算和时间范围内，高质量地完成项目经理所分配的任务。

4. 项目主管

项目主管是指项目的监控者，主要责任是通过报表查看项目信息，了解项目状况，做出相应决策，同时根据需要创建报表，并进行报表查看的权限控制。

项目主管是一个广泛的概念，对华为来说，包括 IPMT、产品计划处、产品管理办、财务主管、人力资源主管等。IPMT、财务主管、人力资源主管等仅需要查看报表，了解项目状况，做出相应决策。创建报表以及报表的权限控制可由产品计划处、产品管理办或专门的机构承担，要求他们掌握创建报表的技能。

5. 功能部门经理

华为研发项目采用了矩阵型组织结构。当前，研发项目的矩阵型组织仅覆盖研发体系内部（中研和中试）。IPD 变革项目的目的是把研发项目的矩阵型组织拓展到整个公司，覆盖研发、市场、技术支持、采购、财务、人力资源、IT 等所有范围。

在矩阵型组织结构中，项目和功能部门各司其职，项目经理对项目结果负责，功能部门经理负责为项目提供资源，共同保证公司和项目的成功。

在矩阵型组织结构下，必须明确项目经理和功能部门经理的职责划分，明确项目成员就什么职责和任务向谁汇报。

当前，华为矩阵型项目组织结构运作有两种模式：

（1）任务承接。项目经理制定项目计划和预算，并为各功能部门分配任务和预算；功能部门经理承接任务，并使用自己部门的资源在进度、质量和预算的范围内完成任务。

（2）资源外包。项目经理制定项目计划、预算和资源计划，就所需人力资源和功能部门经理达成一致，并直接为资源分配任务。

PMO 对“任务承接”和“资源外包”模式都能支持。

对于“任务承接”模式，项目经理在分配任务时，将功能部门经理指派为任务责任人，功能部门经理再为该任务指派具体资源。功能部门经理负责汇报该任务的完工百分比和工时。如果将功能部门经理设为该项目的 Co-Manager，则功能部门经理还能够在该任务下创建子任务。

对于“资源外包”模式，项目经理在分配任务时，直接把任务分配给项目成员。

在 PMO 中定义人力资源时，须为每个资源指定其直接功能部门经理。该人力资源的工时汇报将提交给该功能部门经理审批。

综上，PMO 具有很好的企业级项目管理理念，具体可概括为以下三点：

(1) 集成性。全公司所有研发项目集成在一个公共平台上，便于项目监控和分析以及公司决策。另外，项目的进度计划、资源计划、风险管理和文档管理被集成在一个系统中，提高了项目管理效率。

(2) 协同性。PMO 是一个基于 Web 的企业级应用，项目主管、项目经理、项目成员、功能部门经理在同一平台上协同工作，共同保证项目成功。

(3) 统一性。所有项目共享一个统一的资源池，合理充分利用公司资源。所有项目共享标准模板，保证以前经验的继承和项目管理的规范性。

(三) 其他工具介绍

1. P3E

P3E (Primavera Project Planner for Enterpriser) 是由美国的 Primavera 公司开发出的企业集成项目管理工具。Primavera 公司成立于 1983 年，是最早进入项目管理软件领域的公司之一，客户包括 Lucent、Siemens、Federal Express、Honeywell 等在内的 41 000 个公司或机构。

Primavera 的产品 P3 在建筑、设计、施工行业占有 80%的市场份额，后推出产品 P3E 进入企业项目管理软件领域。

P3E 包括 4 个模块：

(1) 计划模块：这是主模块，供项目经理使用，进行项目计划制定、管理和控制。Client/Server 模式，数据库可采用 Oracle、MS SQL、InterBase 等。

(2) 进度汇报模块 (Progress Reporter)：供项目成员使用，用来接收任务分配，反馈任务执行的进度，于项目成员可通过 Web 浏览器访问。

(3) Primavision 模块：项目经理使用该模块来发布项目计划，计划发布到一个 Intranet 或者 Internet 站点上，允许项目成员和其他感兴趣的人员使用 Web 浏览器查看所有的项目信息。

(4) Portfolio Analyst 模块：向项目主管、高层管理者以及项目分析员提供项目总结和跟踪信息，包括丰富的图形、电子数据表和报表等。

2. Artemis Views 4

Artemis Views 4 是美国 Artemis 公司推出的企业级项目管理工具。Artemis 公司是全球最大的专业 PM 工具及服务商之一，客户包括美国国防部空军基地、英国 Orange

电信、意大利电信、GE、Honda、伦敦运输、纽约州交通部、Arizona 公共服务部、瑞士邮政电话电报公司、Kawasaki 等 3 000 余家单位，在全球 27 个国家和地区有 40 个分支机构。

Artemis Views 4 包括四个模块：Project view、Cost view、Global view、Track view，每一个模块分别针对不同的用户对象。Client/Server 模式支持的数据库包括 Oracle、MS SQL、Sybase 等，服务器平台支持 Windows NT、HP _ UX、Sun Solaris。

该软件的主要功能包括：支持层次结构的多计划视图；分析多项目计划的成本和资源的需求；可以直接将 MS Project 的数据存到中央数据库；允许 MS Project 的数据进入跟踪模块，以实现活动和时间的自动跟踪；支持 Web _ based 的用户离线填报工时，连上服务器后自动更新数据库的数据；企业级成本计划和控制；提供项目进度、活动和资源的财务角度视图；支持在线成本数据和差异分析；Earned _ valued 的项目控制和汇报；支持 ERP 的集成；为不同权限的用户提供不同的使用模块。

3. MS Project 2003

作为桌面项目管理工具，微软的 MS Project 2003 以其用户界面友好、操作灵活成为“杀手级”的应用软件，在企业中得到了广泛的应用。

MS Project 2003 主要用于计划制定、管理和控制。与 MS Project 2000 相比，新增功能有：项目文件的多种保存格式；增加了材料资源；设置任务日历；估计工期；对任务和资源分组；改进的网络图等。支持平台包括：Windows 95 \ 98 \ 2000 \ XP，MS NT 4.0 或以上版本。

MS Project 2003 Central 的主要功能包括：工作组成员可同时看到与他们相关的所有项目中的任务，他们可在“甘特图”视图中查看他们的任务并对这些任务进行分组、排序和筛选；工作组成员可查看整个项目的最新信息；工作组成员可创建新任务，并且可将这些新任务发送给项目经理，由项目经理合并到项目文件中；项目成员可以反馈任务的完成情况，填报工时、完成百分比等；项目经理可建立消息规则，可指定是自动接受所有工作组成员的更新还是只接受特定成员的更新；工作组成员可将任务委托给其他工作组成员，而项目经理可以将任务发送给工作组组长或领导，再由他们重新分配任务。

项目三　商务网站策划

学习提示

学习目标：

- 知识目标：掌握网站需求分析、网站目标及经营模式定位、网站内容策划、网站技术需求与解决方案的基本知识点。
- 能力目标：通过网站需求分析明确网站的目标，确定网站的经营模式。通过合理的技术手段和内容策划方案实现网站的目标。

本项目重点：

- 制定切实可行的策划方案，通过合理的技术手段，实现商务网站的目标。

本项目难点：

- 如何做好网站内容策划，通过合理的技术手段得以实现。

一个网站的成功与否与建站前的网站策划有着极为重要的关系。在建设电子商务网站的过程中，网站的策划工作在网站建设的全过程得以体现，是网站建设最重要的环节。网站策划是指在网站建设前对市场进行分析、确定网站的目的和功能，并根据需要对网站建设中的技术、内容、费用、测试、维护等进行策划。网站策划对网站建设起着计划和指导的作用，对网站的内容和维护起着定位的作用。

网站策划是一个管理决策过程，它要运用现代信息技术有效地支持管理决策的总体方案，是管理与技术结合的过程。策划人员对管理和技术发展的认识、开创精神、务实态度是网站策划能否成功的关键因素。

网站策划应遵循以下原则：

（1）符合企业发展的总目标。企业的战略目标是策划的出发点。网站策划应从企业目标出发，通过分析企业管理的信息需求，逐步导出网站的战略目标和总体结构。

（2）确保系统结构的整体性。网站的策划和实现过程是一个“自顶向下策划、自底向上实现”的过程。采用自上而下的策划方法，可以保证系统结构的完整性和信息的一致性。

（3）摆脱商务系统对组织机构的依赖性。网站策划人员对企业业务流程的了解往往会从现行组织机构入手，这就容易产生对原系统的依赖性，进而使新业务模式丧失对业务流程的优化能力。因此，只有摆脱对它的依赖性，才能充分发挥新业务模式的优势，有效地提高商务系统的应变能力。

（4）便于实施。策划应给后续工作提供指导，要便于实施。方案选择应追求实效，宜选择经济、简单、易于实施的方案。技术手段强调实用，不片面求新。

网站的发展虽然远没有软件开发久远和成熟，但其应用已经十分广泛。今天大型商业网站建设的复杂程度毫不逊色于软件开发的复杂程度。网站策划过程通常包括目标定义、可行性研究、需求分析、设计与实施、测试、维护与运营等方面，但根据不同的实施目标，还可能有具体要求。比如，网上直销、拍卖还涉及支付系统，这就意味着在运作时要成立专门部门保证支付系统的安全与正常工作，通用的支付形式是和网上银行（如招商银行）建立接口，通过网上银行完成结算。

本项目仅就网站策划过程中共性的网站需求分析、网站目标及经营模式定位、网站内容策划和网站技术需求与解决方案等内容予以介绍。

任务一　网站需求分析

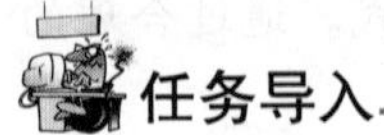

任务导入

1. 目标人群需求分析

以创业带动就业，鼓励在校大学生进行电子商务创业，各院校积极建设校园网上商城服务于创业学子，并力求教学与实践相结合，既为教师提供一个教学与实践交互的平台，又为学生提供一个将理论付诸实践的创业窗口。

2. 行业现状分析

中国C2C的发展虽然不到十年，但一路高歌猛进，快速发展，目前已经成为一个巨大的市场，2007年交易额达600亿元，2012年将达10 000亿元（数据引自艾瑞咨询）。C2C平台种类繁多、各具千秋，继淘宝、拍拍、易趣之后，一些从事搜索引擎的互联网公司或者大型门户网站（如百度、新浪等）都在C2C这块领域里有了一定的影响。

3. 竞争状况分析

面对门类齐全、内容丰富的各类C2C平台，建设网上店铺该如何选择呢？

（1）外部环境。

威胁：在大的电子商务环境中，淘宝、卓越、京东、苏宁易购等购物网站主导着市场格局，同时又不断涌现各类特色购物网站，大学校园网上商城机会何在？机会：大学校园网上商城是面对在校大学生和教师开办的教学结合实践的场所。在教学方面，该商城为教师提供了相应的实践场所，帮助教师实践教学；在创业销售方面，大学生是一个活跃的消费群体。无论外在环境是否存在经济危机，基本上不会影响这一群体的消费热情。

（2）内部环境。

威胁：校园网上商城是在校园内部完成的，往往在本院学生范围内推行，这样做势必会失去除学生以外的社会人士的关注，既降低了平台的推广程度和被认知程度，又降低了平台在社会范围的知名度，对C2C平台来说具有很大挑战。

机会：校园网上商城，一方面对创业学生而言，是一个很好的实践平台。校园网上商城可以帮助创业学生协调解决货源、物流等问题。同时又贴近教学，更受学校欢迎。另一方面，在校学生有着极好的宣传后盾，这样，组成消费的两方面即供求双方都能得到满足。

[问题分析] 根据校园网上商城的网站需求分析，说明商城主要应实现哪些功能？哪些是其特色功能？

任务分析

关键词	网站需求分析
理论要点	网站需求分析思路、流程以及需要注意的问题
实践要点	能够结合实际项目，明确网站前后台的应用需求

一个网站项目策划的确立是建立在各种各样的需求上面的，网站策划人员对用户需求的理解程度，在很大程度上决定了此类网站项目开发的好与坏。因此，如何更好地了解、分析、明确用户需求，是每个网站策划人员需要面对的现实问题。

本阶段结合电子商务项目需求分析的结论，通过系统分析，对需求分析进行进一步深化和分析，明确网站的功能需求。

一、任务目标

结合实际项目，根据网站需求分析的基本流程和思路，完成网站需求分析。

二、任务要求

（1）从思想上重视网站需求分析工作，了解网站需求分析的目标。

（2）能够通过网站需求分析明确网站前后台的应用需求。

（3）掌握一般网站需求分析的思想和流程，能够根据实际项目进行网站需求分析。

三、任务过程

（一）基本流程

网站需求分析的基本流程如图3—1所示。

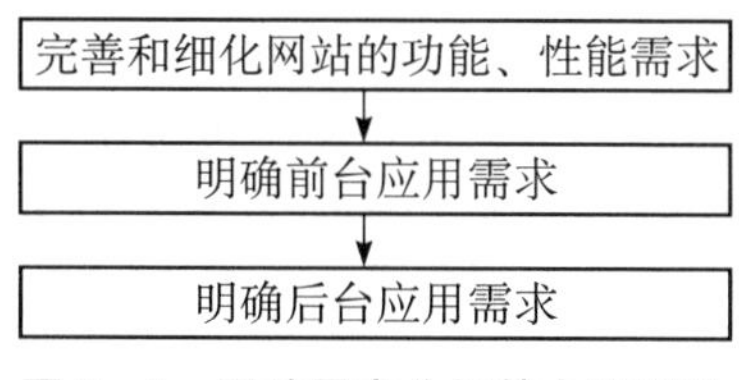

图3—1　网站需求分析基本流程图

（二）具体步骤

步骤一　完善和细化网站的功能、性能需求

随着电子商务的日趋成熟，人们开始调整网站的建设策略和调整商务结构以适应现实发展的需要。但是从商务的角度去分析网站，则因为各公司组织结构和规模各不相同，产品千差万别，很难有一个固定的模式来适应各种开展电子商务企业的需要。因此，有必要对客户的需求分析进一步完善和细化，尤其在性能需求方面，要让客户更加清楚这是一个什么样的网站，所要达到的功能和性能指标是什么，网站的扩展性和适应性如何。

通常情况下，客户及业务人员在需求分析和流程分析的过程中比较注重功能上的表现和定义，但即使是做出正规的用户界面原型，对网站的需求分析也是不完整的。由于很难苛求业务人员能提出完整、清晰、专业的性能需求，但这并不意味着这些需求不存在。实际上，这些隐藏的需求对网站设计和建设人员来说是极其重要的。对网站需求进行系统分析决定了客户的需求能否在网站中得到真正的体现和实施。这里可以沿用电子商务项目策划中的需求分析方法，但要求更多的技术人员的参与，并由此明确网站正常运行所需要的硬件、软件及网络技术环境。

步骤二　明确前台应用需求

前台界面如同人的衣着，整齐干净表现庄重沉稳，鲜艳活泼体现天真可爱，朴素淡雅体现含蓄内敛。界面设计决定用户对网站的第一感受，同时也是最直接的感受。所以说，好的界面设计是赢得好感的第一步。网站的商业特性决定了其前台界面的应用需求，网站的应用类型决定了首页的复杂程度。几种典型的商业网站的前台应用需求如下：

1. 门户网站

对于内容提供性门户网站，国际通行惯例是在首页面提供大量内容，帮助访问者快速找到自己需要的信息。如：微软门户（www.msn.com）提供了丰富的栏目与分类；有线新闻网（www.cnn.com）提供了新闻导读与新闻资讯分类。

2. 搜索引擎

对于搜索引擎来说，访问者的切实需求是快速转向希望访问的站点。搜索引擎通常被设计得简洁明了，如谷歌（www.google.com）就非常典型；雅虎（www.yahoo.com）和搜狗搜索（www.sogou.com）还提供简单的栏目分类，但并不会出现太多的图片，因为图片会直接影响浏览的速度，与搜索引擎快捷方便的初衷不符。

3. 企业网站

企业网站通常简洁明了，栏目清晰精练。如索尼（www.sony.com）这样庞大的企业，其部门和子公司数量、服务范围大得惊人，但首页分类却非常简单。索尼的栏目划分抽象程度高，首页上仅提供一些热点的产品、服务链接以提高访问效率。

一般来说，页面大小应根据用户分析的结果予以确认，目前可以接受的公司主页应控制在130K以下，内容页面应控制在70K以下。企业首页上的栏目应控制在5～7个，因为太多的栏目会让浏览者难以记忆甚至感到厌烦。5～7个栏目设置符合人们的思维逻辑。如英国多元化经营的典范维京公司涉足的行业十分广泛而又互不相干，企业首页也只使用了8个栏目。

步骤三　明确后台应用需求

后台应用需求分析主要满足以下三个方面的需求：

1. 应用需求

应用需求要求细致地挖掘和分析出用户需要通过建设这样一个Web平台实现什么样的功能，解决何种应用问题。

2. 系统需求

系统需求要求在满足系统功能需求的前提下，产生系统的平台应当具有什么样的接口标准，达到什么样的响应速度，支持多少用户同时链接等。

3. 扩展、变更需求

扩展、变更需求要求明确系统运营以后还可能出现什么样的需求，针对这些需求应当预先做何种考虑，或者是以后系统的哪些功能将被抛弃，哪些功能的需求将产生变化，如何应对这些可能出现的变化。

任务说明

在具体实施中，可以根据实际项目完善和细化网站的功能、性能需求，明确网站的前后台应用需求。

四、任务成果

(1) 完善细化网站的功能、性能需求。

(2) 明确网站的前后台应用需求。

(3) 解决工作中遇到的应用需求与功能模块制定之间转换的疑难问题。

思考题

思考一：如何区分网站的功能与性能差别?

思考二：前台应用需求与后台应用需求是独立的吗？它们是什么关系?

任务二　网站目标及经营模式定位

任务导入

1. 卓越亚马逊（www.amazon.cn）的经营模式定位

(1) 网站定位。

全球最大的中文书籍零售商，用户包括公司白领、机关公务员、在校学生及其他网络购物爱好者。

(2) 网站经营模式。

以“精选品种、全场库存、快捷配送”为主要的经营模式。卓越电子商务平台实现产品宣传、客户管理、供应链和内部运作等工作全部在线进行，从而实现完整的电子商务运营过程。

2. 当当网（www.dangdang.com）的经营模式定位

(1) 网站定位。

综合性中文网上购物商城。

（2）网站经营模式。

当当网在全国360个城市里拥有业务，提供网上支付、银行转账、货到付款的支付方式，大量本地快递公司为当当网的顾客提供“送货上门，当面收款”的服务。

［问题分析］上述两个网站都是国内颇具影响力的B2C网站，它们的区别是什么？各自的特点是什么？

任务分析

关键词	网站目标、经营模式
理论要点	网站目标及经营模式定位的思路、流程以及需要注意的问题
实践要点	能够结合实际项目进行网站目标及经营模式定位

电子商务是以信息技术为基础，以商务为中心的网络化、多媒体、交互式的新型商务形态。建立一个成功的电子商务网站，面临的最重要的挑战是在理解公司的商务目标的前提下，选择合适的技术实现这些目标。技术方面已经有成熟的软件、硬件和相应的服务商提供解决方案，因此，准确地进行网站目标定位、有效地将公司的商务目标与网站结合在一起，成为电子商务网站策划的核心。

一、任务目标

结合实际项目，进行网站目标及经营模式定位。

二、任务要求

（1）从思想上重视网站目标及经营模式定位。

（2）能够进行网站目标及经营模式定位。

（3）掌握一般网站目标及经营模式定位的思路和流程。

三、任务过程

（一）基本流程

网站目标及经营模式定位的基本流程如图3—2所示。

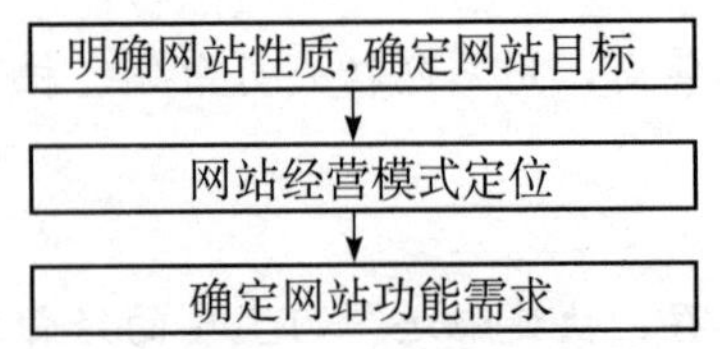

图3—2　网站目标及经营模式定位基本流程图

（二）具体步骤

步骤一　明确网站性质，确定网站目标

根据前期的电子商务项目需求分析确定网站的性质，进而确定网站目标。明确为什么要建立网站，是为了宣传产品，是为了满足企业的运营管理，还是为了满足企业市场开拓的需要？

步骤二　网站经营模式定位

在进行了网站的目标定位后，要根据需求进行网站经营模式定位，从而确定网站的类型。网站系统策划的关键是对网站进行准确定位。不同类型的网站不仅内容不同，主要的功能、营销的策略都有区别。由于企业规模、经营内容不同，网站千差万别、类型繁多。有的网站包括几百个到几万个网页，有的可能只有数十个网页。这里不仅是数量的不同，而且也体现了网站定位、服务内容、服务质量的差别。常见的网站经营模式有以下几类：

1. 宣传网站模式

宣传网站模式主要面向客户、业界人士或者普通浏览者，以介绍企业的基本情况、树立企业形象为主，也可以适当提供行业内的新闻或者知识。这种类型的网站通常被形象地比喻为企业的“Web Catalog”。这种企业一般在内部还没有建立基于网络和数据库的信息系统。该类网站定位于利用网站宣传企业的形象、机构设置、企业的产品种类及价格、联系方式等信息，相当于放到互联网上的电子宣传手册或广告牌。

2. 企业门户网站模式

企业门户网站的含义是：只要客户登录这个网站，就可以得到企业或商家提供的所有服务；主要面向供应商、客户或者企业产品（服务）的消费群体，以提供某种直属于企业业务范围的服务或交易，或者以业务范围的服务或者交易为主。这样的网站正处于电子商务化的中间阶段，由于行业特色和企业投入的深度、广度不同，其电子商务化程度可能处于从比较初级的服务支持、产品列表到比较高级的网上支付的其中某一阶段。通常这种类型被形象地称为“网上××企业”，如网上银行、网上酒店等。现在国内很多大型企业都建立了这样的网站，这些企业一般在企业内部都已经建立了比较全面的管理信息系统，通过网络实现了管理信息的共享。企业通过门户网站把内部管理信息系统和外部的客户及供应商连接起来，在更大范围内实现了信息的整合和共享。

3. 内部管理网站模式

基于 Web 的管理信息系统是现代企业信息系统的新模式。在这样的系统中，网站起到了重要的作用。内部管理网站主要定位于企业内部的管理，将企业内部各个职能部门的管理统一到网站平台上。企业内部的组织部门、业务流程和经营现状等信息一目了然，并且提供企业内部信息的发布、员工之间的交流、讨论等功能。

4. B2C 网站模式

B2C 的电子零售系统是目前比较成熟的一种电子商务模式，也是服务于个体消费者的零售企业应用得最为广泛的一种电子商务模式。在定位该类网站时，应当满足消费者在购买过程中的各种需要，帮助消费者更好地做出购买选择。

5. B2B 网站模式

企业与企业之间的电子商务主要有两种形式，即传统的 EDI 方式和电子交易市场方式。传统的 EDI 方式是指企业按照 EDI 的相关标准完成相互之间的交易，这种方式已经有了比较规范的定义，相对比较成熟。这里主要介绍的是基于 Internet 的 B2B 的电子商务。B2B 的电子商务之所以被称为电子交易市场，其原因在于它通过虚拟的、功能完备的电子中介将不同的企业联系在一起，从而消除了传统交易过程中众多的中介环节。这样不仅使各个企业的协作和联系更为紧密，更为重要的是由于消除了中介环节，可以增加企业的利润。

在 B2B 的电子商务活动中，主要参与的用户包括卖方企业、买方企业、中介（如银行）、物流企业（含运输企业、仓储企业、包装企业等）、政府机构（如税务机关、海关等）。

6. 电子政务网站模式

政府办公网属于电子政务系统，但电子政务和电子商务本来就关系密切。企业商务活动离不开政府部门的管理，如税收、海关、工商管理等。在一定程度上，健全的电子政务系统是电子商务发展的基础。

在实际应用中，很多网站往往不能被简单地归为某一种类型，无论是建站目的还是表现形式都可能涵盖两种或两种以上类型。对于这种企业网站，可以按上述类型的区别划分为不同的部分，每一部分都可以认为是一个较为完整的网站类型。

步骤三　确定网站的功能需求

根据公司的网站经营模式定位来确定网站的功能。不同类别的网站，其功能需求存在着巨大的差异。下面介绍几种典型网站模式的基本功能需求。

1. 宣传网站模式

在策划该类网站时，功能定位比较简单，不提供什么服务，更不开展网上交易，最多提供一个电子邮件链接，客户可以通过链接给企业电子邮箱发送邮件。这种网站投资少、建站快，但没有充分利用网络和网站的特点，营销功能有限。当然，企业建立了网站，相当于企业在互联网上有了一席之地，具有和外界联系的窗口。如果再在网站上增加一些内容，例如广告、友情链接等，也会大大增强网站的营销功能。采用宣传网站模式的企业往往采取向网络平台提供商租用网页空间或者虚拟主机的形式来运行自己的网站。

2. 企业门户网站模式

一般来说，在策划该类网站时，需要包含以下功能：

（1）企业基本信息发布。

（2）企业动态与新闻。

（3）企业产品与服务。

（4）搜索与索引。

（5）电子邮件与客户反馈。

（6）用户访问统计。

（7）网站访问分析与统计。

（8）个性化服务。

（9）电子社区。

（10）相关链接。

3. 内部管理网站模式

此类网站是企业内部为了进行广告及商品管理、客户管理、合同管理、营销管理等目的而建立的网上办公平台，因此在策划本类网站时，主要应包括如下功能：

（1）广告及商品管理。主要包括广告资源管理、计划与系统管理，可为公司的市场、销售等经营部门提供及时的信息服务。

（2）客户管理。主要包括客户管理、商务代表管理、代理商（大客户）管理等功能，可为公司营销管理人员提供最新的客户信息及相关资料。

（3）营销管理。主要包括经营预算与结算管理以及产品销售量、商务代表业绩、客户采购量、销售金额等信息的统计与分类管理功能。

（4）网站管理。主要包括用户及权限设置、数据库维护、网页设置、标志与标题设置及网站各栏目内容编辑等功能。

4. B2C 网站模式

一般来说，在策划该类网站时，需要包含以下功能：

（1）用户管理需求。

①用户注册功能。

②注册用户信息管理。

（2）客户需求。

①提供电子目录，帮助用户搜索、发现需要的商品。

②进行同类产品比较，帮助用户进行购买决策。

③商品的评估。

④购物车。

⑤为购买产品下订单。

⑥撤销和修改订单。

⑦能够通过网络付款。

⑧对订单的状态进行跟踪。

（3）销售商的需求。

①检查客户的注册信息。

②处理客户订单。

③完成客户选购产品的结算，处理客户付款。

④能够进行电子拍卖。

⑤能够进行商品信息发布。

⑥能够发布和管理网络广告。

⑦商品库存管理。

⑧能够跟踪产品销售情况。

⑨与物流配送系统建立接口。

⑩和银行之间建立接口。

此外，从目标系统的构成上看，B2C 的电子商务系统至少包括以下三个部分：

（1）商品管理子系统：商品信息管理、发布。

（2）交易子系统：处理订单、支付。

（3）客户管理或客户关系管理子系统。

5. B2B 网站模式

（1）B2B 电子商务活动中处理的信息。

①产品或服务：性能、规格、价格等。

②买卖企业：名称、特点、产品、销售历史等。

③供应商：名称、产品、交货方式、价格等。

④运输企业：名称、运输路线、运力、费用等。

⑤仓储企业：名称、仓储能力、费用等。

（2）B2B 电子商务网站的功能定位。

①会员管理。

所有参加交易的机构都必须先注册成为会员，系统会提供完善的会员管理机制。注册会员可在网上进行产品信息发布及销售（卖方）产品、浏览购买（买方）等活动。会员管理包括会员身份管理、会员资料管理和权限控制。

会员身份管理：一个会员机构中将只有一个机构管理员，但可定义多个交易操作员，这些操作员可具有不同的权限。一般成员可分为两大类：管理员和一般会员。管理员负责用户角色分配、产品目录管理、组织管理及一些日常的管理工作。

会员资料管理：主要包括审批交易会员及其成员的注册申请、创建新的交易会员、注销会员资格、修改交易会员信息、删除交易会员信息。

权限控制：允许新的成员进入交易市场进行交易，并在注册过程中收集成员信息，这些信息可用于以后的用户个性化服务。非注册用户也可以进入交易市场，但他们的行为可能要受到限制，如只能浏览产品目录，无权进行交易等。

②产品目录管理。

这主要包括目录管理、目录视图、目录查找。

目录管理：交易会员（卖方）可在平台上发布自己的产品信息，包括创建新的产品信息、设置交易方式、选择修改产品信息、删除产品信息等。

目录视图：包括目录浏览、管理产品等。

目录查找：用户可按产品名称、产品描述或产品交易类型进行查找。

③审批流程。

这主要包括注册审批和交易审批。

④订单管理。

当交易会员按标准价格或合约价格采购产品时，可先将需要采购的产品放入购物车中。当采购完毕后，可进入购物车浏览选择的产品并修改购物车的内容。对购物车内容修改完毕后，可生成采购订单。若交易会员采购多家其他交易会员（卖家）的产品，每个买家生成一张采购订单。

⑤交易定价。

这主要包括定价销售、协议价格及请求报价等。

⑥拍卖与投标采购。

这主要包括电子拍卖和电子采购等。

⑦网络支付。

6. 电子政务网站模式

一般来说，在策划该类网站时，需要包含以下功能：

（1）政务公开。

这部分主要指在网上公布政府部门的各项活动，并公开政府部门的机构组成、责任职能、工作规章、工作流程以及相关信息。

（2）网上办公。

这部分主要指政府部门的内部办公系统与互联网相连，实现网上办公。比如，网上申报个人所得税、网上采购等。

任务说明

在具体实施中，可以根据实际项目分析网站性质，确定网站目标，决定网站经营模式定位，并由此明确网站的功能需求。

四、任务成果

（1）根据电子商务项目需求分析确定网站的性质，进而确定网站目标。

（2）根据网站的目标定位及不同类型网站的功能差异，进行网站经营模式定位。

（3）根据不同经营模式下网站功能需求的普遍规律确定网站的功能需求。

思考题

思考一：如何通过网站的性质和网站目标确定网站的经营模式？

思考二：如何确定网站的功能需求？

思考三：如何将不同经营模式的理论功能合理地应用于现实项目？

任务三　网站内容策划——网站总体设计

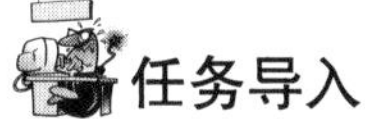

任务导入

大学校园网上创业商城结构及内容策划

1. 网站主页结构

校园网上商城首页设有会员登录区、公告栏、促销栏、新开店铺等板块，采用三栏结构，有别于一般的C2C网站，简约、大方，值得学生信赖，完美地体现了教学与实践相结合的性质。如图3—3所示，会员登录区是学生开店的门槛，是学生建设店铺的第一步，公告栏可以及时反映学生在平台建设方面的政策信息，让学生清楚每个时期的相关政策，对网店在不同时期的政策及时进行调整。

图 3—3 校园网上商城

2. 内容策划

除常见的 C2C 板块之外，还需要设计一些专为学生提供的特殊板块，如下：

（1）开店秘籍：为学生提供开店操作的实践指南（如图 3—4 所示）。

（2）创业之星板块，该板块不断推出校园创业的佼佼者，让其走到大家面前，秀出风采，展现技能，起到助推创业的作用。通过创业之星的展示，希望能带动其他学生模仿、学习这些佼佼者，形成钻研、突破的良好风气（如图 3—5 所示）。

开店秘籍

店铺建设魔法书：
进行多种渠道宣传
学生自主报名申请
相应职务教师可以
此为课程组织学生
设确定各职务人选

网络营销技能达人
通过初期店铺建设
确定各职务人选正
式组建电子商务社
过社团进行校园商

图 3—4 开店秘籍板块

电子商务之星

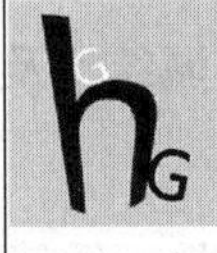

店铺名称：喊果果孕婴儿	指导教师：贾晓丹
运营店长：王禹茗	教师评价：授课本中的方法应用到实践中来，有的放矢，取得了一些成绩我很欣慰。
开店时间：2012年11月	
经营方向：母婴一站式平台	尊师评语：努力实践、强化技能
经营目标：日销量500单	店铺链接：http://hs313.taobao.com

留言 讨论

图 3—5 创业之星板块

［问题分析］校园网上商城是“基于工作过程式”的集教学、创业于一体的平台，以面向教学为主，以辅助创业为目的，这些特点在其网站结构与内容策划上是如何体现的？

任务分析

关键词	网站总体设计
理论要点	网站总体设计的思路、流程以及需要注意的问题
实践要点	能够结合实际项目进行网站总体设计

网站总体设计是体系结构设计，要抽象问题，站在全局的高度分析设计方案。总体设计的通行方法是：

（1）设计实施方案。

（2）选择最佳的方案。

（3）功能分解，模块策划。

（4）设计软件结构，设计数据库结构。

在设计的同时书写并修改设计、开发文档。

一、任务目标

结合实际项目，根据网站总体设计基本流程和思路，进行网站总体设计。

二、任务要求

（1）从思想上重视网站总体设计工作，了解网站总体设计的目标。

（2）能够进行网站总体设计。

（3）掌握一般网站总体设计的思路和流程。

三、任务过程

（一）基本流程

网站总体设计的基本流程如图 3—6 所示。

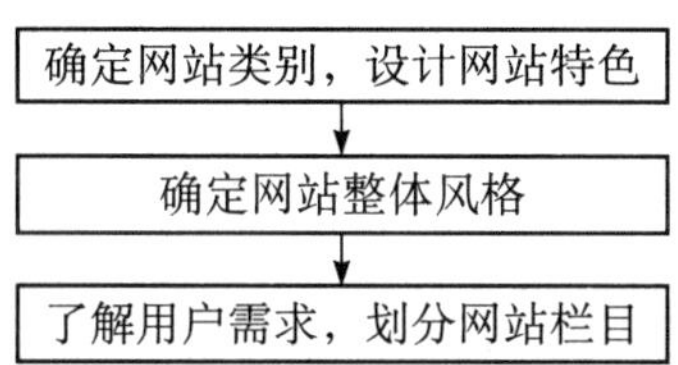

图 3—6　网站总体设计基本流程图

（二）具体步骤

步骤一　确定网站类别，突出网站特色

Web 站点的设计是展现企业形象、介绍产品和服务、体现企业发展战略的重要途径，因此必须明确设计站点的目的和用户需求，从而做出切实可行的设计方案。要根据消费者的需求、市场的状况、企业自身的情况等进行综合分析，牢记以“消费者”为中心，而不是以“美术”为中心进行设计规划。在设计规划之初要考虑：建设网站的目的是什么？为谁提供服务和产品？企业能提供什么样的产品和服务？网站的目标消费者和受众的特点是什么？企业产品和服务适合什么样的表现方式（风格）？

根据主题、形式以及企业本身的特点，网站设计也有不同的类别，在制作网站时应明确企业的方向定位，设计出适合企业的站点。网站的设计类别大致可分为以下几种：

（1）以内容为主、设计为辅、注重速度的大型专业网站。它一般为专业的 ICP、ISP 供应商制作的网站，在设计这类网站时不要太花哨，应注重信息量。

（2）营销类网站。这类网站是企业为了更好地宣传自己的产品、扩大销路、提升形象而制作的，其制作应结合企业产品特点，体现自身特色，相对来说比较注重产品的营销。

（3）形象类网站。政府部门网站通常属于这一类，是对外发布信息的窗口，相对来说，这种网站设计比较严肃。

（4）个人主页网站。这种网站相对比较自由，不受什么约束，可以根据每个人自己的特长自由发挥。

步骤二　确定网站整体风格

1. 了解企业的 CIS

大中型企业通常会有自己的 CIS（Corporation Identity System），CI（Corporation Identity）标准控制着企业与用户之间的“界面”。CIS 分为三个层面：理念识别（Minded Identity，MI）、行为识别（Behavior Identity，BI）和视觉识别（Visual Identity，VI）。网站本身就是对企业的一种宣传，所以网站建设主要体现的是视觉识别。当然，在 VI 下也能透射出企业理念，比如蓝色巨人 IBM 的主页（www.ibm.com）传承了 IBM 公司的历史底蕴，充分体现了一个全球最大的信息工业跨国公司的气魄。蓝色与黑色的结合体现了其高科技的风格与庄严的气质，给人以安全感和信赖感。

2. 通过企业 CIS 确定网站的整体风格

通过了解企业 CIS，保证网站风格与企业风格一致。企业 CIS 是对企业精神、面貌及活动的最直接的体现，因此，一些基本的 CIS 要素应在网站发布时得到比较严格的体现。应对企业标识的网站规格做出规范，即做出标准标识及最小标识样本；根据企业标识规范网络标识 RGB 色值及 ASCII 色值，同时建立网站配色体系；根据环境决定网站是否采用统一的色条，制作违反规范的样例等。只有对标识的含义有一个完整的把握，才能据此建立网站风格、色系，确立各种效果方式。根据 CIS 把企业风格应用到网站布局（Web Layout）之中，使其具有整体感。挖掘企业风格所在，并将版式转换成这类风格。

比如，IBM 公司主页顶部的背景设计继承了 IBM 标志的线条风格，让主页和标志、企业风格保持一致性；微软 msn.com 顶部的栏目书签风格继承了蓝色 Windows XP 风格和 MSN Explorer 的一贯设计风格——柔滑、有立体浮雕感。

某些公司采用以产品为中心的销售模式，产品品牌的影响力要大于企业品牌的影响力，典型的公司有宝洁、联合利华等。宝洁公司（Procter & Gamble，P&G）的每个产品都具有其独特的品牌定位，因此其形象是通过各个产品投射出来的。在操作上，以产品形象为主导的策略导致网站也体现出巨大差异。比如，高端化妆品 SK-II 和中端化妆品玉兰油（OLAY）因为在产品上的形象差异很大，很直接地就反映在了网站上；儿童纸尿布品牌帮宝适（Pampers）体现了活泼幼稚的风格，而海飞丝（Head & Shoulder）体现了干净清爽的感觉。

3. 网站整体结构设计

网站的页面结构相对来说比较简单，几乎是统一的风格，顶部的左边是网站的Logo，右边就是它的导航栏，把各级栏目的下级内容放在导航栏的下面；再往下就是各个小栏目的主要内容，由此可以整理出站点的内容框架以及逻辑结构图。

（1）把目标细化以整理出站点内容框架。

基本目标确定后，就应该把目标细化，并初步整理出站点上为达到这些目标所需要包含的所有内容。如站点应该发布什么信息，站点需要提供什么应用程序等。把初步确定的内容纲要写下来，交给上级或业务人员审核批准。在内容纲要里，应该注明这些内容的信息来源，哪个部门应该提供哪方面的信息等。

（2）进一步整理出站点逻辑结构图。

定下内容纲要后，画出站点的结构图。结构图有很多种，其选择应依据内容而定，通常有顺序结构、网状结构、继承结构、Web 结构等。多数复杂的网站会综合应用到几种不同的结构图。画出结构图的目的，主要是便于有逻辑地组织站点和链接，并依据这个图去分配工作和任务。例如，开发人员可根据结构图完成某个分支的内容；业务人员可依据结构图进行页面设计，并明确哪些页面需要进一步提供内容或资料；美工人员可依据结构图考虑以什么样的形式来表现内容等。

（3）保持网站的整体风格。

这个原则和传统的印刷出版物没有什么区别。网页上所有的图像、文字，包括背景颜色、区分线、字体、标题、注脚都要统一风格，贯穿全站。这样，就可以给浏览者以专业的感觉，同时使浏览者的访问行为更加舒适、顺畅，对网站留下较好的、较深刻的印象。

步骤三　了解用户需求，划分网站栏目

首先，要根据客户需求进行整理、归类，形成网站栏目的树状列表，用以清晰表达站点结构，栏目的策划要求写得详细、具体，主要栏目不应该超过 8 个。苹果公司网站（www. apple. com）也只设置了 7 个栏目，逻辑分类一目了然。每一个栏目下设置子栏目，子栏目适当多一些通常是被允许的。

其次，以同样的方法进行二级栏目下的子栏目设置，对它们进行归类，并逐一确定每个二级栏目的页面需要放哪些具体的内容，二级栏目下面的每个小栏目需要放哪些内容，以让客户及网站开发人员能够很清楚地了解本栏目的每个细节和栏目模块功能。具体有以下几项：

1. 栏目概述

其中包括栏目定位、栏目目的、服务对象、子栏目设置、首页内容、分页内容。这部分起到索引的作用，让用户能对栏目有一个整体把握和了解。

2. 栏目详情

栏目详情就是把每一个子栏目的具体情况描述一下，其中包括各个子栏目的名称、栏目的目的（要把子栏目的目的写清楚，在实际开发过程中可与美工人员或技术人员深入沟通）。

3. 相关栏目

这一项用以说明本栏目和其他栏目之间的关系，之所以要有这一项，是想通过各个栏目之间的联系来加强网站的整体性。

4. 相关开发人员的交流协调

在各个栏目模块功能确定的情况下，网站策划人员需要做的工作就是让页面设计人员

（或美工人员）根据栏目的划分来设计网站的页面，在这里要注意，网站策划人员应该把需要特殊处理的地方清楚地告知页面设计人员（或美工人员）。在设计网站页面时，页面设计人员（或美工人员）一定要把每个栏目的具体位置和网站的整体风格确定下来，为了让网站有整体感，应该在网页中放置一些贯穿性的元素，最终要拿出至少两种不同风格的方案，每种方案都应该考虑客户的整体形象，并与客户的企业精神相结合。

网站页面设计完成的下一步就是实现，由页面设计人员（或美工人员）负责实现网页，并制作成模板，交由技术开发人员进行模块功能的实现。网站页面的设计和模块功能的开发应该是同时进行的，如果在实现的过程中出现问题，技术开发人员应和页面设计人员（或美工人员）及时讨论，以免程序开发完成后发现问题再进行大规模的返工。

任务说明

在具体实施中，可以根据实际项目确定网站整体风格，设计网站特色，按照用户需求划分网站栏目。

四、任务成果

（1）根据网站类别设计网站特色。

（2）根据企业的CIS确定网站的整体风格。

（3）完成网站的整体结构设计，划分网站栏目。

思考题

思考一：怎样设计网站的特色才能体现网站的经营目标？

思考二：如何将网站的风格设计贯穿于网站设计的始终？

任务四　网站内容策划——网站详细设计

任务导入

作为国内化妆品垂直B2C电商的前两位领先者，聚美优品和乐蜂网的明争暗斗由来已久。尽管聚美优品和乐蜂网都想尽快摆脱对方成为具有明显优势的“美林盟主”，表面看似水火不容，但实则二者的品牌定位、商业模式、运营理念、发展路径完全不同。从商业模式看，乐蜂网采取的是“自有品牌＋达人经济＋社会化导购”模式，形成产业链闭环，主要借助自有品牌这一高毛利商品盈利；聚美优品则是团购起家转型为垂直B2C，以品牌代理为主，以限时特卖的形式吸引消费者，主要出售市场上20%最畅销的化妆品。

【问题分析】从用户界面布局合理性、技术创新性、使用便利性、网站信息完整性、客户服务交互性以及经营业绩等方面，分析并评价如图3—7和3—8所示的聚美优品和乐蜂网这两个电子商务网站内容策划的优缺点以及创新性。

图 3—7　聚美优品

图 3—8　乐蜂网

任务分析

关键词	网站详细设计
理论要点	网站详细设计的思路、流程以及需要注意的问题
实践要点	能够结合实际项目进行网站详细设计

总体设计阶段以比较抽象概括的方式提出了解决问题的办法。详细设计阶段的任务就是把解决方法具体化。

详细设计主要是针对程序开发而言的。但这个阶段并不真正编写程序，而是设计出程序的详细规格说明。这种规格说明类似于工程领域中工程师经常使用的工程蓝图，它们应该包含必要的细节，例如，程序界面、表单、需要的数据等。程序员可以根据它们写出实际的程序代码。整体形象设计包括标准字、Logo、标准色彩、广告语等。首页设计包括版面、色彩、图像、动态效果、图标等风格设计，也包括菜单、标题、版权等模块设计。首页一般设计 1～3 个不同风格，完成后供客户选择。在客户确定首页风格之后，请客户签字确认。以后不得再对版面风格有大的变动，否则视为第二次设计。

一、任务目标

结合实际项目，根据网站详细设计的基本流程和思路，完成网站详细设计。

二、任务要求

（1）从思想上重视网站详细设计工作，了解网站详细设计的目标。

（2）能够进行网站详细设计。

（3）掌握一般项目网站详细设计的思想和流程。

三、任务过程

（一）基本流程

网站详细设计的基本流程如图 3—9 所示。

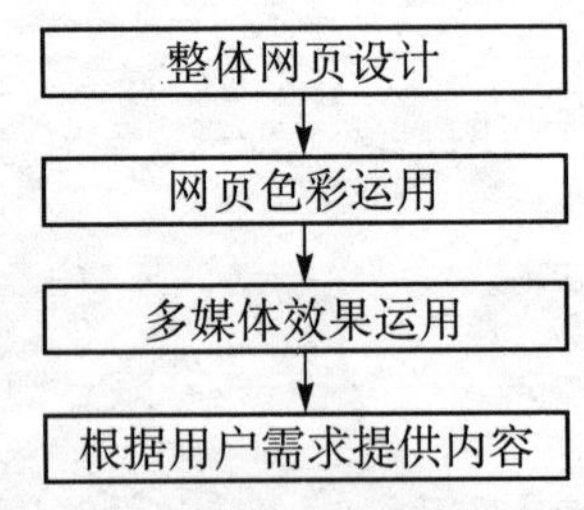

图 3—9　网站详细设计基本流程图

（二）具体步骤

步骤一　整体网页设计

网页美术设计一般要与企业整体形象一致，符合 CI 规范。要注意网页色彩、图片的应用及版面策划，保持网页的整体一致性。在新技术的运用上要考虑主要目标访问群体的分布地域、年龄阶层、网络速度、阅读习惯等。

网页设计应该考虑的问题包括以下几方面：

1. 页面内容要新颖

网页内容的选择要不落俗套，要重点突出一个“新”字。这个原则要求我们在设计网站时不能照抄别人的内容，要结合自身的实际情况创作出一个独一无二的网站。要把工夫下在选材上。选材要尽量做到“少”而“精”，必须突出“新”。

2. 网页命名要简洁

一个网站往往不是由一个网页组成的，它有许多子页面，为了能使这些页面有效地被链接，用户要给这些页面起一些有代表性而且简洁易记的网页名称，这样既会有助于以后管理网页，又会在向搜索引擎提交网页时更容易被检索到。在给网页命名时，最好使用自己常用的或符合页面内容的小写英文字母，这直接关系到页面上的链接。

3. 注意页面视觉效果

设计 Web 页面时，一定要用不同的分辨率来分别观察。许多浏览器使用不同的分辨率，这使得在高分辨率模式下看上去很有吸引力的 Web 页面，在低分辨率的模式下可能会黯然失色。因此应制作产生一个相对普适的模板，之后根据不同的浏览环境，如不同的分辨率、不同的浏览器环境，制作比较综合的可供方便调用的几套模板，并在各种环境下进行严格的测试。要合理地策划文字与背景颜色的搭配方案，注意不要使背景的颜色冲淡了文字的视觉效果，使网页内容看起来不够清晰。一般来说，采用浅色背景深色字。另外，按当代中文的阅读习惯，文本大都是居左的，因此最好让文本左对齐，而不是居中。

4. 网站导航要清晰，容易查找

所有的超链接应该清晰无误地标识出来，所有导航性质的设置（如图像按钮）都要有清晰的标识，让人看得明白。链接文本的颜色最好用约定俗成的形式：未访问的——蓝色；点击过的——紫色或栗色。如果想别出心裁，链接的文本就要以别的方式加以突出，如加粗体、加字号、两侧加竖标，或几者兼用。总之，文本链接一定要和页面的其他文字有所区分，给读者清楚的导向。清晰的导航还要求读者进入目的页的点击次数不超过三次。

5. 重点信息放在突出醒目的位置，整个网站空间排序适当

在内容上要开门见山、直截了当，让访问者能在最短的时间内了解网站要呈现的内容；标题意义清晰、描述性强，把最吸引人的内容放在突出显眼的位置，然后再慢慢展开；立体策划内容，将所有内容按一定的构架分别纳入不同层次的页面，要把最重要的内容放到首页上，其他的内容依次安排。要留出可调整的位置，用于满足临时性或短期营销活动的宣传需要。

步骤二 网页色彩运用

1. 根据企业 CIS 选择网页主色调

网页的主色调不必和企业 CIS 一模一样，可以根据具体需求而有细微不同。要与客户讨论网页主色调，选择某一种颜色为主色调。主色调将影响整个页面的第一视觉印象。这些视觉印象将在使用者的心中映射成一种感受，并可以用语言表述出来。比如，黑色是庄严的、红色是热烈的、白色是干净的、黄色是耀眼的、蓝色是幻想的、绿色是充满生机的等。

2. 选择一种颜色作为突出色

突出色通常会与主色调形成鲜明的对比，在色相上可能表现为相反色相，在亮度上可

能表现为亮度反差，在对比度上可能表现为强烈的对比。突出色可以起到引导访问者视线的作用，辅助访问者阅读。

3. 选择三种左右的颜色作为辅助色

辅助色能起到丰富页面色彩、减轻浏览者压力的作用。但通常情况下，辅助色的选择也要谨慎。辅助色一般情况下和主色调是比较接近的。另外，白色和黑色是相对安全的颜色，它几乎可以和所有颜色搭配使用。在浅色的背景下，我们通常使用黑色作为文字颜色，而在黑色背景下，使用白色作为文字颜色也是非常常见和安全的。

色彩运用得当，将搭配出一种很另类或很和谐的美感，让人觉得欣赏网站是一个非常愉悦的过程。设计师要恰当使用渐变色以及色彩效果，避免整体风格的不协调。网站的各个栏目一般可以采用不同的色调来表达不同的主题，也可以在局部使用色彩绚丽的色条或色块来区分不同的栏目。

4. 色彩搭配

探讨网页色彩搭配的内涵，网页的色彩搭配方法，对那些完全没有美术基础的人来说的确是个难题，到底如何进行色彩搭配才好看呢？通常有如下的基本配色方案：

（1）红色的色感温暖，性格刚烈而外向，是一种对人刺激性很强的色。红色容易引起人的注意，也容易使人兴奋、激动、紧张、冲动，同时也是一种容易造成视觉疲劳的色。

在红色中加入少量的黄，会使其热力强盛，趋于躁动、不安。

在红色中加入少量的蓝，会使其热性减弱，趋于文雅、柔和。

在红色中加入少量的黑，会使其性格变得沉稳，趋于厚重、朴实。

在红色中加入少量的白，会使其性格变得温柔，趋于含蓄、羞涩、娇嫩。

（2）黄色的色感冷漠、高傲、敏感，具有扩张和不安宁的视觉印象。黄色是各种色彩中最为娇气的一种色。只要在纯黄色中混入少量的其他色，其色感和性格均会发生较大程度的变化。

在黄色中加入少量的蓝，会使其转化为一种鲜嫩的绿色，其高傲的性格也随之消失，趋于一种平和、潮润的感觉。

在黄色中加入少量的红，则具有明显的橙色感觉，其性格也会从冷漠、高傲转化为一种有分寸感的热情、温暖。如果橙色中黄的成分较多，则其性格趋于甜美、亮丽、芳香。在橙色中混入少量的白，可使其趋于焦躁、无力。

在黄色中加入少量的黑，其色感和性格变化最大，成为一种具有明显橄榄绿的复色，其色性也会变得成熟、随和。

在黄色中加入少量的白，其色感会变得柔和，其性格中的冷漠、高傲被淡化，趋于含蓄，易于接近。

（3）蓝色的色感寒冷，性格朴实而内向，是一种有助于人头脑冷静的色。蓝色的朴实、内向性格，常为那些性格活跃、具有较强扩张力的色彩提供一个深远、广阔、平静的空间，成为衬托活跃色彩的友善而谦虚的朋友。蓝色还是一种在淡化后仍然能保持较强个性的色。如果在蓝色中分别加入少量的红、黄、黑、橙、白等色，均不会对蓝色的性格构成较明显的影响。

(4) 绿色是具有黄色和蓝色两种成分的色。绿色将黄色的扩张感和蓝色的收缩感相中和，使黄色的温暖感与蓝色的寒冷感相抵消，从而使绿色的性格最为平和、安稳，是一种柔顺、恬静、满足、优美的色。

绿色中黄的成分较多时，其性格就趋于活泼、友善，具有幼稚性。

在绿色中加入少量的黑，其性格就趋于庄重、老练、成熟。

在绿色中加入少量的白，其性格就趋于洁净、清爽、鲜嫩。

(5) 紫色的明度在所有彩色中是最低的。紫色的低明度给人一种沉闷、神秘的感觉。

紫色中红的成分较多时，其知觉具有压抑感、威胁感。

在紫色中加入少量的黑，其感觉就趋于沉闷、伤感、恐怖。

在紫色中加入白，可使紫色沉闷的性格消失，变得优雅、娇气，并充满女性的魅力。

(6) 白色的色感光明，性格朴实、纯洁、快乐。白色具有圣洁的不容侵犯性，如果在白色中加入其他任何色，都会影响其纯洁性，使其性格变得含蓄。

在白色中混入少量的红，就成为淡淡的粉色，鲜嫩而充满诱惑。

在白色中混入少量的黄，则成为一种乳黄色，给人一种香腻的印象。

在白色中混入少量的蓝，给人感觉清冷、洁净。

在白色中混入少量的橙，有一种干燥的气氛。

在白色中混入少量的绿，给人一种稚嫩、柔和的感觉。

在白色中混入少量的紫，可诱导人联想到淡淡的芳香。

步骤三　多媒体效果运用

1. Flash 动画及图片的运用

很多网站采用大幅的 Flash 广告条，但通常都着眼于如何去表现 Flash 动画的酷、炫感觉，使得浏览者过于关注 Flash 而忽视了页面的其他内容。好的 Flash 动画应更好地服务于网站的主题，服务于页面的整体目标，要和整个页面合理搭配，要和文字、背景巧妙配合。

2. 设计排版

考虑到可读性，很多栏目的文字编排都应简单，以利于阅读为原则。在一些内容较少的页面，如网站的广告或宣传页，其排版则要富于变化。每屏中的文字与图形的布局既要考虑重点突出，还要给人以和谐的感觉，不能让图形淹没文字，也不能因图形太少而让人觉得单调。毕竟视觉的吸引力和诱惑力是不能低估的。

界面的设计通常包括如下规范：尺寸规范、层级样式（Cascaded Style Sheet，CSS）规范、文件大小规范、文件类型规范、操作规范等。

(1) 尺寸的一般规范。

- 页面标准按分辨率 800×600 制作，实际尺寸宽度为 770～778 像素。
- 页面长度原则上不超过 3 屏。
- 每个非首页静态页面含图片字节不超过 60K、banner 不超过 14K。
- 几种 banner 国际标准尺寸：468 像素×60 像素、234 像素×60 像素、88 像素×31 像素、120 像素×90 像素、120 像素×60 像素。

● 中文标准字号：12 像素、14 像素。

● 中文标准字体：宋体。

● 英文、数字标准字体：verdana 和 arial。

● 通常其他类型字体因为无法细致显示，或是因为客户方面没有安装，都应当转化成图片形式。

（2）CSS 定义规范。

a：link a：visited a：hover a：actived 的排列顺序一定要严格照上面的样例代码，否则或多或少地都会出现问题。另外，规定重定义的最先、伪类其次、自定义最后，以便于自己和他人阅读。

字号通过使用样式表实现，不允许出现<font size="??">这样的标记。

（3）文件类型规范。

● 站点目录中不允许出现没有链接上的无效文件；

● 文件按逻辑关系安排在相应的文件夹内，如广告文件放在同一个 ad 文件夹里；

● 静态图片标准类型为：gif、jpg、jpeg、png；

● 标准动画格式为：gif、swf；

● 页面文件类型为：htm、html、asp、jsp、php、shtml、aspx 等；

● 数据库文件类型为：系统支持的相应数据库文件；

● 声音文件类型为：mid（网页中出现 MIDI 是很不明智的，除非有特殊需求）。

（4）操作规范。

● 网页中尽量减少图片数量与大小，空白部分或纯色部分可以用表格填充。

● 尽量不使用大表格，尽量将表格横向拆分。

● 尽量不要使用背景音乐。

● 为用户考虑浏览速度、浏览分辨率、浏览器兼容性等问题，在同一页面中使用动态图片或动画不超过三个。虽然动画能够吸引用户的注意力，体现页面的浏览重点，但动画太多会让页面显得杂乱无序，主体不明。

● 认真填写<head>区的代码，包括版权注释、显示字符集、制作者信息、网站简介、搜索关键字、CSS、网页的到期时间等。

3. 页面的立体感及细节处理

网站的设计要使网站看起来很有层次感，而这个层次感不是通过制作几个立体字来体现的，通常通过添加简单的图片或文字阴影效果和巧妙地利用构图来形成视觉上的差异，这种设计能够使网站的立体效果得以体现。

步骤四　根据用户需求提供内容

网站内容是网站吸引浏览者最重要的因素，无内容或不实用的信息是不会吸引匆匆浏览的访客的。因此，可事先对人们希望获取的信息种类进行调查，并在网站发布信息后调查人们对网站内容的满意度，以及时调整网站内容。

一般来说，一个企业网站的主要访问者有直接用户、经销商、设备和原材料供应商、竞争者等几类。

前两类访问者是公司的现有用户和潜在用户，也是网站内容应该重点满足的对象。

至于供应商，除去那些具备BTOB功能的综合性电子商务网站外，大多数以信息发布为主的企业网站很少涉及，因此也不是一般企业网站的重点满足对象。

至于竞争者，来访的目的无非是了解公司的新动向，或者网站的设计水平，是否有值得借鉴的地方。对此，在发布有关内容时应该给予适当的“防御”，而不是让竞争者满载而归。

既然公司的现有用户和潜在用户是网站的重点满足对象，那么就要认真分析他们需要什么信息。一个用户或潜在用户访问某企业网站的目的大致有以下几种：

(1) 看看有什么新产品。

(2) 对比不同规格产品的性能和价格。

(3) 与其他品牌的同类产品进行对比。

(4) 查询本地销售商和保修地址等。

(5) 订货方式。

(6) 支付手段。

(7) 送货时间和费用。

(8) 退、换货政策等。

因此，这些内容应该作为网站的重点。

每个企业都有自己特定的产品或服务，网站的内容理应围绕企业的核心业务设置。一般的企业网站应包括如下内容：

(1) 公司简介。

(2) 产品介绍。

(3) 服务内容。

(4) 价格信息。

(5) 联系方式。

(6) 网上订单等基本内容。

电子商务类网站还要提供如下内容：

(1) 会员注册。

(2) 详细的商品服务信息。

(3) 信息搜索查询。

(4) 订单确认。

(5) 付款。

(6) 个人信息保密措施。

(7) 相关帮助等。

任务说明

在具体实施中，可以根据实际项目进行网站内容的详细设计，网页美术设计一般要与企业整体形象相一致，网页设计应该方便访问者浏览。色彩及特效的运用要与网站的整体风格保持一致。网站内容要突出网站的核心功能，不求“全”，而求“精”、“准”。

四、任务成果

（1）掌握网页设计的基本要求，网页界面的设计要便于访问者浏览。

（2）掌握色彩运用、界面设计的基本设计规范。

（3）能够根据用户需求有针对性地提供内容。

知识点拨

电子商务网站类型众多，不同的网站所设定的目标不同，不同类型的网站有不同的评价方法和评价标准。对于B2C电子商务网站而言，至少应该从以下六个方面进行评价：

（1）用户界面的质量。指站点的用户界面、页面布局、图片的质量和对它们的适当应用以及文字的可读性。

（2）技术指标。包括页面加载时间、系统稳定性与安全性、链接的有效性等。

（3）使用方便性。指栏目、搜索引擎、导航按钮、所列链接的有效性和正确性，订单下单及取消的方便性。

（4）网站信息质量。包括公司数据信息完整性、产品信息和服务、更新频率、网站政策、数据利用能力等。

（5）客户服务指标。包括支付和配送方式的可选择性、顾客支持的水平和质量、个性化定制能力、网站与用户的交互性、个人隐私保护等。

（6）经营业绩指标。包括网站流量（点击率）、交易额、成本利润率，甚至股票价格等。

在评价内容上，国外的评价更注重网站的功能与业务以及客户服务的水平和质量，而国内的评价主要是对网站的技术性能进行评价。

根据网络消费者的行为特点和影响网络消费行为的因素进行分析，一个成功的B2C商务网站应该努力做到以下几点：

（1）吸引客户浏览网站。

（2）留住客户探究网站。

（3）确保客户能通过本网站的链接得到信息。

（4）网站形象和组织形象一致。

（5）能与顾客建立信任关系。

（6）强化顾客对组织已有的积极形象。

（7）鼓励顾客重回公司站点。

思考题

思考一：网页设计如何在保持与企业整体形象一致的同时突出新颖？

思考二：怎样才能将多媒体效果运用得恰到好处，而不是喧宾夺主？

思考三：面对不同用户提出的需求，如何进行取舍？

任务五 网站技术需求与解决方案

任务分析

关键词	网站技术需求与解决方案
理论要点	网站的技术与解决思路以及需要注意的问题
实践要点	能够结合实际项目，明确网站技术需求，制定解决方案

一个网站，基本上是由前台和后台两个方面构成的，用户只能看到最终的使用界面。而很多新推出的网站和很多想做网站的人却没有把站点技术看得很重，甚至有人认为网站最重要的是内容，花大力气把内容做好是网站发展的根本。而事实上，用户界面的好坏直接取决于网站后台结构的建设。

网络技术的进步，使网站应用系统的开发模式可以有多种选择，达到同样的目标可以采用很多不同的方式，现代的应用系统越来越成为一个庞大的集成方案，需要考虑不同的操作平台、不同的应用服务器、不同的数据库、不同的编程语言、不同的传输介质等。例如：现在有 Windows、Unix、Linux 等各种服务器操作平台，有 SQL Server、Oracle、DB2、Sybase、My SQL 等数据库，有 JAVA、PHP、ASP、CGI、JSP、C＋＋、VB，Delphi 等工具。那么如何确定是 Windows＋SQL Server＋ASP 好，还是 Unix＋Oracle＋JAVA 好呢？这就要求在网站开发时根据网站的功能进行网站结构设计，明确网站技术需求。网站结构设计是一个多维的、立体进行的过程，设计最终是要给用户提供一个易于使用的网站。多维的设计过程包括了对网站高性能、可扩展性、可使用性、可维护性及安全管理等多方面的考虑。因此确定网站的技术解决方案时，通常要解决网站可使用性、交互性、高性能要求、可扩展性、可维护性和网站的安全管理等几方面的问题。

一、任务目标

结合实际项目，确定网站技术需求，制定解决方案。

二、任务要求

（1）掌握常用网站建设技术的功能区别和特点。

（2）能够针对实际的功能需要选择合理的应用技术，制定解决方案。

三、任务过程

（一）基本流程

网站技术解决方案的流程图如图 3—10 所示。

（二）具体步骤

步骤一 网站的可使用性

网站必须设计得易于使用，网站不能只是信息的简单堆砌。这一要求最直接地与网站的版面设计和服务器的功能定义相关联。网站的可使用性包括以下几点：

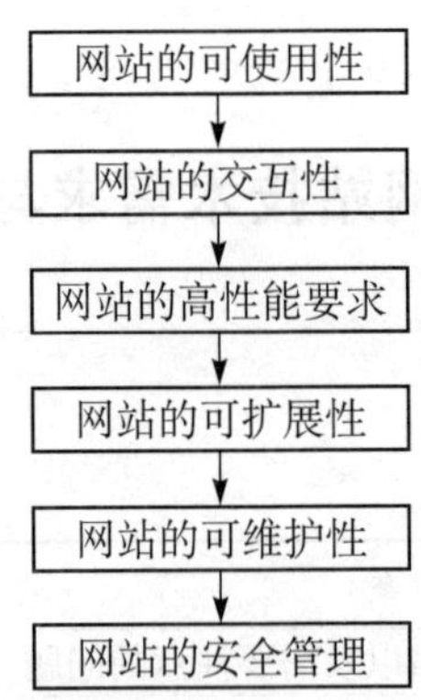

图 3—10 网站技术解决方案基本流程图

1. 网站要有好的导航功能，便于读者浏览

网站上的每一个网页都应能链接到网站的主页和逻辑上的前页后页、上页下页，当网站网页超过 100 页时，应考虑提供站内搜索引擎服务。

2. 网站网页要有好的被检索设计

大型网站要提供站内搜索功能，为了让检索出来的结果能够反映网页内容的相关性，应该用简洁明了的文字来撰写网页的标题。同时注意用好网页最前面的二三十个文字，以准确地反映网页的内容。因为，搜索引擎会摘录网页的这部分内容并再现给用户。除此之外，应定义好网页的关键词，以增大被检索到的概率。

3. 网页要有可读性

网页需要有结构，对于长篇的网页，可以考虑把网页分成多页，或者提供网页之内的链接，使用户可以很快地跳跃过部分篇幅；要有节制地使用网页上的动态画面和动态标题，因为过度使用将影响用户阅读。

注意图像编辑、色调、色彩与剪裁，使其与总体相称。调整网页容量，提高网页的下载速度。再好的网页，如果下载时间超过 10 秒，也将会失去用户。网页的下载速度将涉及网站的高性能问题，但在网站容量恒定的情况下，注意网页图像文件的多少和大小是控制网页下载速度的最有效的办法。

4. 网站应能让用户快速地达到其使用目的

这是一个笼统的概念，其中包含了广泛的内容。比如，用户在使用网站的电子邮件功能时，以下几方面的设计都将影响其使用效率：第一，用户界面的设计；第二，电子邮件服务器的响应时间和处理速度；第三，网络传送的速度；第四，网站和应用软件的兼容性。这个例子说明，网站的可用性，其实涉及网站技术结构的总体。

网络的迅速渗透，尤其是在线经济的发展，使得网站在日常生活中所承担的角色越来越重要，人们对网站的可用性要求将会越来越高，网站下网所造成的后果会越来越严重。通常情况下，提高网站的可用性有以下几项措施：

（1）严把网站的软件质量关。

（2）在进行网站结构设计时，适度添加网络连接与服务器的安全盈余。这样，当主服务器出现故障时，可以转换到备用服务器上。

（3）实施有效的数据备份，以避免因故障造成的永久性数据丢失。

(4) 在设计网站时，积极考虑网站的可维护性。

上面几种做法是相辅相成的。前面两种措施具有很好的防御性，数据备份可以杜绝灾难性后果。但是这些措施均无法把故障发生的概率降为零。一旦故障发生，必须讲求网站的可维护性。

步骤二　网站的交互性

内容呈现是网站开发的一项重点，它直接影响一个网站的受欢迎程度。其最基本的要求是用户必须能有效地使用网站和浏览网站的内容。内容呈现除了直接与网页的版面和图像设计有关之外，更深一层的是与网站的技术结构设计相联系。目前，静止网页的用途已降到次要位置，网页的内容均以交互方式呈现。交互方式并不只是网页语言HTML的延伸，交互方式的实现需要网页背后网站服务器中大量软件的支持。

交互性网站是网站发展的主流趋势。网站的交互有人机交互和人人交互两种。网上的多媒体点歌、在线购物、在线订票就是典型的人机交互，这种交互性增强了网站的实体感。电子邮件、BBS、聊天室等就是典型的人人交互。利用网站的交互性，可以为用户提供一个良好的沟通环境。网站设计应提供足够的交互渠道，要提供电子邮件反馈信箱、BBS、聊天室等应用功能，同时注意融合新的交互技术与手段。网站的交互应用大大增加了对网站的处理功能、存储容量、网络带宽的要求。

步骤三　网站的高性能要求

网站的可使用性和交互性的实现，决定了网站所必须具备的高性能。具体来说，高性能可以用系统响应时间、处理时间、用户平均等待时间、系统输出量等几方面指标来衡量。网站技术结构设计的目标之一便是高性能，即建立系统输出量大、响应快、处理及时、用户平均等待时间短的系统。

提高网站性能最先要考虑的是容量计划。容量计划是根据网站需要满足的用户数目及网站应用所需的计算处理量来确定网站所需的服务器计算功率、内存及存储容量、网站连接速度及相应的网络设备要求。在确定了用户数目和所支持的应用范围之后，就可以设计出合理的服务器群组织结构和网络连接方式。该步骤对网站最终性能有着决定性的影响，需要思考很多因素。这一技术步骤也没有现成的方法去拷贝，通常需要考虑以下问题：

1. 独立式超级服务器与多台分布式服务器群的选择

尽管目前多台分布式服务器群渐渐成为网站服务器内部结构的首选，但其中涉及的技术问题仍值得一提。

独立式超级服务器集多项网站处理功能于一身，具有容易管理的优点。同时超级计算机的制造技术已使这类服务器的可靠性相当高，达到近99.9%的可用性。另外，这类服务器亦有相当的可维护性，硬件添加在一定范围内可以不用关机。使用独立式服务器的缺点是价格昂贵，尤其在性能价格比上逊于分布式服务器；另外，存在单一故障点，只要独立服务器出现问题，整个网站即告下网。

多台分布式服务器群采用了分布系统策略。每台服务器并不超能，但因为多台服务器可以并行工作，从而使总体处理速度加快。另外，每台服务器价钱不贵，设置冗余服务器的成本并不高。冗余服务器在正常运行情况下亦分担计算处理量，只是当主要服务器出故障或需要维修时才转换到冗余服务器上。冗余服务器的设置既增加了系统的整体可靠性，也增强了系统的处理能力。

目前的网站技术基本基于成熟的“客户—服务器”计算模型，客户端软件较为单薄，重头戏都在服务器上。随着网站技术的发展，一个网站将要融合越来越多的新型服务器。在分布式服务器群里添加新的服务器以运行新型服务器软件，比在现有的独立式服务器上再运行额外的服务器软件似乎更合理。但与单台超级服务器相比，多台分布式服务器群增加了内部网络连接的额外要求。

2. 服务器群的网络连接

服务器群的连接采用现有的局域网技术，最关键的是要提供足够的转换带宽和避免流量瓶颈。所以，吉位以太网络交换机因性能价格比高而被广泛采用。另外，在设计网络连接时，一些新型的交换机产品值得考虑。首先可以考虑采用带有路由功能的网络交换机；其次是考虑采用最新的带有第四层（即信件运输层）转换功能的交换机。

网络连接采用的最基本的以太交换机只提供数据通信中所说的第二层交换功能。服务器群网络需要通过额外的路由器才能连接到互联网上。从第三层 IP 协议的角度来讲，服务器只用第二层交换机相连，网络呈平线式，缺乏 IP 层次感，不利于未来扩充，而且无法对某部分网络实行专门管理。带路由功能的第三层 IP 交换机，从交换效率、扩展性和管理难易程度上更值得选择。

最新的第四层交换机比 IP 转换器更为智能化。为使网站服务器之间的信息传输加快，关键是要把一段语意完整的信息（网络技术中称为信件，不同于一般所说的电子邮件）最快地在服务器之间传送。对此，第三层交换机尽管能够转换组成信件的 IP 数据包，却无法保证组成一个信件的所有 IP 数据包能够连串地被转换到目标服务器。第四层交换机能够通过更深一层地探测 IP 数据包里的信息来确定属于同一信件的所有数据包，然后对它们进行连串交换，从而实现高效的信件交换。可见，第四层交换机由于高性能和易于服务器群的扩展，将会越来越多地被采用。

3. 服务器的硬件配置

服务器的硬件配置包括：中央处理器（CPU）、内存（Memory）、内存公共连接（Memory Bus）、交换空间（Swap Space）、硬盘、网络适配器。在考虑服务器的硬件配置时，除了一般常识外，注意不要让任何一部分成为瓶颈或阻碍，同时注意留下一两年内所需的扩充余地。在网站运行过程中，要对服务器的使用情况进行监视，从而确定哪部分需要扩充。

4. 服务器软件的设计实施

服务器软件的设计和实施同样对网站的性能，尤其对软件所提供的网站应用性能有着极大的影响。

首先，对编程语言要有选择。解释性语言，如 UNIX Shell Script，运行起来比较慢，不适合用在有实时要求的软件和经常使用的软件中。用 C/C＋＋编写的程序运行速度最快，但最难写而且不便于调试。

其次，要对程序进行优化，避免多余的输入输出操作，提取公共和反复使用的程序行作为子程序，而且可以考虑用 C/C＋＋来写上述子程序，以达到最快的运行速度。

步骤四　网站的可扩展性

一个高性能的网站能很快地吸引用户。当用户增加时，网站管理人必须考虑以下问题：

（1）现有的网站高性能以目前网站服务器的容量能维持多久？

（2）当现有容量无法支持更多用户时，将如何升级现有系统？

（3）这次升级能维持多久就要面临再一次升级？

这一连串问题从网站结构设计的一开始便要考虑清楚，要规划好技术结构的扩展路径，以满足网站扩展的需求。

网站可扩展性设计有以下几项设计目标：

（1）保护现有的设备投资。

（2）尽可能减少因扩充系统而造成的下网时间。

在上面讨论网站高性能时，已经提到分布式服务器群结构优于独立服务器，而带 IP 层次感的服务器网络连接优于平线式连接。分布式服务器群结构和网络的 IP 层次连接，都是可扩展网站设计的极好出发点。

在此基础之上，随着服务器数目的增加，需要注意网络带宽的相应增加和网络 IP 范围的调整。另外，个别集中式服务器，如防火墙、目录服务器和用户数据库自身的容量也需要扩展。

步骤五　网站的可维护性

一个好的网站，除了易于使用和具备高性能外，还必须注意控制因故障或技术维护而造成的下网时间。下网时间将直接影响网站的可用性。

可用性有别于前面提到的可使用性。准确地说，网站的可用性指的是系统在某时间段内总共运行时间占这段时间长度的百分比。网站的可用性至少应在 90%以上，否则很快就会无人问津。重要网站的可用性更是应该得到充分保证。例如，IBM 公司的银行交易系统已经运转超过了 3 年而从未停机维修，就是因为这个系统承担着至关重要的任务，任何停机都会造成重大的经济损失。

一个可维护的网站应具有很好的故障检测性。一般来说，计算机系统故障排除所占用的时间中，故障检测时间占了近 90%。绝大部分的计算机系统故障源于一两行的程序错误，俗称软件虫。这类故障的修复时间与再测试时间并不长。所以，最重要的是以最快的时间把故障检测出来。

有了好的故障检测性，一个可维护的网站对于排除故障所需要的时间才会有可预见性。在运作一个网站时，这种可预见性有时比排除故障本身还重要。当一个网站因故障下网时，首先要告诉用户什么时候网站可以重新运作。这意味着网站技术人员必须在很短的时间里诊断出毛病，要能够从问题的表现很快地看出问题的所在。故障检测与排障所需时间的可预见性都反映一个网站的可维护性。通常保障网站的可维护性需要考虑以下几方面的问题：

（1）网站必须由功能范围分明的技术模块组成。这样当故障出现时，可以逐个模块地检测。

（2）网站必须采用技术功能分化方式。技术功能分化通常采用功能模块的物理分离或功能模块的逻辑分离。功能模块的物理分离是指在网站服务器群中，各个服务器分担着不同的任务，它们集合起来完成一项任务，支持网站用户的每一个需求。在设计这种分布系统时，除了要考虑前面提到的网站高性能所需的同步处理、资源共享外，还需要考虑将保持系统可维护性所需的功能分开。例如，电子邮件和音乐试听是两个很受欢迎的网站服务。如果把这两个服务器软件放在一台机器上运行，其后果是当音乐软件系统出故障需要维修时，电子邮件系统也无法使用。这显然不是一个有效的设计。在这种情况下，电子邮件和音乐试听应由两个分开的服务器来支持。功能模块的逻辑分离不同于功能模块的物理分离方式，其功能是以逻辑关系来划分的。

（3）在软件设计和系统实施时，提供足够的系统检查信息和调试手段。计算机软件的错误在很多情况下可以从其运行过程输出的事件记录中检查出来。

（4）注意保持服务器软件的平台无关性。这样不管服务器使用什么操作系统，服务器软件都能无须更改而正常运行。

步骤六　网站的安全管理

网站的安全管理包括防止对网站服务器的非法直接侵害和防止非法盗用他人保存在本网站的秘密资料。毋庸置疑，安全管理是相当重要的。网站的安全漏洞如被利用，其危害就难以估量。

对于网站安全管理而言，有一点必须强调：没有使网站绝对安全的管理办法，只有使网站更安全的管理办法。因此，加强网站安全管理是延续不断的过程。在这一过程中，新的漏洞将会被发现，新的有效的技术措施将会被制定，经验也会进一步地积累。就现今而言，比较有效的措施有以下几种：

（1）在网站服务器群结构中，设置前置防火墙。

（2）为避免暴露服务器群内部的服务器分布架构，可以采用IP网址翻译法（Network Address Translation）或IP遮盖术（IP Masquerade），使得内部服务器的网址与名字不从网络外泄。即使有人从其他途径弄到以上信息，也无法从外围直接不通过防火墙而进入内部服务器。

（3）利用现有的用户使用目录协议（Directory Access Protocol）实施用户控制。这一技术比以前常用的网络信息系统（Network Information System）更进了一步，实行了多层次用户管理。

（4）一般计算机系统运用管理常用的办法。如从服务器上卸载诸如Mail和Telnet这类容易被网络黑客利用而进入系统的应用程序，以减少被攻击的可能性。

（5）融合现有的防火墙和服务器安全管理产品，而不要自己去开发同样的东西。Sun、Cisco、Microsoft、Netscape均有这类商业产品，Linux亦提供免费可下载的软件。

任务说明

在具体实施中，可以根据实际项目提出的网站可用性、交互性、高性能等要求，可扩展性、可维护性和网站的安全管理等方面的技术需求，提出或选择解决方案。

四、任务成果

（1）掌握网站技术需求涉及的基本问题的解决办法。

（2）掌握不同问题常用的解决方案及不同方案的区别。

（3）能够根据实际情况合理地选择或制定技术需求问题的解决方案。

知识点拨

网站软件开发规范

1. 数据库使用规范

（1）服务器上有关数据库的一切操作只能由服务器管理人员进行。

（2）使用统一的用户、统一的连接文件访问数据库。

（3）原则上每一个频道只能建一个库，库名与各频道的英文名称相一致，库中再包含若干表。比较大的、重点的栏目可以考虑单独建库，库名与栏目的英文名称一致。

（4）命名。

①数据库、表、字段、索引、视图等一系列与数据库相关的名称必须全部使用与内容相关的英文单词命名（尽量避免使用汉语拼音），对于一个单词难以表达的，可以考虑用多个单词加下画线连接（不能超过四个单词）命名。

②所有的名称必须统一使用英文小写字母。

③所有的名称起始和结尾不能使用下画线。

④所有的名称不能包含 26 个英文小写字母和下画线以外的其他字符。

（5）不再使用的数据库、表应删除，在删除之前必须备份（包括结构和内容）。

2. 文档规范

所有的项目必须有相关说明文档（可以是电子文档）。文档应包含如下内容：

（1）项目名称。

（2）项目小组名单、项目负责人。

（3）项目开发起始时间和结束时间。

（4）项目内容描述。

（5）项目位置（在哪个频道、哪个栏目）。

（6）与项目有关的程序文件名（含路径名），文件内容及实现的功能描述。

（7）完整的程序流程图。

（8）数据库、表、视图、索引的名称、用途；字段的名称、类型、长度、用途，必须附上相关的 SQL 语句。

3. 源代码与页面嵌套规范

（1）源代码。

①使用自定义变量（包括全局变量、局部变量）之前必须先声明变量，并用注释语句标明变量的类型、用途。

②自定义函数必须用注释语句标明函数的用途、参数的数据类型、意义，返回值的类型。

③程序中重要的过程或代码较长的过程应使用注释语句标明该过程的起始行和结束行，并注明该过程的功能。

④所有的注释文字一律使用简体中文。

（2）HTML页面嵌套。

①网页设计部设计的HTML页面以嵌套的方式确定用于动态显示程序执行结果的位置、宽度、行数（或高度）等，并在相应位置用文字说明。页面中与程序无关的图片、文字、连接等必须使用完整的URL。

②软件开发人员和编辑人员可以根据情况协商，将页面文件及图片与程序独立存放在各自的服务器上，页面改版和修改程序独立进行。

③使用include技术将分割开的HTML页面分别嵌入程序代码中，要求做到修改HTML页面时无须改写程序，而修改程序时不会影响HTML页面效果，将页面改版和修改程序两项工作分别独立。

④页面和程序嵌套以后不能破坏原HTML页面的整体显示效果，字体、字号、颜色等应尽量保持原HTML页面的风格。

⑤动态生成的页面的各项指标（如图片大小、页面宽度和高度、页面文件的字节数等）应符合网页设计方面的要求。

4. 测试规范（软件部分）

对于较大的项目应成立相应的测试小组，小组成员由软件开发人员、网页设计人员、技术人员、编辑人员组成。测试过程应参照网页设计部为该项目提供的原HTML页面进行。测试内容应包括以下几点：

（1）页面宽度、高度（行数）。

（2）页面文字、图片、色彩是否风格统一。

（3）页面的图片显示是否正常、有无变形。

（4）弹出页面的效果。

（5）页面的链接是否正确。

（6）动态生成的页面是否符合以上几个方面的要求，页面大小（字节数，包括页面的图片、*.js、*.css、*.class等相关文件）是否符合网页设计的要求。

（7）软件方面的功能是否实现。如数据库的查询、修改、删除，文件的上传、下载等操作是否正常。

思考题

思考一：怎样才能使网站具有较强的可使用性？

思考二：如何提高网站的交互性？这对网站建设提出了哪些技术要求？

思考三：怎样才能延长网站前期技术投入的生命周期？

项目四　商务网站建设管理

学习提示

学习目标：

- 知识目标：掌握电子商务网站建设的过程与管理方法。
- 能力目标：对网站建设人员进行合理分工，编制网站建设进度计划，编制网站质量计划，网站测试与验收。
- 素质目标：培养团队合作、相互信任的精神，提高学生的判断力和执行力。

本项目重点：

- 网站建设的进度管理，能根据项目的要求制定出合理的进度计划。

本项目难点：

- 网站的质量管理及网站系统的测试与验收。

任务一　网站建设人员需求与设置

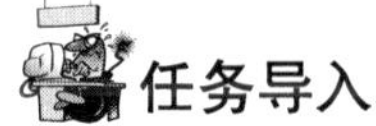

任务导入

在 Yamaha 成长的 100 多年的历史中，对音乐孜孜不倦的追求使 Yamaha 积累了非凡的专利技术和丰富的知识经验。原有的 Yamaha.com.cn 网站缺乏系统的、具有整体感的规划，各个事业部的链接混合在一个首页中，分散而无统一性，栏目设置不合理，不仅不利于用户浏览，而且在网站维护时也会相当不便。原有的网站已不能体现 Yamaha 全球化品牌的形象，也无法达到有效的在线市场信息传递的目的。Yamaha 为了更加快速有效地管理网站信息，将设立专门的部门或人员负责网站信息管理工作和测试工作。

[问题分析] 网站的管理和测试工作有哪些具体的岗位？假设你是公司领导，你会如何分配测试人员？

任务分析

关键词	人员分工、网站建设
理论要点	网站开发人员的配备、分工、流程以及需要注意的问题
实践要点	能够根据商务网站的实际情况完成网站建设的人员分工

网站建设人员的招聘广告中，有一种现象日益增长，即寻找一位集程序设计、平面设计、交互设计、可用性测试和技术文档编写能力于一身的人才。例如，Bank Of The Web公司要招聘一名网站设计人员，要求熟练掌握任务分析、交互设计、用户分析、DHTML、XML、JavaScript、Java、Photoshop、Dreamweaver和Flash，并且文笔流畅。这样的人才极少——或许根本不存在。招聘广告只是表达了经理们面对紧迫的进度和有限的预算时对人才的渴望。

如果安排一个缺少相关技术和经验的人来设计网站的某一部分，那么这部分等于是由外行设计，其结果可想而知。为了避免建设存在很多问题的不专业的网站，应该把网站开发的工作分配给合适的人。

任务分析、导航、事务处理、表单和网站中其他交互方面的内容应该交给有经验的交互设计人员或者用户界面设计人员设计。

网站中的文本，特别是链接标签、说明和出错消息，应该由技术文档编写人员编写，或者至少由他们来修订或编辑。

网站的配色方案、页面模板、图标和自定义图形元素应该由平面设计人员设计。

网站程序的编写应该由熟练的网站开发人员实现。

一、任务目标

根据商务网站建设的实际情况，完成网站建设的人员分工。

二、任务要求

（1）明确一个商务网站开发小组需要配备哪些人员。

（2）在网站开发项目中，能够明确网站建设人员的分工。

三、任务过程

（一）基本流程

网站建设的基本流程如图4—1所示。

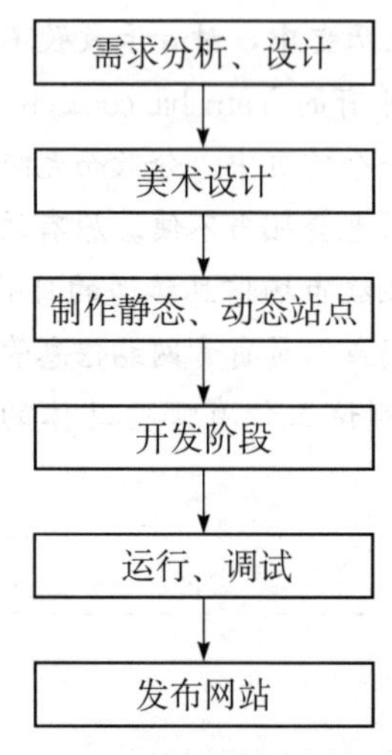

图4—1 网站建设基本流程图

（二）具体步骤

步骤一 需求分析、设计

这一阶段，需求分析人员首先要设计出站点的网站地图（Sitemap），之后规划站点所需功能、内容结构页面等，如百度的网站地图（见图 4—2）。

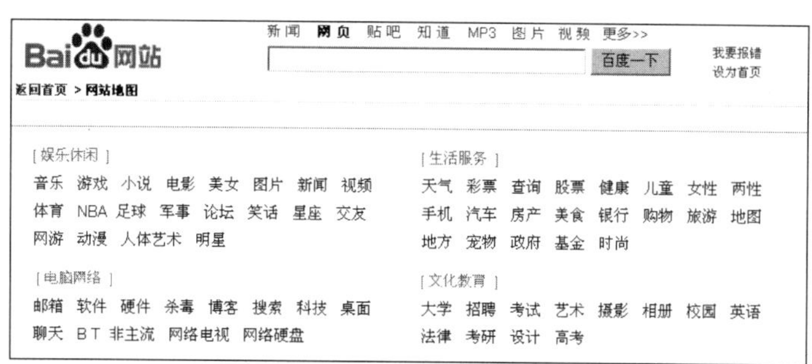

图 4—2　百度网站地图

如果项目所涉及的业务范围比较广，分析和设计阶段工作量又比较大，时间和人力有限，并且人员素质和经验又不足，为了尽量做好开发前期的准备工作，减少代码编写时的工作量，对于分析和设计阶段的工作就需要进行简化，从以下几方面进行重点把握即可。

需求分析阶段要做的重点工作有：

（1）制作功能点控制表。把网站需求范围所涉及的功能点进行梳理，划出功能点，再将每个功能点进行编号，分配给具体的小组和项目成员，并保证这些需求功能点能够涵盖全部需求范围。

（2）需求确认联系书和确认报告。需求阶段最重要的工作是与业务人员确认需求、理解需求并签字确认。为了达到这个目的，参与需求分析的每个人都要填写需求确认联系书和确认报告，开发小组要定期检查进度和质量。

（3）需求评估报告。需求评估报告是确认网站开发项目组成员对需求的理解情况，以及对需求的意见，并提出完善建议。

（4）需求分析报告。对于重点需求内容，需描述业务功能的流程、输入输出、业务规则、非功能性需求等内容。

设计阶段要做的工作是：

（1）总体架构。大致说明网站系统的总体平台架构、应用架构、数据库架构、用户架构和硬件架构等内容。

（2）用例列表。建立用例列表、用例与功能点的对应关系；对每个用例要简要描述，并说明其功能用途。

（3）核心数据库设计文档。即数据库设计逻辑模型和物理模型文档。

（4）用户界面设计。用户界面即展示给最终用户的界面，包括部分的交互功能。

用例列表、核心数据库设计文档、用户界面设计是双方在设计阶段进行交互确认的依据。在设计阶段进行交互确认、修改完善的基础上，分批进行确认。在核心模块和大部分功能确认完成的基础上，根据实际情况和进度要求，就可以进入网站开发阶段了。

步骤二　美术设计

在功能、内容结构页面被确认后，就可以将功能、内容结构页面交付美工人员进行美术设计，随后再让客户通过设计界面进行确认。

网站美工设计的主要工作过程如下：

1. 指示阶段

这一步骤通常始于与客户会面。在与客户会面的过程中，双方逐步建立起项目目标、预算以及项目进程计划，同时这也是一个与客户建立稳定关系的有利时机。“指示”这一步骤事关成功设计的全局。要确保在最初的会面中起关键作用的决策者在场。如果对方没有明确表态，那么再好的设计也无济于事。

2. 设计开展阶段

设计师回顾收集到的信息，在分析顾客产品和服务的同时，也要对竞争对手的情况进行分析。成功的设计需要在激烈的市场竞争中脱颖而出，网页设计师们需要在头脑中形成并在电脑上描绘出多种视觉效果，在这个阶段有无限种设计可能。最后确定好初稿，选择几个最合适的方案备用。

3. 展示阶段

向客户展示设计。自己亲自给客户展示是最好的方式，这样可以读懂客户的肢体语言。但对于小的项目来说，以 PDF 格式发一封 E-mail 给对方，然后再用电话交流就可以了。

步骤三　制作静态、动态站点

在服务器端运行的程序、网页、组件属于动态网页，它们会随不同客户、不同时间，返回不同的网页，例如 ASP、PHP、JSP、ASP. net、CGI 等。运行于客户端的程序、网页、插件、组件属于静态网页，例如 html 页、Flash、JavaScript、VBScript 等，它们是永远不变的。

静态网页和动态网页各有特点，网站采用动态网页还是静态网页主要取决于网站的功能需求和网站内容的多少。如果网站功能比较简单，内容更新量不是很大，采用纯静态网页的方式会更简单；反之，一般采用动态网页技术来实现。静态网页是网站建设的基础，静态网页和动态网页之间并不矛盾。为了适应搜索引擎检索的需要，即使采用动态网站技术，也可以将网页内容转化为静态网页发布。

当用户对美术设计确认以后，可以开始为客户制作静态或动态站点。

步骤四　开发阶段

这一阶段由程序员根据项目经理的网站功能设计策划，编制实现功能的后台数据库设计和编码开发方案。需要在页面输出的，就将页面的静态内容转换成动态输出内容。

主要开发技术有：

1. 架构知识（Framework Knowledge）

架构是大型网站开发的重要部分。开发者可以从 Rails、Django 等公司提供的网站架构工具中受益，架构工具可以帮助项目开发人员完成那些需要一定编程知识的重复性的任务。

2. Javascript 的插件开发（Javascript Plugin Creation）

Javascript 的 Framework 非常流行，因为它使 Javascript 的代码开发变得简单。比如现在流行的 Javascript Framework-Query，如果在它的基础上开发优秀的插件，那么插件也会跟着流行起来。

3. 窗体小部件开发（Widget Development）

窗体小部件（Widgets）是一个嵌入网页的迷你应用程序，通常也可以下载到 Windows 或者 Mac 桌面上运行，它让数据变得便于携带而且更具有交互性。比较常用的有

Yahoo Widgets 和 AOL Music Widgets。窗体小部件开发除了需要掌握网络应用程序开发所需要的语言知识以外，还需要精通 Javascript 和 Flash 方面的知识。

4. 电子商务一体化（E-commerce Integration）

如今，电子商务网站（如 Ebay、Amazon）与在线银行服务系统（如 Paypal、Google Checkout）之间的配合越来越紧密，因此，电子商务交易平台的开发也是相当有前途的。

5. Flash 和 Actionscript 知识（Flash and Actionscript Knowledge）

越来越多的公司采用 Flash 来制作自己的网站、展示自己的产品。精美的动画总是容易吸引人们的眼球，因此 Flash 动画技术也必然会迅速发展。

步骤五　运行、调试

随着网站或 Web 应用程序的开发，重要设计方面的任何决定和设想都会影响网站的可用性和有效性。无论设计人员多么优秀，都应该在网站发布前对这些设计进行可用性测试。当一个网站准备发布时，无论是在网站的体系结构中还是在开发人员的自我意识中，许多设计都很难改变，只有付出昂贵的代价才能够被重新访问和改变。应该在设计和体系结构都没有完成并仍旧具有可塑性时进行可用性测试。没有进行可用性测试而直接发布的网站或者应用程序将会面临没有目标用户的高风险。

步骤六　发布网站

本阶段美术人员和编码开发人员依旧可以非常容易地根据需求变更修改站点。

1. 发布网站前的工作

检查原始站点的配置，记下远程位置上需要的所有设置。具体来说，就是检查连接字符串、成员资格设置及其他安全设置等。记下在已发布网站上需要更改的所有设置。例如，发布网站后禁用调试、跟踪及自定义错误等。如图 4—3 所示。

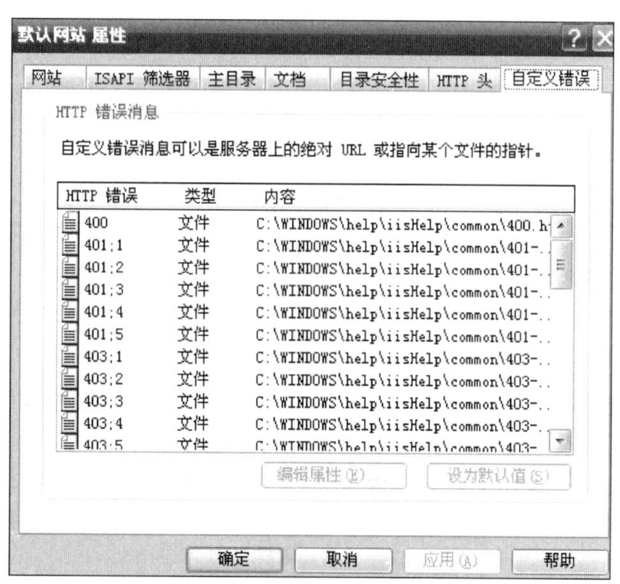

图 4—3　Internet 信息服务设置

因为配置设置是继承而来的，所以可能需要查看 SystemRoot \ Microsoft \ version \ CONFIG 目录中的 Machine. config 文件或 Web. config 文件，以及应用程序中的所有

Web.config 文件。如果没有查看根配置文件的权限，则可以以编程方式查看继承的配置设置和本地配置设置中的代码示例输出中包含网站配置设置的完整列表文件，该文件被格式化为正确的配置文件。

2. 发布网站操作

在“生成”菜单上单击“发布网站”。在“发布网站”对话框中，单击省略号按钮找到要发布网站的位置，再将网站输出写入本地文件夹或共享文件夹、FTP 站点或者通过 URL 访问的网站。执行此操作时必须具有在目标位置创建和写入的权限。

如需要在发布网站之后更改 .aspx 文件的布局（而非代码），就选择“允许更新此预编译网站”复选框。

如果要使用密钥文件或密钥容器命名具有强名称的程序集，就选择“对预编译程序集启用强命名”复选框，然后单击“确定”。

发布状态显示在任务栏中。根据连接速度、站点的大小和内容文件的类型，发布需要的时间可能不同。发布完成后，即显示“发布成功”。

任务说明

网站建设的各个方面都需要相当专业的人员来进行，所以人员的配置是决定网站优质与否的关键。

四、任务成果

（1）了解商务网站建设的基本流程和步骤。

（2）掌握商务网站建设每一阶段的人员需求及分工。

（3）掌握商务网站的发布流程及方法。

知识点拨

Web：就是一种超文本信息系统。Web 的一个主要的概念就是超文本链接，它使得文本不再像一本书一样是固定的、线性的，而是可以从一个位置跳到另外一个位置。我们可以从中获取更多的信息，并可以转到别的主题上。想要了解某一个主题的内容，只要在这个主题上点击一下，就可以跳转到包含这一主题的文档上。

Sitemap：即站点地图，又称网站地图，是一个网站的所有链接通道。浏览者可以通过站点地图浏览所有页面。站点地图最起码要包括主要的内容链接或者栏目链接。根据网站的大小、页面数量的多少，它可以链接部分主要的或者所有的栏目页面。这意味着，一旦搜索引擎程序得到了所有地图页面，它就可以访问整个站点上的所有页面及栏目。一般情况下，站点地图不要超过 100 个链接。

思考题

思考一：“网站项目的实施有着严格的分工，设计师就是设计师，程序员就是程序员，

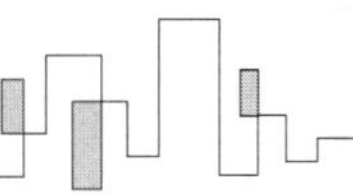

设计师只负责网站的美工部分，具备编程的思想，并不要求具备编程的能力。”你如何理解这句话？

思考二：一个专门给公司开发网站的团队需要哪些人员？是否需要硬件维护（专门负责机房内维护）人员、程序员、网页设计员、策划、网页美工？

思考三：思考二中的所有工作能否由一个人来完成？

任务二　网站建设的进度管理

任务导入

某公司是一个以网站开发为主的软件公司，规模比较小，只有30来人。公司采用的是项目承包制度，也就是合同签下来后，公司领导根据该项目需求核定工作量（比如工作量是10人月，即相当于5人做2个月或者2人做5个月），然后规定1万元1人月，也就是说这个项目10万元承包给项目组，等验收的时候，用这10万元减去该项目组的所有花费就是该项目组的项目奖金。项目经理有绝对的权力每月对该项目组成员进行考核，考核成绩体现在工资上面；另外，可以根据项目进展情况，增加或者减少项目组成员，还有分配项目组成员奖金的权力。

这种制度推行以来，项目组积极性很高，也大大节约了成本，项目奖金也很可观。但是也带来了一个问题，比如，项目核定工作量是10人月，项目经理为了节约承包或者说自己多赚钱，就一个人做，做七八个月才验收；或者开始两个人做，后来一个人做，最后五个月才验收。但实际上公司跟客户签的合同要求四个月验收，这样拖延工期对客户关系和项目回款产生了很大的影响。

［问题分析］在公司中采用这种管理方式，成本是节约了，但进度受到了极大的影响。现在假定你是该公司的管理人员，在保证项目成本的前提下，应如何实施项目进度管理？

任务分析

关键词	进度计划、时间估算
理论要点	进度管理的内容
实践要点	根据商务网站的实际情况，制定出合理的进度计划，能熟练地绘制甘特图和网络图

进度管理就是要在规定的时间内，制定出合理的、经济的进度计划，然后在该计划的执行过程中，检查实际进度是否与进度计划相一致。若出现偏差，要及时找出原因，采取必要的补救措施。如有必要，还要调整原进度计划，从而保证项目按时完成。

进度管理是项目管理的最重要内容之一，也是项目管理的重要目标。进度的加快，依赖于正确的思想和方法。甘特图和网络图等作为进度管理的硬技巧，受到了普遍关注。但是，直接影响 IT 项目进度的还有许多软技巧，其中重要的三个是：进度要与项目范围、成本、质量、采购相协调；掌握正确的需求调研方法；缩短团队的组建与磨合时间。

项目的范围会影响 IT 项目的进度。一般来说（假设其他要素不变），项目范围越大，项目所要完成的任务越多，项目耗时越长；反过来，项目范围越小，项目所要完成的任务越少，项目耗时越短。因此，如果项目进度很紧，或者进度拖延非常严重，就可以考虑与客户讨论，是否能够将范围进行收缩。如果客户同意缩小范围，那么进度就能得到有效缩减。

项目的成本、质量也会影响进度。一般来说，追加成本可以增加更多的资源，比如设备和人力，从而使某些工作能够并行完成或者加班完成。如果项目不能按进度完成，可以考虑将有些原定任务外包出去，这是项目采购管理与进度管理的协调内容之一。

显然，在缩减进度时，可以考虑上述各专项管理之间的协调，即砍掉部分任务、降低部分任务的质量、分包部分任务、追加部分任务的成本等。

一、任务目标

在网站建设规定的时间内，制定出合理、经济的进度计划。

二、任务要求

（1）明确商务网站建设中进度安排的意义和方法。

（2）能够对已确定的商务网站建设中各项工作的时间长短进行估算。

（3）掌握网站建设进度计划的编制方法。

三、任务过程

（一）基本流程

编制网站进度计划的基本流程如图 4—4 所示。

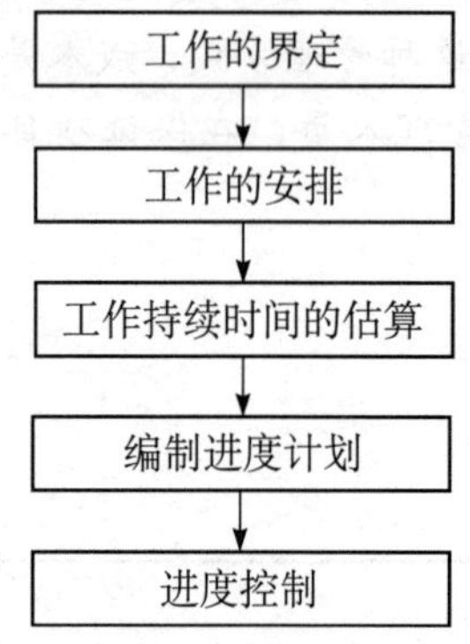

图 4—4　编制网站进度计划的基本流程图

（二）具体步骤

步骤一　工作的界定

为完成各种交付成果，应确定必须进行的各项具体活动，并将可交付成果分解为较小的且易于管理的单元。编制进度计划，首先必须对任务进行分解，并向网站开发人员分配工作责任。大型的、复杂的电子商务网站的工作任务分解，就是要建立一个 WBS。任务分解和责任分配如表 4—1所示。

表 4—1　　电子商务网站建设项目任务分解和责任分配

活动编号	活动名称	任务的详细说明	负责部门
1	网站规划	对网页的数量、内容、网站运行方式进行总体安排	公司决策部
2	资料收集	收集图片、文字宣传资料，通信地址和联系人名单，汇款账号等，收集有关宿主的资料	公司客服部
3	数据库结构设计	对公司的数据库进行结构上的设计	公司技术部
4	宿主选择	选择 ISP，购买虚拟主机空间，洽谈服务条款和价格	公司技术部
5	文本编制	设计网页内容结构，编写产品主说明、简介、服务承诺书、问题与解答和其他网页上的文字内容	公司运营部
6	数据库开发	设计和开发产品数据库和网上登记、查询、订货、反馈系统	公司技术部
7	网页设计	根据文本和图片设计网页，要求美观大方，浏览便捷	公司技术部
8	网站调试	包括网页链接、数据库功能测试、数据图片、文字的衔接	公司技术部
9	网页上传	将调试好的网页传送到 ISP 服务器上，利用企业原来的域名和账号	公司技术部
10	在线测试	从互联网上登录，检查预定的各项指标是否符合要求，如有问题予以解决	公司运营部

步骤二　工作的安排

识别项目工作清单中各项活动的相互关联与依赖关系，并据此对各项工作的先后顺序进行安排。目前，经常采用网络图的方法来反映各项活动之间的逻辑关系，这样有利于任务执行过程中各工作之间的协调和控制。

下面依然以大学商城网站建设项目为例来说明如何绘制网络图。

绘制网络图可以使用不同的规则。一种形式是用节点或方框表示活动，称作节点法（Activity On the Node，AON），又叫做单代号法；另一种形式是用箭头表示活动（Activity On the Arrow，AOA），叫做箭头法，又叫做双代号法。为便于理解，以下都采用节点法。

（1）活动的表示。每项活动在网络图中用一个框表示，对该项活动的描述都写在框内，如图 4—5 所示。给每个框指定一个唯一的活动号。在图 4—5 中，活动“宿主选择”给定的活动号是“4”。

（2）活动之间逻辑关系的表示。活动之间有先后次序关系，这种关系用箭头表示。箭头线表明哪些活动在其他活动开始以前必须做完。连接活动框的箭头表示先后次序的方向。一项活动只有在通过箭头与它联系的所有前面的活动完成后，才能开始。如图 4—6 所示，只有在“网页调试”活动完成后，“网页上传”才能开始。

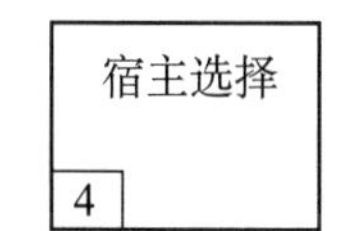

图 4—5　用方框表示活动

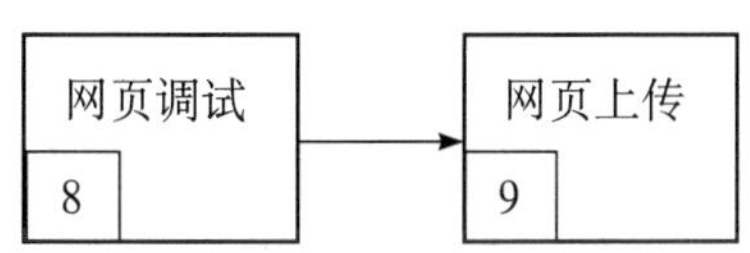

图 4—6　活动之间先后次序的表示

有些活动可以同时进行。例如，图 4—7 中的“数据库结构设计”与“资料收集”可以同时进行。当有并行的活动出现时，必须等所有的并行活动全部结束，箭头指向的后续活动才能开始。如图 4—7 中的“数据库开发”必须在“数据库结构设计”与“资料收集”工作都结束后才能开始，“网站调试”必须在“数据库开发”和“网页设计”都结束后才能开始。

图 4—7 是电子商务网站建设项目用节点法绘制的完整的网络图，注意图中附加了负责部门。

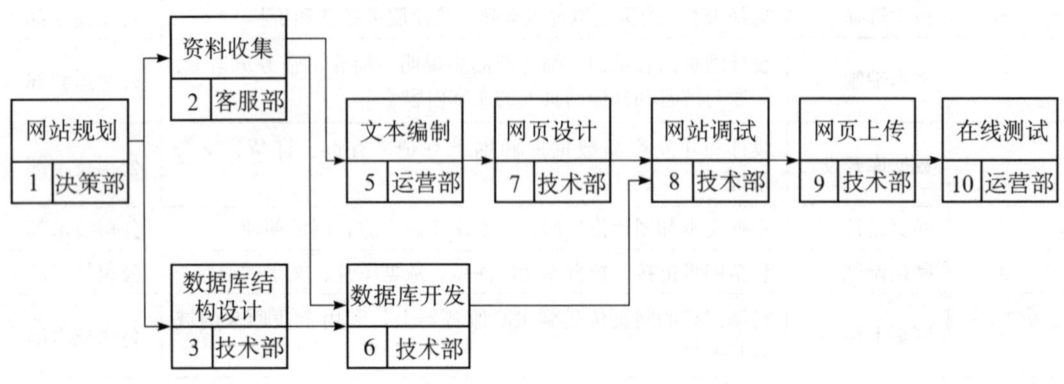

图 4—7 电子商务网站建设项目网络图

步骤三 工作持续时间的估算

对项目确定的各项工作的时间长短进行估算，好的进度计划是成功的一半，而不合实际的计划会给项目带来巨大的负面影响。进度计划错误的两个主要原因如下：

1. 工期估计过长

进度超期的首要原因是每个工序的计划时间过长，使项目最后没有足够的余地（或称为缓冲区），如果有阻碍因素发生就很难按时完成项目。其次，不确定因素对任务计划有影响。由于不确定性因素的影响，任务完成者为了确保任务完成，一般会考虑安全因素，并做出最悲观的时间估计。

2. 工期估计过短

工期估计一般要客观地综合考虑员工的工作效率、工作的复杂度和历史经验。项目管理人员单凭主观估计不可能得出好的结果，容易导致项目处于混乱状态。估计时间过短一般有两个方面的原因：一是由于公司和同行竞争，为了中标压缩了项目的时间；二是设计者对问题估计过于乐观，没有从技术方面做具体全面的分析，只是凭借以往的经验估计。

当任务分解成活动并将每项活动的责任分配到人之后，每项活动的责任人就可以根据他的经验和可以得到的资源来估计完成本项活动所需要的时间。例如，对表 4—1 来说，工期估计的结果如表 4—2 所示。

电子商务网站建设的活动工期是一个可变的因素，例如，数据库开发这个活动，有人可能需要 3 个月，但换另外一个人操作，可能只需要 3 个星期；另外，同样的活动，一个人去做与 3 个人去做，工期可能明显不同。因此，活动工期的估算，必须与可获得的资源数量和必须要达到的质量标准联系在一起。而不同资源的使用、不同的质量标准，对应于不同的成本。

表 4—2　　电子商务网站建设项目活动工期估计表

活动编号	活动名称	负责部门	时间估计（天）	备注
1	网站规划	公司决策部	1	
2	资料收集	公司客服部	2	
3	数据库结构设计	公司技术部	1	
4	宿主选择	公司技术部	3	
5	文本编制	公司运营部	5	
6	数据库开发	公司技术部	22	需要助手 2～3 人
7	网页设计	公司网站美编	5	
8	网站调试	公司技术部	2	
9	网页上传	公司技术部	1	
10	在线测试	公司运营部	1	
合计			43	

步骤四　编制进度计划

根据项目工作顺序、工作时间和所需资源编制项目进度计划。制定进度计划就是决定项目活动的开始和完成日期。根据对项目工作进行的分解，找出项目活动的先后顺序，并在估计出工作时间之后安排活动的进度计划。如果没有制定切实可行的进度计划，项目就不可能如期完成。另外，随着项目的进行，会获得更多的数据，那么进度计划也将不断更新。

在活动顺序大体确定之后，可以采用甘特图对进度计划做一个简单的安排。例如，对上述电子商务网站建设项目来说，可以根据其活动顺序和表 4—2 提供的活动工期绘制甘特图（见图 4—8）。图 4—8 中，第一行的数字表示时间（天数），左侧是各项活动的名称，右侧棒线的长度表示活动的持续时间。

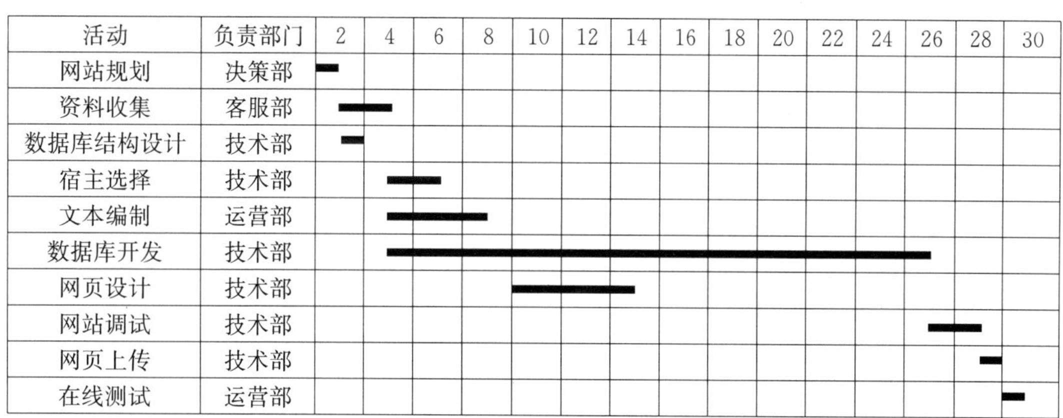

图 4—8　电子商务网站建设进度计划甘特图（计算工期为 29 天）

有了每项活动的工期，又有了各项活动的总体安排，项目的总体工期估计就是一件比较容易的事情了。从甘特图上可以看出，该电子商务网站建设项目的计算工期是 29 天。符合计划工期（30 天之内）的要求。

步骤五　进度控制

项目进度控制是依据项目进度计划对项目的实际进展情况进行控制，目的是使项目能够按时完成。进行项目进度控制的关键是监控项目的实际进度，及时、定期地将它与计划进度进行比较，并立即采取必要的纠正措施。进度控制的内容包括：确定当前进度的状况；对造成进度变化的因素施加影响，以保证这种变化朝着有利的方向发展；确定进度是否已发生变化；在变化实际发生和正在发生时，对这种变化实施管理。

进度控制的过程包括定期收集项目完成情况的数据，将实际完成情况数据与计划进程进行比较，一旦发现进度滞后则采取措施予以纠正，如果纠正所引起的变更被列入计划并取得了客户的同意，就必须修改基准计划。项目进度控制必须与其他变化控制过程紧密结合，并且贯穿项目的始终。

进度控制的具体步骤如下：

（1）分析进度，找出哪些地方需要采取纠正措施。

（2）确定应采取哪种具体纠正措施。

（3）修改计划，将纠正措施列入计划。

（4）重新计算进度，估计计划采取的纠正措施的效果。

当项目实际进度滞后于计划进度时，通常可用下列方法缩短活动的工期：

（1）投入更多的资源以加速活动进程。

（2）指派经验更丰富的人去完成或帮助完成项目工作。

（3）减小活动范围或降低活动要求。

（4）通过改进方法或技术提高生产效率。

对进度的控制，还应当重点关注项目进展报告和执行状况报告，它们反映了项目当前在进度、费用、质量等方面的执行情况和实施情况，是进行进度控制的重要依据。

任务说明

商务网站的进度管理是指为了确保网站建设项目能按时完成而对所需的各个过程和活动所进行的管理。

四、任务成果

（1）能够使用网络图来反映各项活动之间的逻辑关系。

（2）能够根据项目工作顺序、工作时间和所需资源编制项目进度计划，并会熟练使用甘特图对进度计划进行安排。

知识点拨

甘特图是表示项目中完成每项活动所需要的时间的条形图。它以亨利·L·甘特先生的名字命名。甘特图可以直观地表明任务计划在什么时候进行，以及实际进展与计划要求的对比。管理者由此可以非常便利地弄清每一项任务（项目）还剩下哪些工作要做，并可评估工作是提前还是滞后了，或者是正常进行。除此以外，甘特图还有简单、醒目和便于编制等特点。

网络图（Network Planning）是一种图解模型，形状如同网络，故称为网络图。网络图是用箭线和节点表示工作流程的网状图形，它由作业、事件和路线三个因素组成。网络图有单代号网络图和双代号网络图两种。

工作分解结构（Work Breakdown Structure，WBS）是指以可交付成果为导向对项目要素进行的分组，它归纳和定义了项目的整个工作范围，每下降一层代表对项目工作的更详细定义。WBS 总是处于计划过程的中心，是制定进度计划、资源需求计划、成本预算、风险管理计划和采购计划等的重要基础。WBS 同时也是控制项目变更的重要基础。项目范围是由 WBS 定义的，所以 WBS 是一个项目的综合工具。

思考题

思考一：简述甘特图和网络图的异同。

思考二：在网站建设中，为了防止工期拖延，应注意哪些问题？

思考三：某人于早晨 7：00 起床，按其生活习惯，在其出门工作前，必须完成下列活动：5 分钟时间穿衣服，4 分钟洗脸，10 分钟烧开一壶开水，1 分钟取牛奶，5 分钟热牛奶，5 分钟吃饭。试问，此人最早何时可以出门上班（假定只有一个炉灶）。

任务三　网站建设质量管理

任务导入

某大城市的“春天百货”是当地最大的百货商场，在邻近地区也很有影响。该商场计划建立自己的网上百货商店，开展网上销售业务。“春天百货”网站开发的项目承包给了当地一个比较有实力的软件公司。

［问题分析］

（1）软件公司应如何对该项目执行质量监控？

（2）对该项目执行质量管理的第一步应该做什么工作？

任务分析

关键词	质量管理
理论要点	质量管理的原则及质量计划工具的选取
实践要点	能够动手编制网站质量计划书及执行网站质量控制

网站的质量管理是指在网站项目质量方面指导和控制组织的协调活动。质量管理方面的指导和控制活动通常包括制定质量方针和质量目标，并进行质量策划、质量控制、质量

保证和质量改进。这些活动构成质量管理的“闭环”。

有效的质量管理应该根据网站项目的诸多特点，依靠系统的质量管理原则、方法及过程而展开。

为实现网站质量管理的目标，应遵循以下几项质量管理原则：

（1）以顾客为中心。网站设计人员应理解顾客当前的和未来的需求，满足顾客要求并争取超出其期望。网站项目的开发人员是通过完成网站项目的建设来满足顾客需求的，因此网站项目开发人员应保证网站能满足客户的要求。

（2）领导作用。网站开发项目经理将本项目组的宗旨、方向和内部环境统一起来，并创造使开发人员能够充分参与实现项目目标的环境。成功的项目质量管理需要网站项目经理高度的质量意识和持续改进的精神。

（3）全员参与。项目组最重要的资源之一就是全体员工。成功的项目离不开项目组全体员工对本职工作的敬业和对其他项目工作、质量活动的积极参与。

（4）过程方法。将相关的资源和活动作为过程进行管理，可以更高效地得到期望的结果。

（5）管理的系统方法。针对设定的目标，识别、理解并管理一个由相互关联的过程所组成的体系，有助于提高工作效率。项目组应建立并实施网站开发项目质量管理体系，即制定质量方针和质量目标，然后通过建立、实施和控制由网络构成的质量管理体系来实现这些方针和目标。

（6）持续改进。持续改进是网站开发项目组的一个永恒目标。

一、任务目标

根据项目要求，能够制定相应的质量计划书并对网站质量进行管理。

二、任务要求

（1）明确网站质量管理的基本流程。

（2）掌握网站质量计划的编制、网站质量的保证、网站质量的控制。

三、任务过程

（一）基本流程

网站质量控制的基本流程如图 4—9 所示。

（二）具体步骤

步骤一　网站质量计划编制技术的选取

在编制网站质量计划时，可以使用多种方法：

1. 成本效益分析

在编制质量计划的过程中，必须权衡成本与效益之间的关系。效益是指项目的各项工作做得好，能满足项目的质量要求，其主要目标是减少返工，降低项目开发的成本。而符合质量要求的根本好处在于降低返工率，这就意味着较高的开发效率、较低的成本和项目开发团队满意度的提高。

满足质量要求的成本主要是与项目质量管理活动有关费用的支出，而质量计划编制的目标是努力使获得的收益远远超过实施过程中所消耗的成本。

2. 基准分析

基准分析就是将实际实施过程中或计划之中的项目做法同其他类似项目的实际做法进

行比较，通过比较来改善和提高目前项目的质量管理水平，以达到项目预期的质量要求或其他目标。

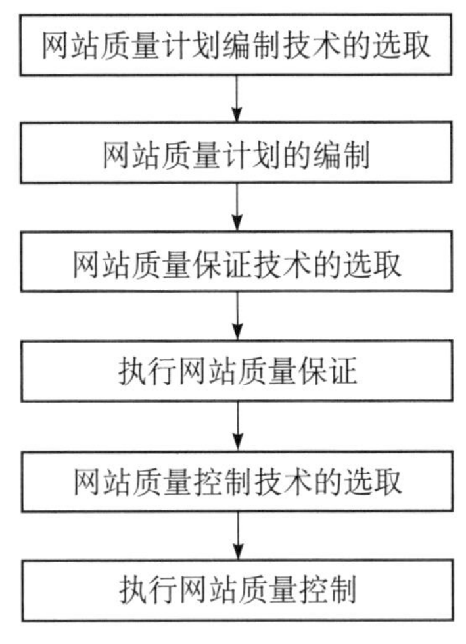

图 4—9　网站质量控制基本流程图

3. 实验设计

实验设计是一种统计分析技术，可用来帮助人们识别并找出哪些变量对项目结果的影响最大。例如，网络的设计者可能希望通过实验确定哪一种方案得出的结果更能满足客户的需求。同时，实验设计也可以用于解决成本和进度计划平衡等项目管理问题。例如，在大学商城网站开发的项目中，使用资深的项目经理比使用年轻的项目经理所花费的成本多，但是资深的项目经理却能够在较短时间内完成工作任务，能够保证网站开发的进度。设计合理的实验能根据初级和高级工程师的不同组合计算各自的项目成本和工期，能从有限的几种相关情况中选出最佳的方案。

4. 网站的质量成本

网站的质量成本是指为了达到客户要求的网站质量而进行的全部工作所发生的所有成本，包括为确保与要求一致而做的所有工作（一致成本）以及由于网站不符合客户的要求所引起的全部工作（不一致成本）。这些工作引起的成本主要包括三种，即预防成本、评估成本和故障成本，其中预防成本和评估成本属于一致成本，而故障成本属于不一致成本。预防成本是为了使网站满足客户的质量要求而在网站开发结束之前采取的一些活动；评估成本是网站开发好之后，为了评估网站项目结果是否满足客户的质量要求进行测试活动而产生的成本；故障成本是在网站开发结束之后，通过质量测试活动发现项目结果不能满足质量要求，为了纠正其错误并使其满足质量要求所发生的成本。

步骤二　网站质量计划的编制

网站质量计划编制包括识别与网站项目相关的质量标准以及确定如何满足这些标准。

编制网站质量计划的重要步骤是识别每一个模块的相关质量标准，把满足网站项目相关质量标准的活动或者过程进行细分；同时还包括以一种能理解的、完整的形式表达为确保网站的质量而采取的纠正措施。在编制网站质量计划的过程中，描述出能够直接满足顾客需求的关键因素是十分重要的。

网站质量计划编制的输入主要包括：

（1）网站项目开发章程。

（2）网站项目管理计划。

（3）网站开发项目范围说明书。

网站质量计划编制的输出主要包括：

（1）网站质量管理计划。网站质量管理计划是整个网站开发项目管理计划的一部分，它描述了整个网站的质量策略，并为网站项目提出质量控制、质量保证、质量提高和网站项目持续过程改进方面的措施。它还提供质量保证措施，包括设计评审、质量核查等。

（2）网站质量度量指标。网站质量度量指标应用于网站质量保证和质量控制过程。

（3）网站质量检查单。网站质量检查单是一种组织管理手段，用以证明需要执行的一系列步骤已经得到贯彻实施。

（4）过程改进计划。过程改进计划是网站项目管理计划的补充。过程改进计划描述了分析过程，可以很容易辨别浪费的时间和无价值的活动，还可以增加对客户的价值。

步骤三　网站质量保证技术的选取

为了保证网站管理过程的质量，也要采取与产品的质量保证相类似的步骤，也就是说，要有一套完善的项目管理程序。这套程序要清晰地指明网站开发项目怎样管理好满足项目要求的资源，以及该程序是怎样从基于历史经验的标准中得出的。这些经验可能是公司自己在实际工作中得出的经验，也可能是从外部成功的实践中得出的经验。

执行网站质量保证的主要工具和技术如下：

（1）网站质量计划工具和技术。

（2）网站质量审计。网站质量审计是对网站质量管理活动的结构性审查，是决定网站质量管理活动是否符合组织政策、过程和程序的独立的评估。

（3）过程分析。过程分析遵循过程改进计划，从组织或技术的角度上来识别需要改进的地方。

（4）质量控制工具和技术。

（5）基准分析。不断地维护项目基准是网站质量保证的要求，同时也是网站质量保证的方法。在网站质量计划编制中应用的这一技术也可以用于网站质量保证以及质量审计。

步骤四　执行网站质量保证

通过制定一个网站质量计划来确保网站质量是一回事，确保实际交付高质量的网站和服务则是另一回事。网站质量保证是一项管理职能，包括所有为保证网站项目能够满足相关的质量标准而实施的活动，网站质量保证应该贯穿于整个网站开发项目的生命期。

网站质量保证是在质量系统内实施的所有有计划的系统性活动，是保证网站质量管理计划得以实施的一组过程及步骤，旨在证明网站项目能够满足客户需求和相关的质量标准。

执行网站质量保证的输入主要包括：

（1）网站质量管理计划。网站质量管理计划应当描述网站项目质量体系即组织结构、职责、程序、工作过程以及建立网站质量管理所需要的资源，所有和网站项目质量相关的活动都要以网站质量管理计划为依据。

（2）网站质量度量标准。要用清晰的规格说明、完善的使用标准来衡量网站建设的质量。

（3）过程改进计划。

（4）工作绩效信息。工作绩效信息是重要的质量保证输入，包括本项目交付的网站内容、纠正措施和绩效报告，可应用于审计、质量评审和过程分析等领域。

（5）变更请求。要达到网站项目开发预期的质量目标，质量实现过程中的变更是不可避免的，但是并不是所有的变更都应该被消除，因为有些变更是为了更好地满足用户的需求。

步骤五　网站质量控制技术的选取

通常情况下，在质量管理中广泛应用的控制图、因果图、排列图、散点图、核对表和趋势分析等，都可以用于网站质量的控制。

（1）检查。检查包括各种网站链接、图片和其他测试等活动，进行这些活动的目的是确定结果与要求是否一致。检查表是常用的检查技术，检查表通常由详细的条目组成，是用于检查和核对一系列必须采取的步骤是否已经实施的结构化工具。

（2）控制图。控制图又称为管理图，用于决定网站开发的过程是否稳定或者是否可以执行，是反映开发过程随时间变化而发生的质量变动状态的图形，是将过程结果表示在时间坐标上的一种图线表示法。如图 4—10 即为一个网站质量问题控制图。

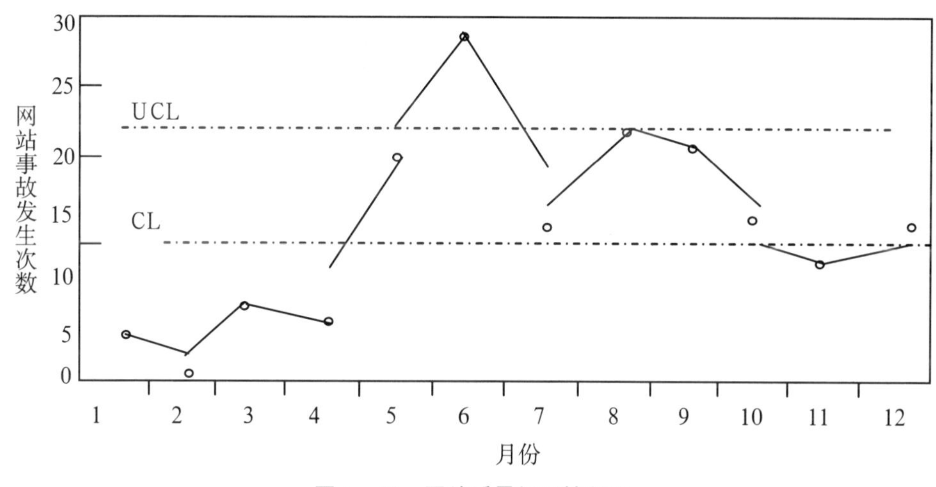

图 4—10　网站质量问题控制图

（3）帕累托图。帕累托图又称为排列图，来自于帕累托定律，该定律认为绝大多数问题或缺陷产生于相对有限的起因，它按事件发生的频率排序而成，显示由于某种原因引起的缺陷数量或不一致的排列顺序，是找出影响项目产品或服务质量的主要因素的方法。图 4—11即为网站质量问题排列图。

（4）统计抽样。统计抽样是指选取总体的一部分进行检查的方法。适当地采样能够降低质量控制成本。

（5）流程图。流程图是显示系统中各要素之间相互关系的图表。在质量管理中，常用的流程图包括因果图和程序流程图。

因果图直观地反映了影响网站项目的各种潜在原因或结果及其构成因素同各种可能出

现的问题之间的关系。图 4—12 是一个简单的因果图。

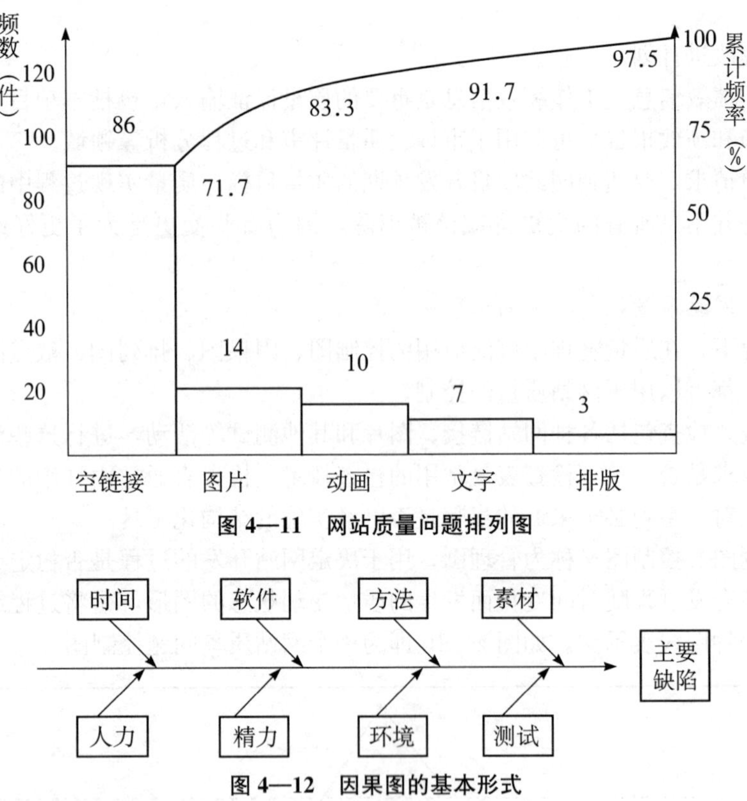

图 4—11　网站质量问题排列图

图 4—12　因果图的基本形式

程序流程图能够帮助网站开发项目团队预测可能发生哪些质量问题、在哪个环节发生，因而有助于使解决问题的手段更为高明。程序流程图如图 4—13 所示。

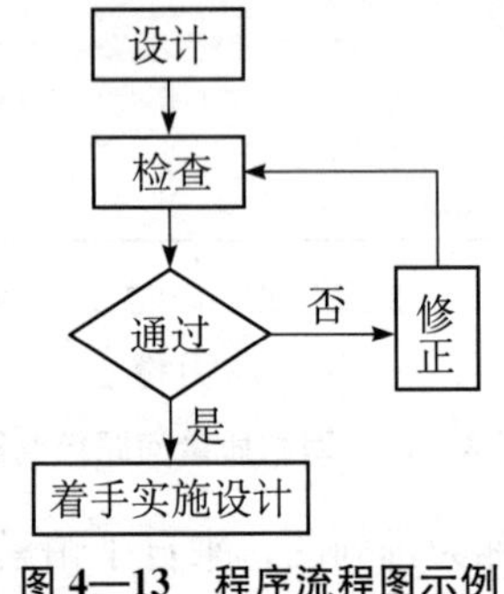

图 4—13　程序流程图示例

（6）趋势分析。趋势分析是指根据历史结果、数学技术来预测未来的成果，可用来跟踪一段时间内变量的变化。

（7）缺陷修复审查。缺陷修复审查可以确保网站的缺陷得到修复，并且符合客户的需求。

步骤六　执行网站质量控制

质量控制是指项目管理组的人员采取有效措施，监督项目的具体实施结果，判断它们是否符合有关的项目质量标准，并确定消除产生不良结果的方法。也就是说，进行网站质量控制是确保网站质量得以保证的过程。

网站质量控制应贯穿于整个网站项目执行的全过程。具体结果既包括交付成果（开发好的网站）或服务，也包括网站开发过程的结果，如成本和进度计划绩效报告。网站质量管理计划、绩效报告以及工作结果等是进行网站质量控制的依据。

执行网站质量控制的输入主要包括：

（1）网站质量管理计划。

（2）网站质量度量标准。

（3）网站质量检查表。

（4）工作绩效信息。

（5）已批准的变更请求。

（6）产品、服务和结果。

执行网站质量控制的输出主要包括：

（1）建议的纠正措施。当网站质量控制的结果显示网站开发过程中某些指标超出规定的参数值时，应立刻采取必要的纠正措施。

（2）建议的预防措施。采取一些预防措施来预防在网站开发过程中某些指标可能超出规定参数值的情况，这些指标超出后会被网站质量控制程序发现。

（3）请求变更。

（4）建议的缺陷修复。不符合要求或规定的缺陷需要修复或替换。

任务说明

质量计划编制包括识别与该项目相关的质量标准以及确定如何满足这些标准。质量计划编制从识别相关的质量标准开始，通过参照或者依据实施项目组织的质量策略、项目的范围说明书、产品说明书等，识别出与项目相关的所有质量标准，从而达到或者超过项目的客户以及其他项目关系人的期望和要求。

四、任务成果

（1）了解网站质量管理的原则。

（2）掌握网站质量计划的编制方法。

（3）能够根据选择的网站质量执行技术对网站质量进行控制。

知识点拨

帕累托图：又叫做排列图、主次图，是按照发生频率的大小顺序绘制的直方图，表示有多少结果是由已确认类型或范畴的原因所造成的。它是将出现的质量问题和质量改进项目按照重要程度依次排列而形成的一种图表。帕累托图可以用来分析质量问题，确定产生质量问题的主要原因。

质量成本：是指为达到产品或服务质量而付出的所有努力的总成本，包括为确保项目符合要求所做的所有工作产生的成本。

思考题

思考一：开发一个营销类网站主要有哪些质量成本？

思考二：网站质量管理的原则主要有哪些？

任务四　网站建设文本资料管理

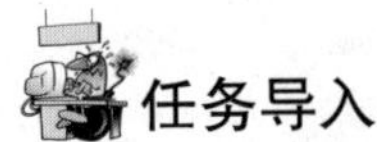

任务导入

王某经营一家书店，为拓展自己的业务，并考虑巨大的网上市场，他希望建立一个属于自己的网上书店，可是他对这方面的知识了解得不多，所以委托某网络公司帮助其开发站点。

［问题分析］

（1）王某应向该公司提供哪些资料？

（2）网络公司在设计网站的时候应考虑哪些因素？

任务分析

关键词	文本资料管理
理论要点	网站建设过程中文本资料的收集途径、方法
实践要点	能够针对网站的主题收集相应的文本资料，并且能够对收集到的文本资料进行简单的筛选和整理

在建设一个商务网站之前，首先要做的工作就是关于网站方面的文本资料的收集、管理。这项工作一定要由文字能力比较强的专门人员负责。

我们在开发网站之前就必须明确：能够利用这个网站做什么？通过这个网站，能够为访问对象提供什么？针对这些问题，我们就要准备相应的文本资料。

在网站建设的过程中，通常需要的文本资料一般有以下几点：

（1）网站名称。网站名称一般出现在网站首页，起到区别于其他网站的目的。网站名称一般可以作为商标，要像保护报刊名称或电台、电视台名称一样保护网站名称。网站制作之前，客户可以预先想好网站名字，如果是企业网站，可以采用自己公司的名称，也可以采用公司名称的缩写。如果是行业或者是其他内容网站，可以采用××信息网、××在线等。

（2）网站域名。域名是互联网上企业或机构的名字，是互联网上企业间相互联系的地址。域名由若干个英文字母和数字组成，由“.”分隔开来，不能出现特殊符号。例如，中国大学商城的域名是 www.netmall.cn。域名和知名品牌一样，都代表了企业的无形资产。为了保护这一无形资产，要抢先注册域名。否则，一旦域名被别人注册就无法再注册使用了。

（3）网站联系资料。准备在网站上要公布的信息，例如公司名称、公司地址、电话、传真、电子邮箱等。

（4）企业简介。可以是公司介绍，也可以是网站介绍，内容应简洁明了。

（5）栏目名称。企业网站一般有公司介绍、产品展示、企业新闻、网上订购等栏目，这些栏目基本上都是通用的。

（6）产品或服务内容资料。打算在网站上展示的企业产品或者提供的服务的资料。

一、任务目标

根据开发网站的主题收集相关的高质量的文本资料，将收集到的资料加以整理以便使用。

二、任务要求

（1）能够动手收集开发网站的资料，收集的资料种类比较齐全，数量较多，而且收集到的资料能在一定深度与广度上阐释网站主题。

（2）能够对收集到的文本资料进行简单的筛选、整理。

三、任务过程

（一）基本流程

文本管理的基本流程如图 4—14 所示。

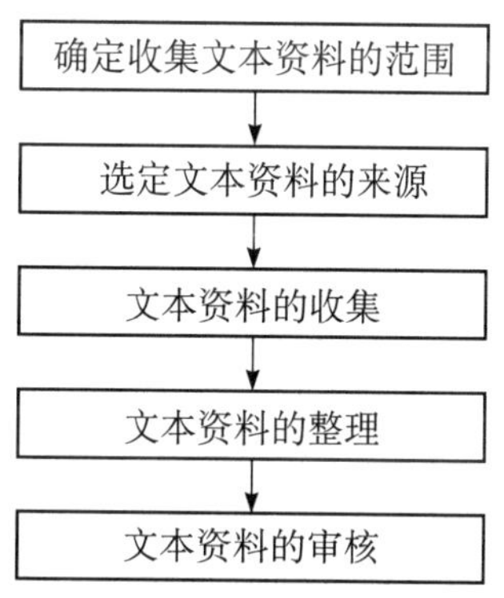

图 4—14　文本管理基本流程图

（二）具体步骤

步骤一　确定收集文本资料的范围

在网站开发的不同阶段，所需要的文本资料的内容也是不同的。如在网站建设初期我们主要需要网站名称、网站栏目等资料，随着网站的开发，会需要企业简介、服务内容、网站域名等方面的资料。所以，在收集文本资料之前，必须根据具体情况确定文本资料收集的目的，制定文本资料收集的范围，以避免盲目性，从而提高工作效率。

步骤二　选定文本资料的来源

不同的资料有着不同的来源。一个企业所提供的内部资料和外部资料一般都是不同的。企业内部资料来源于企业内部，企业外部资料则要到企业外部各机构去寻找。此外，相同的文本资料，来源也不一定相同。所以，要想收集到准确、可靠的资料且节省时间、人力和物力，选取合适的文本资料来源是十分重要的。常用的资料来源有：

（1）用户。

（2）市场。

（3）企业内部各部门。

（4）竞争企业各部门。

（5）专业研究机构。

（6）有关方面的专家。

（7）综合统计部门。

步骤三　文本资料的收集

不同的文本内容和不同的文本资料来源，需要采用不同的收集方法。只有选择了正确的方法和途径，才能取得好的效果。常用的文本资料收集方法归纳起来主要有以下几种：

（1）访谈法。即以当面询问的方式获取信息。访谈法能够非常详细、准确地获取被调查对象的观点。

（2）书面调查表。用书面的形式取得相关文本资料，能够扩大调查面，并且不受时间和地点的限制。

（3）现场观察法。采用现场观察法能了解得真实而详细的资料，有时会有意想不到的收获。

（4）查阅资料法。查阅资料法是指通过查阅专利索引、书籍、刊物、广告、样本、论文、报告、报纸及录音等方式获取所需文本资料的方法。

收集文本资料的方法还有其他的形式。在实际运用时，往往把这些方法进行组合或合并，以使这些方法的使用更为有效。

在选定文本资料的来源以后，还要根据所收集资料的性质，确定文本资料收集的方法，然后就可以进行文本资料的收集。如果是收集一手资料，则要靠实际调查。如果收集的是二手资料，则可以查阅相关的文献资料，即从现成的文献资料入手，在有关的文件、档案、作品、资料中收集有关资料。这种方法简单易行，但有些东西却无法查到，所以有时必须亲自去调查。

对于一手资料的实际调查，还必须选好调查时间，当然还要考虑应该选用什么方式，选用谁去调查。调查人员应具备相应的专业知识与经验，熟悉有关的情况，思维灵敏，工作认真。调查时应有提纲，并做好记录。

步骤四　文本资料的整理

文本资料收集完成以后，需要对收集到的资料加以整理，也就是对收集到的相关文本资料进行分类、整理、归纳，使之条理化，以便在网站开发各阶段需要时使用。资料整理过程也可以与资料收集过程同步进行，这样就可以通过对刚刚收集到的资料进行各方面的考核，及时发现收集到的资料所存在的缺陷，并有可能采取有效的措施加以补救。在进行文本资料整理时，可以按以下几个方面进行分类整理：

（1）功能方面。

（2）类型方面。

(3) 社会要求。

(4) 新技术信息。

步骤五 文本资料的审核

文本资料的审核就是对整理完的资料进行审查和核实，消除资料中存在的虚假、差错、短缺、冗余现象，保证资料的真实、有效、完整。资料审核集中在真实性、准确性和适用性三个方面。

在资料整理过程中，并不是收集到的所有资料都是正确无误的。在很多情况下，我们收集的资料会有一定的虚假成分，因此必须对资料进行真实性审查。对资料进行真实性审查的主要方法有：

(1) 经验法。把收集到的资料与原有的经验和常识进行对比、判断，当发现两者之间存在冲突和矛盾时，就需要对资料进行进一步核实。

(2) 逻辑分析法。即对材料本身的逻辑进行考察，检查材料本身是否自相矛盾或者明显与事物发展规律不符，对于确有问题的材料进行进一步核实，无法核实的就要果断删除。

(3) 比较法。就是通过对相关材料进行对比来核实材料的真实性。如果资料的收集是通过不同的方法和途径完成的，相互之间就可以进行比较。

(4) 来源分析法。这种方法主要适用于对文献资料的真实性审查。一般来说，当事人的叙述比局外人的叙述更可靠，有记录的材料比传说的材料更可靠，引用率高的文献比引用率低的文献更可靠。

任务说明

资料收集过程是一项高强度的工作，一方面要做好资料收集前的准备工作，另一方面还要在调查的过程中进一步动态地发现资料线索。

四、任务成果

(1) 明确开发一个商务类网站应该准备哪些文本资料。

(2) 掌握网站建设文本资料收集的途径和方法。

(3) 能够对收集到的文本资料进行简单的筛选和整理。

知识点拨

域名抢注：指抢先注册有商业价值的域名的行为。有很多投机公司专门经营这种业务。如果某企业想使用已被别人抢注的域名，可能需要高价购买。

思考题

思考一：开发一个商务类网站的前期和中后期应分别准备哪些资料？

思考二：在收集企业信息的时候应考虑哪些因素？

思考三：试述域名抢注的意义。

任务五　网站系统测试与验收

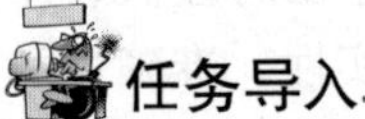

任务导入

某研发团队有独立的测试小组，但不是独立的测试部门，产品部经理兼任测试经理。测试过程简要记录见表4—3。

表4—3

测试阶段	测试人员	备注
单元测试	主要由开发人员负责	开发人员一边开发一边测试
集成测试	由开发人员负责，测试人员不参与	没有作为一个独立的测试阶段进行，在开发过程中进行
系统测试	由测试小组进行，共5名工程师，测试了15个工作日	测试过程采用了缺陷管理工具
回归测试	测试工程师和开发工程师进行交互测试、修改	开发工程师修改完最后的缺陷后，把所有的模块打包，发送给客户
验收测试	由软件代理商的测试队伍自己进行验收测试	根据用户手册进行测试

在代理商进行验收测试的第三天，测试人员发现了一个严重缺陷——“流转后的文档无法正常归档”。代理商立刻向公司的客户服务部进行了投诉。在此之后的10多天里，代理商的测试人员又陆续发现了近30个缺陷。

公司对产品的质量十分“震怒”，详细调查后，发现这个问题产生的过程如下：

这个严重缺陷实际发现过一次，开发人员进行修改时，发现难度较大，决定暂停修改，得到了测试人员的认可；接着大家忙于新的测试和修改工作；产品发布前，开发工程师进行了修改，然后直接发布，在开发环境下问题确实得到了解决。

最后公司对相关人员进行了处罚：产品部经理、项目经理、开发工程师本季度绩效考核降为最低，即下个季度每个月都要扣除一定比例的工资；测试工程师绩效考核降为最低，同样扣除工资。

[问题分析] 本案例中的测试有几处显而易见的不合理的地方？

任务分析

关键词	系统的测试、验收
理论要点	网站测试的基本方法和流程、网站测试工具
实践要点	能够使用相关的测试工具对网站进行各项测试

随着互联网的快速发展，电子商务类网站已经对商业、工业、银行、财政、教育、政府和娱乐及我们的工作和生活产生了深远的影响。许多传统的信息和数据库系统正在被移植到互联网上，电子商务增长迅速，早已超过了国界。范围广泛的、复杂的分布式应用正在商务类网站环境中出现。

在网站系统开发过程中，如果缺乏严格的管理，就会在开发、发布、实施和维护网站的过程中碰到一些严重的问题，失败的可能性很大。而且，随着系统变得越来越复杂，一个项目的失败将可能导致很多问题。

在网站开发过程中，基于网站系统的测试、确认和验收是一项重要而富有挑战性的工作。网站系统测试与传统的软件测试不同，它不但需要检查和验证是否按照设计的要求运行，而且还要测试系统在不同用户的浏览器端的显示是否合适。更重要的是，还要从最终用户的角度进行安全性和可用性测试。然而，Internet 和 Web 媒体的不可预见性使测试工作变得困难。因此，测试和验收网站系统的新方法和新技术不断涌现。

目前，主要的测试工具有：

（1）OpenSTA：主要做负荷及压力测试，使用较方便，可以编写测试脚本，也可以先自动生成测试脚本，然后对应用测试脚本进行测试。

（2）SAINT：主要做网站安全性测试，能够对指定网站进行安全性测试，并可以提供安全问题的解决方案。

（3）CSE HTML Validator：对 HTML 代码进行合法性检查的工具。

（4）Ab（Apache Bench）：Apache 自带的性能测试工具，功能不是很多，但是非常实用。

（5）Crash-me：Mysql 自带的测试数据库性能的工具，能够测试多种数据库的性能。

一、任务目标

能够对网站系统测试过程和测试的质量进行总结评价，根据测试标准及测试结果，判定已开发的网站是否通过测试。

二、任务要求

（1）明确网站测试的流程。

（2）掌握网站测试的方法、要求并能写出测试报告。

三、任务过程

（一）基本流程

网站系统测试的基本流程如图 4—15 所示。

（二）具体步骤

步骤一　网站的功能测试

对于网站的测试而言，每一个独立功能模块都需要单独的测试用例，主要依据为《需求规格说明书》及《详细设计说明书》；对于应用程序模块，则需要设计者提供基本路径测试法的测试用例。

1. 链接测试

链接是 Web 应用系统的一个主要特征，它是在页面之间切换和指导用户去一些不知道地址的页面的主要手段。链接测试可分为三个方面：

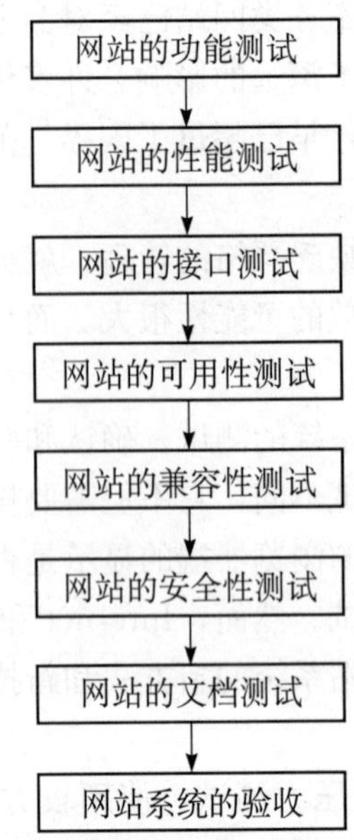

图 4—15　网站系统测试基本流程图

（1）测试所有链接是否按指示的那样确实链接到了该链接的页面。

（2）测试所链接的页面是否存在。

（3）保证 Web 应用系统上没有孤立的页面。所谓孤立的页面，是指没有链接指向该页面，只有知道正确的 URL 地址才能访问。

链接测试可以自动进行，现在已经有许多工具可以采用。链接测试必须在集成测试阶段完成。也就是说，在整个 Web 应用系统的所有页面开发完成之后进行链接测试。

2. 表单测试

当用户给 Web 应用系统管理员提交信息时，就需要使用表单操作，例如用户注册、登录、信息提交等。在这种情况下，我们必须测试提交操作的完整性，以校验提交给服务器的信息的正确性。例如，用户填写的出生日期与职业是否恰当、填写的所属省份与所在城市是否匹配等，图 4—16 所示为某电子商务商城注册表单。如果使用了默认值，还需要检验默认值的正确性。如果表单只能接受指定的某些值，那么也要进行测试。例如，只能接受某些字符，测试时可以跳过这些字符，看系统是否会报错。

要测试这些程序，需要验证服务器能否正确保存这些数据，后台运行的程序能否正确解释和使用这些信息。如果有固定的操作流程，可以运用自动化测试工具的录制功能编写可重复使用的脚本代码，从而减轻测试人员的工作量。

3. Cookies 测试

Cookies 通常用来存储用户信息和用户在某应用系统的操作。当一个用户使用 Cookies 访问了某一个应用系统时，Web 服务器将发送关于用户的信息，并把该信息以 Cookies 的形式存储在客户端计算机上，这可以用来创建动态和自定义页面或者存储登录信息等。

如果 Web 应用系统使用了 Cookies，就必须检查 Cookies 是否能正常工作而且对这些信息已经加密。测试的内容可包括 Cookies 是否起作用、是否按预定的时间进行保存、刷新对 Cookies 有什么影响等。

图 4—16　某电子商务商城注册表单

4. 设计语言测试

Web设计语言版本的差异可能会引起客户端或服务器端严重的问题，例如使用哪种版本的HTML等。当在分布式环境中开发时，开发人员都不在一起，这个问题就显得尤为重要。除了HTML的版本问题外，不同的脚本语言，例如Java、JavaScript、ActiveX、VBScript或Perl等，也要进行验证。

5. 数据库测试

在Web应用技术中，数据库起着重要的作用，数据库为Web应用系统的管理、运行、查询和实现用户对数据存储的请求等提供空间。在Web应用中，最常用的数据库类型是关系型数据库，可以使用SQL对信息进行处理。

在使用了数据库的Web应用系统中，一般情况下可能发生两种错误，即数据一致性错误和输出错误。数据一致性错误主要是由于用户提交的表单信息不正确所造成的，而输出错误主要是由于网络速度或程序设计问题等引起的。针对这两种情况，可分别进行测试。

步骤二　网站的性能测试

网站的性能测试对于网站的运行异常重要，但是目前对于网站的性能测试做得不够，在进行系统设计时也没有一个很好的基准可以参考，因此，建立一整套的网站性能测试方案是至关重要的。

网站的性能测试主要从三个方面进行：连接速度测试、负荷测试和压力测试。连接速度测试指的是打开网页的响应速度测试；负荷测试指的是进行一些边界数据的测试；压力测试更像是恶意测试，压力测试倾向是指使整个系统崩溃。

1. 连接速度测试

用户连接到Web应用系统的速度根据上网方式的变化而变化，有的用户是电话拨号上网，有的用户是宽带上网。当下载一个程序时，用户愿意等较长的时间，但如果仅仅访问一个页面的话，用户就不会愿意等太长时间。

另外，有些页面有超时的限制，如果响应速度太慢，用户可能还没有来得及浏览内容就需要重新登录了，而且，连接速度太慢还可能引起数据丢失。

2. 负载测试

负载测试是为了测量 Web 系统在某一负载级别上的性能，以保证 Web 系统在需求范围内能正常工作。负载级别可以是某个时刻同时访问 Web 系统的用户数量，也可以是在线数据处理的数量。例如，Web 应用系统能允许多少个用户同时在线？如果超过了这个数量，会出现什么现象？Web 应用系统能否处理大量用户对同一个页面的请求？

负载测试应该安排在 Web 系统发布以后，在实际的网络环境中进行测试。因为一个企业内部员工，特别是项目组人员总是有限的，而一个 Web 系统能同时处理的请求数量将远远超出这个限度。所以，只有放在实际的网络环境中接受负载测试，其结果才是正确可信的。

3. 压力测试

压力测试是指通过实际破坏一个 Web 应用系统来测试系统的反应。压力测试用于测试系统的限制和故障恢复能力，也就是测试 Web 应用系统会不会崩溃、在什么情况下会崩溃。黑客常常通过提供错误的数据负载，直到使 Web 应用系统崩溃，接着当系统重新启动时获得存取权。

步骤三　网站的接口测试

在很多情况下，Web 站点不是孤立的。Web 站点可能会与外部服务器通信，请求数据、验证数据或提交订单。

1. 服务器接口

第一个需要测试的接口是浏览器与服务器的接口。测试人员提交事务，然后查看服务器记录，并验证在浏览器上看到的是否正是服务器上发生的。测试人员还可以查询数据库，确认事务数据已正确保存。

2. 外部接口

有些 Web 系统有外部接口。例如，网上商店可能要实时验证信用卡数据以减少欺诈行为的发生。测试的时候，要使用 Web 接口发送一些事务数据，分别对有效信用卡、无效信用卡和被盗信用卡进行验证。如在商店只使用 Visa 卡和 Mastercard 卡的情况下，可以尝试使用 Discover 卡的数据。

3. 错误处理

最容易被测试人员忽略的地方是接口错误处理。通常我们试图确认系统能够处理所有错误，但却无法预期系统所有可能的错误。尝试在处理过程中中断事务，看看会发生什么情况？订单是否完成？尝试中断用户到服务器的网络连接，中断 Web 服务器到信用卡验证服务器的连接，看在这些情况下系统能否正确处理这些错误？是否已对信用卡进行了收费？如果用户自己中断事务处理，在订单已保存而用户没有返回网站确认的时候，需要由客户代表致电用户进行订单确认。

步骤四　网站的可用性测试

网络的可用性目前只能采用手工测试的方法进行，在这方面也缺乏一个很好的评判标准，以下四种可用性测试可供参考。

1. 导航测试

通过考虑下列问题，可以决定一个 Web 应用系统是否易于导航：导航是否直观？

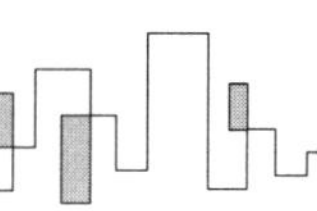

Web系统的主要部分是否可通过主页存取？Web系统是否需要站点地图、搜索引擎或其他的导航帮助。

在一个页面上放太多的信息，结果往往会与预期相反。Web应用系统的用户趋向于目的驱动，很快地扫描一个Web应用系统，看是否有满足自己需要的信息，如果没有，就会很快地离开，很少有用户愿意花时间去熟悉Web应用系统的结构。因此，Web应用系统导航帮助要尽可能准确。导航的另一个重要方面是Web应用系统的页面结构、导航、菜单、连接的风格是否一致，要确保用户凭直觉就知道Web应用系统里面是否还有内容，内容在什么地方。

Web应用系统的层次一旦确定，就要着手测试用户导航功能，让最终用户参与这种测试，效果将更加明显。

2. 图形测试

在Web应用系统中，适当的图片和动画既能起到广告宣传的作用，又能起到美化页面的作用。一个Web应用系统的图形可以包括图片、动画、边框、颜色、字体、背景、按钮等。图形测试的内容有：

（1）要确保图形有明确的用途，图片或动画不胡乱地堆在一起，以免浪费传输时间。Web应用系统的图片尺寸要尽量地小，并且要能清楚地说明某件事情，一般都链接到某个具体的页面。

（2）验证所有页面字体的风格是否一致。

（3）背景颜色应该与字体颜色和前景颜色相搭配。

（4）图片的大小和质量也是一个很重要的因素，一般采用JPG或GIF压缩。

3. 内容测试

内容测试用来检验Web应用系统提供信息的正确性、准确性和相关性。信息的正确性是指信息是可靠的还是误传的，例如，在商品价格列表中，错误的价格可能会引起纠纷。信息的准确性是指是否有语法或拼写错误，这种测试通常使用一些文字处理软件来进行，例如使用Microsoft Word的拼写与语法检查功能。信息的相关性是指在当前页面是否可以找到与当前浏览信息相关的信息列表或入口，也就是一般Web站点中的所谓相关文章列表。

4. 整体界面测试

整体界面是指整个Web应用系统的页面结构设计，它呈现给用户的整体感。例如，当用户浏览Web应用系统时是否感到舒适，是否凭直觉就知道要找的信息在什么地方？整个Web应用系统的设计风格是否一致？对整体界面的测试过程其实就是一个对最终用户进行调查的过程。一般采取在主页上做一个调查问卷的形式，以得到最终用户的反馈信息。

对所有的可用性测试来说，都需要有外部人员（与Web应用系统开发没有联系或联系很少的人员）的参与，最好是最终用户参与。

步骤五　网站的兼容性测试

兼容性测试用来验证应用程序是否可以在用户使用的机器上顺畅运行。如果用户是全球范围的，就需要测试各种操作系统、浏览器、视频设置和Modem速度。最后，还要尝试各种设置的组合。

1. 平台测试

市场上有很多不同的操作系统类型，最常见的有 Windows、Unix、Macintosh、Linux 等。Web 应用系统的最终用户究竟使用哪一种操作系统取决于用户系统的配置。这样，就可能会发生兼容性问题，同一个应用可能在某些操作系统下能正常运行，但在另外的操作系统下会运行失败。因此，在 Web 系统发布之前，需要在各种操作系统下对 Web 系统进行兼容性测试。

2. 浏览器测试

浏览器是 Web 客户端最核心的构件，来自不同厂商的浏览器对 Java、JavaScript、ActiveX、plug-ins 或不同的 HTML 规格有不同的支持。例如，ActiveX 是 Microsoft 的产品，是为 Internet Explorer 而设计的；JavaScript 是 Netscape 的产品；Java 是 Sun 的产品；等等。另外，框架和层次结构风格在不同的浏览器中也有不同的显示，甚至根本不显示。不同的浏览器对安全性和 Java 的设置要求也不一样。

测试浏览器兼容性的一个方法是创建一个兼容性矩阵。在这个矩阵中，测试不同厂商、不同版本的浏览器对某些构件和设置的适应性。以白盒测试或者黑盒测试导出测试用例，采用相应的工具进行测试，如采用 OpenSTA 进行测试，此测试工具可以采用不同的浏览器进行测试。

3. 视频测试

页面版式在 640×400、600×800 或 1 024×768 的分辨率模式下是否正常显示？字体是否太小以至于无法浏览？或者是太大？文本和图片是否对齐？

4. 连接速率测试

要测试是否有这种情况：用户使用 28.8modem 下载一个页面需要 10 分钟，但测试人员在测试的时候使用的是 T1 专线？用户在下载文章或演示的时候，可能会等待比较长的时间，但却不会耐心等待首页的出现。最后，需要确认图片不是太大。

5. 打印机测试

用户可能会将网页打印下来。因此网页在设计的时候要考虑到打印问题，注意节约纸张和油墨。有不少用户喜欢阅读而不是盯着屏幕，因此需要验证网页打印是否正常。有时在屏幕上显示的图片和文本的对齐方式可能与打印出来的不一样。测试人员至少需要验证订单确认页面的打印是正常的。

6. 组合测试

最后需要进行组合测试。600×800 的分辨率在 MAC 机上可能不错，但是在 IBM 兼容机上却很难看。如果是内部使用的 Web 站点，测试可能会轻松一些。如果公司指定使用某个类型的浏览器，那么只需在该浏览器上进行测试。如果所有的人都使用 T1 专线，可能不需要测试下载速度（但需要注意的是，可能会有员工从家里拨号进入系统）。有些内部应用程序，开发部门可能在系统需求中声明不支持某些系统而只支持那些已设置的系统。但是，理想的情况是，系统能在所有的机器上运行，这样就不会限制将来的发展和变动。

步骤六　网站的安全性测试

Web 应用系统的安全性测试主要有：

1. 目录设置

Web 安全的第一步即是正确设置目录。每个目录下应该有 index. html 或 main. html

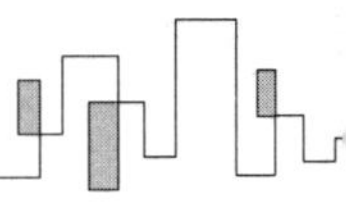

页面，这样就不会显示该目录下的所有内容。如果没有执行这条规则，那么选中一幅图片，单击鼠标右键，找到该图片所在的路径“…com/objects/Images”。然后在浏览器地址栏中手工输入该路径，就会发现该站点所有图片的列表。

2. 登录

现在的 Web 应用系统基本采用先注册后登录的方式。因此，必须测试有效和无效的用户名和密码，要注意是否对大小写敏感、可以试多少次、是否可以不登录而直接浏览某个页面等问题。

3. 时域（Session）

Web 应用系统是否有超时的限制，也就是说，用户登录后在一定时间内（例如 15 分钟）没有点击任何链接，是否需要重新登录才能正常使用。

4. 日志文件

为了保证 Web 应用系统的安全性，日志文件是至关重要的。需要测试相关信息是否写进了日志文件、是否可追踪。

5. 加密

当使用了安全套接字时，还要测试加密是否正确，检查信息的完整性。

6. 安全漏洞

服务器端的脚本常常构成安全漏洞，这些漏洞又常常被黑客利用。所以，还要测试没有经过授权就不能在服务器端放置和编辑脚本的问题。目前网络安全问题日益突出，特别对于有交互信息的网站及进行电子商务活动的网站尤其重要。经常采用的测试工具是 SAINT（Security Administrator's Integrated Network Tool），此工具能够测试出网站系统相应的安全问题，并且能够给出一些较为常见的安全漏洞的解决方案。

步骤七　网站的文档测试

1. 产品说明书属性检查清单

（1）完整：是否有遗漏和丢失？单独使用是否包含全部内容？

（2）准确：既定解决方案是否正确？目标是否明确？有没有错误？

（3）精确：描述是否一清二楚？是否容易看懂和理解？

（4）一致：产品功能描述是否自相矛盾？与其他功能有没有冲突？

（5）贴切：描述功能的陈述是否必要？有没有多余信息？功能是否符合客户要求？

（6）合理：在特定的预算和进度下，以现有人力、物力和资源能否实现？

（7）代码无关：是否坚持定义产品，而不是定义其所信赖的软件设计、架构和代码？

（8）可测试性：特性能否测试？测试员建立验证操作的测试程序是否提供了足够的信息？

2. 产品说明书用语检查清单

（1）说明：产品说明书可能会为其掩饰和开脱，也可能含糊其辞，但无论是哪一种情况都可视为软件缺陷。

（2）总是、每一种、所有、没有、从不。如果看到此类绝对或肯定的叙述，软件测试员就可以着手设计针锋相对的案例。

（3）当然、因此、明显、显然、必然。这些话企图让人接受假定情况。

（4）某些、有时、常常、通常、惯常、经常、大多、几乎。这些用语太过模糊，“有时”发生作用的功能无法测试。

（5）等等、诸如此类、以此类推。以这样的词结束的功能清单无法测试。功能清单要绝对或者解释明确，以免让人产生迷惑，不知如何推论。

（6）良好、迅速、廉价、高效、小、稳定。这些是不确定的说法，不可测试。如果在产品说明书中出现，就必须进一步指明其含义。

（7）已处理、已拒绝、已忽略、已消除。这些词语可能会隐藏大量需要说明的功能。

（8）如果……那么……（没有否则）。找出有“如果……那么……”而缺少配套的“否则”结构的陈述，想一想“如果”没有发生会怎样。

步骤八　网站系统的验收

网站的测试工作做完以后就要对该网站系统进行验收。验收网站系统要编写系统验收分析报告，以便对测试的各个阶段进行评价，并对测试结果进行分析，为纠正软件缺陷提供依据。验收的主要内容有：

（1）开发周期，即设计方案定稿后多少个工作日完成网站建设。

（2）页面效果是否真实还原设定稿。

（3）各链接是否准确有效。

（4）文字内容是否正确（以客户提供的电子文档为准）。

（5）功能模块运行是否正常。

（6）结论，即得出网站总体情况是否达到要求的结论。

任务说明

网站系统测试与传统的软件测试既有相同之处，也有不同的地方。网站系统测试不但需要检查和验证是否按照设计的要求运行，而且还要评价系统在不同用户的浏览器端的显示是否合适。另外，还要从最终用户的角度进行安全性和可用性测试。

四、任务成果

（1）了解网站测试的意义。

（2）掌握网站测试的方法、流程及几种常用测试工具的使用。

知识点拨

Cookie：简单来说，Cookie 就是服务器暂时存放在你的电脑里的资料（.txt 格式的文本文件），好让服务器来辨认你的计算机。当你在浏览网站的时候，Web 服务器会先发送一个小资料放在你的计算机上，Cookie 会帮你把在网站上所打的文字或是一些选择记录下来。当下次你再访问同一个网站时，Web 服务器会先看看有没有它上次留下的 Cookie 资料，有的话，就会依据 Cookie 里的内容来判断使用者，并送出特定的网页内容给你。

思考题

思考一：为什么要开展网站系统测试工作？

思考二：您所熟悉的软件测试类型都有哪些？试比较这些不同的测试类型的区别与联系（如功能测试、性能测试……）。

思考三：做好网站系统测试工作的关键是什么？

项目五　商务网站运营管理

学习提示

学习目标：

- 知识目标：掌握商务网站的运营及在运营过程中涉及的运营流程、人员设置、目标市场定位、营销策划、网络客户体验与服务、营销活动评估等基本知识点。
- 能力目标：通过制定网站的运营计划、网站的具体运营流程、网站的营销策略，确定网站的目标市场定位，提高网络客户体验与服务，提升网站的形象，提高网站的知名度和美誉度，从而实现最佳的经济效益。
- 素质目标：培养各成员之间的沟通协作能力，提高团队合作的精神，能够爱岗敬业、保守商业机密。

本项目重点：

- 理解和应用网站运营的四个方面，即运营流程、目标市场定位、营销策略、网络客户体验与服务。

本项目难点：

- 如何做好商务网站运营的管理，即商务网站运营的具体流程、运营的营销策略、提高网络客户体验与服务等。

任务一　网站运营计划与目标考核

任务导入

Allied Signal 是一家销售航空、汽车、化学、纤维和塑料产品的综合制造技术公司。虽然 Allied Signal 公司的某些产品采用了新技术，也帮助其他公司研究新技术，但是自己生产和销售的主要还是几十年一贯制的产品。一天，Allied Signal 公司的总裁拉里·鲍斯狄把公司各业务部门的负责人召集到一起，开了一个为期一天的会议，并请戴尔计算机公司的总裁迈克·戴尔和思科系统公司的总裁约翰·钱伯斯介绍各自公司实施电子商务的成功经验。

在会议结束时，鲍斯狄要求各部门负责人在两个月内做出自己部门应用电子商务的战略。鲍斯狄相信戴尔公司和思科公司在计算机行业里成功的电子商务战略也能对 Allied Signal 的业务发挥作用，他要确保 Allied Signal 公司能够抢先采用这些战略以及各部门经理制定的其他战略。两个月后，经理们都提交了各自的战略，涉及多个电子商务项目，例如销售产品的网站，提供顾客服务的网站，改进公司基础结构、管理供应链、协调后勤的网站和创建虚拟社区网站。Allied Signal公司在制定年度战略计划时对这些计划进行了评估，对最好的方案立即投资实施。几个月后，这家世界最大的工业企业彻底改变了自己的战略，进军电子商务领域。

［**问题分析**］有人认为，商务网站是纯技术的问题，通过本案例，我们应该如何认识商务网站与技术的关系？

任务分析

关键词	网站运营计划、目标考核
理论要点	运营计划的制定、目标的考核以及需要注意的问题
实践要点	能够结合实际项目，制定网站的运营计划与考核目标

俗话说得好，“打江山难，守江山更难”。建一个网站，对于大多数人来说并不陌生，尤其是对已经拥有自己网站的企业和机构而言更是如此。但很多企业往往在建站之初“兴师动众”，网站做好后便万事大吉，最后网站变成了一个死站，充其量是在名片上多印一个“www”的标志。随着网络应用的不断深入，网络营销知识不断普及，越来越多的企业开始意识到：建一个一两年都不会更新的网站或建一个做得精美但没有多少人知道的网站，完全是在浪费资源。

可见，网站建设只是企业在开展电子商务的第一步。网站若想得到好的回报，就应当进行运营，而且是科学地运营。从目前我国互联网发展的趋势来看，网站的运营应当融入企业的整体经营体系中，使网络与原有的机制有机结合，这样才能发挥网站及网络营销的商业潜力。

那么，网站在实际中是如何运营的呢？这首先要涉及网站运营计划与目标考核。

一、任务目标

结合实际项目，制定网站运营计划与考核目标。

二、任务要求

(1) 从思想上重视网站运营的重要性。

(2) 在制定网站运营计划前，了解网站运营的整体情况。

(3) 掌握网站运营计划制定的思路和流程，能够根据实际项目对目标进行考核。

三、任务过程

(一) 基本流程

网站运营与目标考核的基本流程如图5—1所示。

(二) 具体步骤

步骤一　制定网站运营目标

做任何事情之前，我们都会设定目标，在实现目标过程中，可以通过对比目标与任务完成情况来对事件的执行过程进行监督并做调整。网站运营也是一样，如果无法明确公司

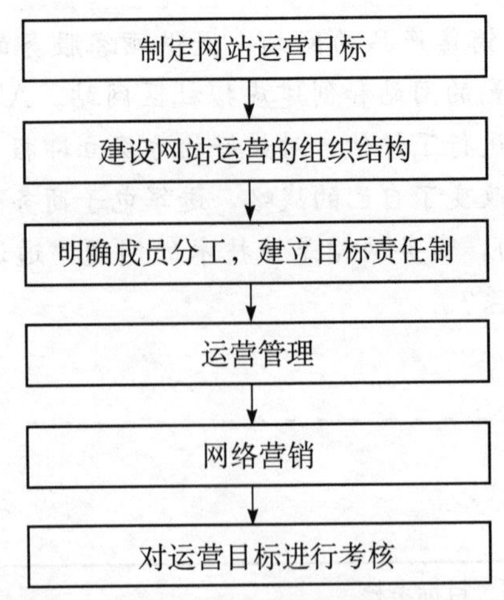

图 5—1　网站运营与目标考核基本流程图

的任务或目标，就无法给访问者以清晰的结构，妨碍他们获得正确信息，这样的商务网站注定是要失败的。

公司在建立网站时，当然希望能够一步到位实现目标，但这是不可能的。因此，公司必须区分网站的近期目标和远期目标。一般来说，网站的运营目标主要有网站流量、网站主要关键词排名、网站 PV、网站注册用户数量、网站活跃用户、网站会员收入、广告收入等目标。

步骤二　建设网站运营的组织结构

在确定了网站的运营目标后，就需要组建一个运营团队以保证目标的实现。在网站运营的初期，团队的组成部门主要包括市场推广部、网站技术部和网站编辑部，如图 5—2 所示。

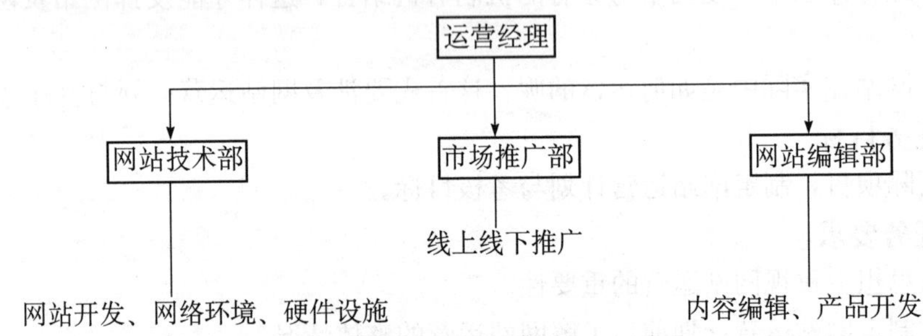

图 5—2　网站运营初期的组织结构图

随着市场的不断开拓，网站也不断地发展和完善起来，网站的组织结构也要进行相应的调整，如图 5—3 所示。

步骤三　明确成员分工，建立目标责任制

在组织内部，管理者一个很重要的职能就是科学分工，根据实际动态对人员进行最佳配置。只有每个员工都明确自己的岗位职责，各司其职，才不会产生推诿、扯皮等不良现象。如 CIS 及策划小组中策划人员的职责是产品策划（调研收集用户体验，配合产品经理提出对网站产品的需求规划等），活动策划（线上活动、线下活动以及其他的品牌合作活动），活动执行（各类活动的组织、执行与具体落实，与部门内其他团队沟通落实活动的各项工作，执行方案的撰写及活动报表编制）等。

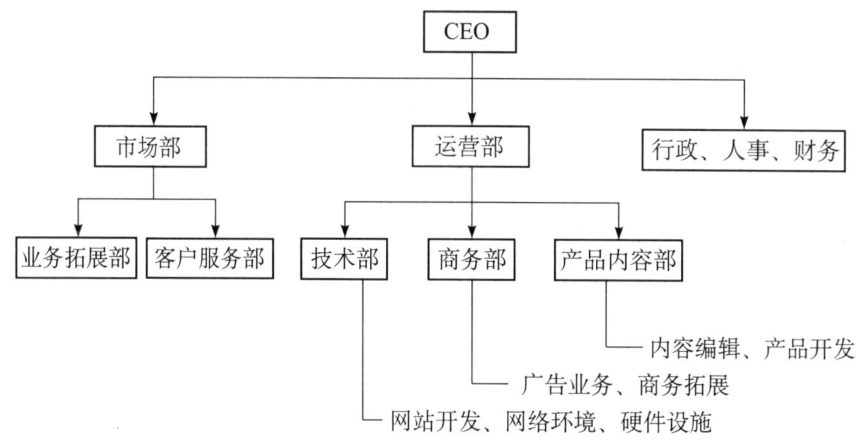

图 5—3　网站运营后期的组织结构图

步骤四　运营管理

真正意义上的商务网站是一个动态的网站，交互性很强，而且其运作具有延续性的特点，这和普通的基础设备投入是完全不同的，它取得的利润和效益来自科学的运营。企业的网站运营包括很多内容，如网站宣传推广、网络营销管理、网站的完善变化、网站的后期更新维护等，其中最重要的是网站的推广和维护。

步骤五　网络营销

网络时代的到来，标志着以互联网为基础的网络虚拟市场已经形成。在虚拟市场中，市场的竞争规则、竞争手段、经济的增长方式及社会的生活消费方式都会发生变化。所以，企业在销售产品时，如果简单地将传统市场中的营销策略照搬到网络虚拟市场中肯定是行不通的，这就需要企业认真审视网络虚拟市场，调整企业经营战略，寻求新的营销方式与方法。另外，随着众多商界人士对网络技术及其重要性的认识的加深，传统企业上网的热情也日益高涨，注册或并购网络公司的案例在不断增加，网络营销已经成为许多企业的重要营销策略。因此，研究与探讨网络营销及网络营销的方法就显得尤为重要。

网络营销涉及的范围较广，所包含的内容较丰富，主要表现在以下两个方面：

（1）网络营销要针对新兴的网上虚拟市场，及时了解和把握网上虚拟市场的消费者特征和消费者行为模式的变化，为企业在网上虚拟市场进行营销活动提供可靠的分析数据和营销依据。

（2）网络营销依托网络开展各种营销活动来实现企业目标。网络的特点是信息交流自由、开放和平等，信息交流费用低廉，信息交流渠道既直接又高效。因此，在网上开展营销活动，必须改变传统营销手段和方式。

目前，网络营销的常用方法主要有搜索引擎营销、网站资源合作、病毒性营销、网络广告、网络会员制营销、E-mail 营销等。

步骤六　对运营目标进行考核

网站在运营管理时，不仅要设定目标，同时还要使整个团队把各种资源调动起来，围绕目标往前走。这就需要不断地对工作进行追踪，如果发生了偏离，通过工作追踪及时对偏离的情况进行评估，然后把这个信息进行反馈，并采取一定的措施，保证目标能够按照原来的设定实现，这就涉及目标的考核问题。具体操作可以分为以下四个步骤：

（1）建立每位被评估者所应达到的目标。在许多团队中，通常是上级评估者与被评估者共同制定目标，目标主要指所期望达到的结果以及为达到这一结果所应采取的方式、方法。

（2）制定被评估者达到目标的时间框架，即当被评估者为实现目标而努力时，可以合理安排时间，了解自己目前在做什么、已经做了什么和下一步还将要做什么。

（3）将实际达到的目标与预先设定的目标相比较，这样评估者就能够找出为什么未能达到目标或为什么实际达到的目标远远超出了预先设定的目标。

（4）制定新的目标以及为达到新的目标而可能采取的新的战略。凡是已成功地实现了目标的被评估者，都可以被允许参与下一次新目标的设置过程。

任务说明

在具体实施中，不同的部门其职责、岗位目标不同，各个部门的工作流程和方法也不相同，各个部门可以根据项目的实际情况自行执行。

四、任务成果

（1）掌握网站运营计划制定的思路和流程，并能够根据实际项目对目标进行考核。

（2）掌握网站运营的目标考核方法。

（3）了解网络营销的基本内容和方法。

知识点拨

目标管理：是指企业为了完成任务，根据企业所处的环境，从全局出发，在一定时期内，为企业组织各层面从上至下制定切实可行的目标，并且企业各层级人员必须在规定时间内完成该目标的一种管理方法。

沟通：是指信息与思想在两个或两个以上主体与客体之间传递和交流的过程。

思考题

Travelzoo 是美国比较有名的旅游网站之一，1998 年成立，2002 年上市，现在发展状况非常好，大约有 350 万用户。它的成功在很大程度上归因于它提供的富有创意的内容，当然，良好的产品架构是前提。

关于产品：Travelzoo 除了具有丰富的网站内容和健全的产品线设计之外，还有一个专家团队为消费者提供出行建议和评论，从而使消费者可以选择最佳线路。到了 Travelzoo 就像到了超市一样，可以自由地选择多种产品，当你需要帮助时又有专人为你提供服务。每个周三，Travelzoo 的会员都会收到一封邮件，内容是关于上周排名前 20 位的交

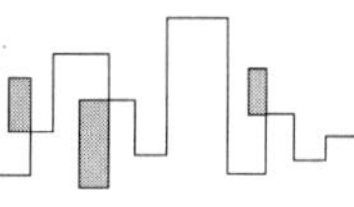

易，这种服务对消费者而言也具有一定的指导意义。

关于运营：除了产品设计富有特色之外，为了让用户找到并使用自己的产品，CEO 巴特尔还制定了一个大胆的传播策略，他声称当时所有在 Travelzoo 注册并填上个人信息的会员将免费得到 Travelzoo 的 3 股股份，并且可能在将来的某一天得到公司的分红。尽管这样一个免费赠送股份的举动未必符合法律规定，但却实实在在地赢得了会员，Travelzoo 一共赠送了 520 万股免费股份，从而使其具有基本的人气。

关于商业模式：为了让广告主认识到这个网站的价值，他们创造性地采用了免费策略，这对一个新创立的网站的运营非常有借鉴意义。Travelzoo 一开始为客户提供免费的实验性广告排期计划。有了会员，又有了广告客户，尽管都是免费的，但它们很快吸引了其他的会员和广告客户。当然，这时候要在 Travelzoo 上做广告就不再是免费的了。

思考：Travelzoo 成功的原因是什么？

任务二　网站运营人员岗位设置

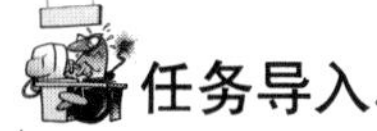

任务导入

当当网的招聘广告

1. 技术部——数据开发工程师

岗位描述：负责 Web 数据处理程式开发。具体包括：建立数据库、对日志进行分析统计、数据挖掘程式开发。

2. 市场部——线上推广助理

岗位描述：合同的整理、归档，新合同签订流程的跟踪；定期处理合作伙伴的结算工作和安排结算流程；配合财务进行结算审查和回答合作伙伴关于结算方面的问题；协助部门同事处理临时性的工作；解答中小合作伙伴的相关问题。

3. 物流部——派件运作经理

岗位描述：现场操作人员管理，团队建设；下架、装箱、转运等现场操作流程的优化；根据投诉、返款等因素对本市各快递公司的货量进行合理分配；现场操作差错控制；保证货物摆放及现场操作有序进行；快递公司的现场管理及沟通、协调；差错、投诉、退货的处理；快递公司信息反馈的闭环操作及监控。

[问题分析] 谈谈你对这些岗位设置的理解。

任务分析

关键词	岗位设置
理论要点	运营人员岗位设置的思路、流程以及需要注意的问题
实践要点	能够结合实际项目进行运营人员的岗位设置

商务网站的运营涉及技术、管理等各方面人员，本节将结合商务网站运营方面的特点，分析网站运营团队的管理流程和成员职责，并阐述沟通管理、考核和激励等内容。

一、任务目标

结合实际项目，根据网站运营人员岗位设置的基本流程和思路，完成运营人员的岗位设置。

二、任务要求

（1）能够在项目前期为岗位设置做出规划方案。

（2）掌握一般商务网站岗位设置的思想和流程，能够根据实际项目进行岗位设置。

（3）能够运用恰当的沟通方式，提高运营人员的合作效率，降低风险。

三、任务过程

（一）基本流程

网站运营人员岗位设置的基本流程如图5—4所示。

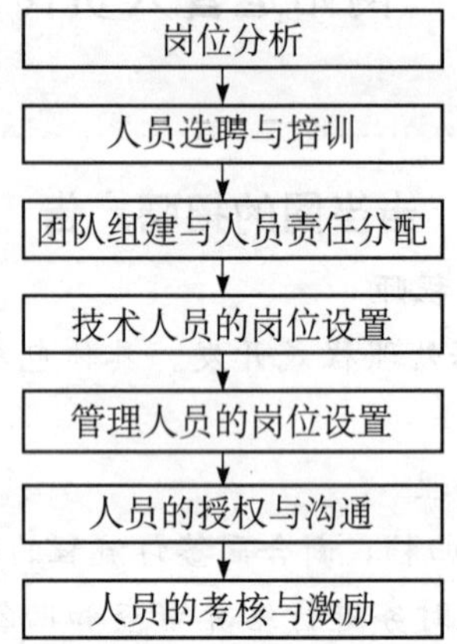

图5—4　网站运营人员岗位设置基本流程图

（二）具体步骤

步骤一　岗位分析

岗位分析是网站运营规划阶段需要完成的工作。在明确了网站运营的目标、可行性、发展战略的基础上，对运营所涉及的各种岗位进行分析，确定每个岗位设定的作用，所承担的职责，与其他职位如领导、下属或同级的关系，所需人员的数量、学历和技能等条件，以及每个岗位的设定时间和未来变动情况。

步骤二　人员选聘与培训

进行岗位分析后，就对整个运营流程在不同阶段的人员需求状况有了了解，接下来以此为依据进行人员的选聘与培训，寻找和培养满足岗位条件的人员。与岗位的设定时间相对应，运营所需人员的招聘和培训并不是一次性完成的。因此，许多商务网站都会委托企业专门的人力资源管理部门负责人员选聘与培训工作。

步骤三　团队组建与人员责任分配

在非洲大草原上，三只瘦弱的小狗正在与一只高大的斑马进行一场生死搏斗。乍一看，三只弱小的小狗很难是大斑马的对手。但实际情况是，一只小狗咬住斑马的尾巴，任凭斑马的尾巴如何甩动，都死死咬住不放；一只小狗咬住斑马的耳朵，任凭斑马如何摇头，也决不松口；一只稍显强壮的小狗咬住斑马的一条腿，任凭斑马如何踢弹，一点也不懈怠。不一会儿，在三只小狗的联合攻击下，“庞然大物”斑马终因体力不支瘫倒在地，成为三只小狗的盘中餐。

这个故事告诉我们，在与对手搏斗时，依靠单个人的力量是很难取胜的。同理，在商务网站的运营中，依靠单个人实现某一任务也是很难的，商务网站的运营和人员的管理都需要通过对团队的管理来实现。团队在企业中可分别以职能型、项目型、矩阵型三种形式来组织。然后，根据人员的知识、技能、兴趣等状况对人员进行调配。

步骤四　技术人员的岗位设置

技术人员的职责包括：平台功能分析与实现、网页设计与实现、数据库设计与维护、后台管理设计与实现、软件文档编写等，技术人员按上述职责分成不同的小组协同工作。

1. 平台功能小组

分析人员在了解用户需求的基础上，对商务网站平台所实现的功能进行分析，确定基本的功能模块与构架。在进行用户需求分析时，不仅要了解商务网站经营者的需求，更要了解交易双方的需求。根据需求分析的结果，由系统分析人员进行系统构架和功能设计。

2. 网页小组

商务网站的交易需要通过网络平台实现，因此，能否设计与实现对消费者有吸引力的网页，对商务网站的成功与否起着关键作用。网页设计人员需要对页面风格、布局、美工、输入/输出界面、字体、动画等内容进行设计，网页实现人员借助相应的软件工具完成设计要求，网页开发人员需要了解用户的审美需求和操作习惯，并具备一定的美学基础知识。

3. 数据库小组

与其他信息系统一样，商务网站的运营离不开数据库的设计与实现。根据网络平台与网页功能的需要，设计实现人员完成数据库设计与建设，在数据库运营阶段，由维护人员对数据的更新、安全、一致性等方面进行管理。

4. 后台管理小组

为了方便平台经营者对信息进行管理，通常在网站运营系统中设置后台管理模块。模块的设计人员帮助网站实现对用户注册、交易等重要信息的管理。除了能够实现对日常信息进行更新、查询、维护等功能外，有些系统还具有统计查询、预测、关联规则挖掘等功能。

5. 文档编写小组

在信息系统开发过程中，需要对不同阶段产生的可行性分析、需求分析、功能分析、编码开发、测试等方面的文档进行管理，网站运营也不例外。文档编写人员需要按照统一的格式和标准，在项目生命期各阶段编写相应文档，并遵循制度要求进行文档共享、更新和维护。

步骤五　管理人员的岗位设置

管理人员的职责包括：网络营销、CI 及策划、消费者行为调研、物流运作管理等。

下面分别从承担以上几个方面职责的小组人员角度进行分析。

1. 网络营销小组

商务网站建立之后，要想获得盈利和发展，必须通过网络实现营销。具体工作包括网站推广（以提高访问量为目的的网址推广）、网络品牌（在互联网上建立并推广企业品牌）、信息发布（将一定的信息传递给目标人群，包括顾客/潜在顾客、媒体、合作伙伴、竞争者等）和顾客服务（如常见问题解答、聊天室、顾客满意度跟踪等）。

2. CI 及策划小组

在信息急速膨胀的互联网时代，建立企业识别体系（CI），将企业的宗旨和产品包含的文化内涵传达给公众，对商务网站尤为重要。CI 及策划小组的主要职责和活动包括：企业的标识、名称、广告语、口号、商标、图案等的设计；各种制度、行为规范、管理方式、公益文化、公共关系、营销活动等企业行为设计；企业理念、企业文化、价值观念、经营思想等理念设计；网站活动策划，包括各项线上活动、线下活动以及其他的品牌合作活动等。

3. 消费者行为调研小组

通过论坛、博客等渠道收集、调研分析、挖掘用户对产品的需求；通过对销售信息的处理，结合行为学等知识，完成对消费者浏览、注册、查询、交易等各种数据的分析，实现销售预测，提供个性化服务；调查研究网站顾客对各种服务项目、产品、活动的满意度，为市场决策提供可靠依据等。

4. 物流运作小组

商务网站信息系统平台虽然可以帮助用户以低成本方便快捷地完成寻货、议价、付款等活动，但是交易的真正实现离不开商品物流过程。物流运作小组的主要职责是保障商品顺利完成从原材料入库、加工到成品出库至消费者的整个流程。

步骤六　人员的授权与沟通

这是在网站运营过程中对人员进行有效管理的重要内容。通过对团队直至个人的恰当授权，消除烦琐的上传下达，可以加快决策速度，对具体事情能够更有效地做出反应，增加决策的灵活性和适应性；此外，商务网站在运营过程中，由于团队成员的个人原因或者各个部门没有做好交叉业务交流，就可能出现信息沟通不畅的情况，从而引发冲突。冲突能够暴露问题、激起讨论、澄清思想，但控制不好就会破坏沟通、破坏团结、降低信任。因此，为了保证网站整体运营目标的实现，网站的运营团队应该建立沟通机制，个人或部门要能够放弃原来的观点并重新考虑问题，交换意见，寻找分歧，尽力做出最好的和最全面的方案。沟通机制具体包括：市场人员与市场人员之间的沟通、市场人员与技术部门之间的沟通、技术人员的内部交流等。如图 5—5 所示。

步骤七　人员的考核与激励

依据岗位职责和任务目标，对团队和个人进行考核，并在此基础上采取相应的激励或惩罚措施，是保证网站顺利运营的重要手段。对个人的考核一般从能力、行为、绩效等方面进行；对团队的考核相对来说比较复杂，主要包括团队外部环境、内部学习成长、目前取得的绩效、未来发展能力等方面。考核结果作为奖惩的依据，针对被考核对象的不同需求，采取物质奖励、职位提升、精神嘉奖等激励措施。

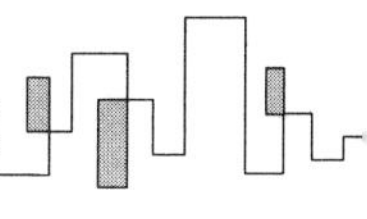

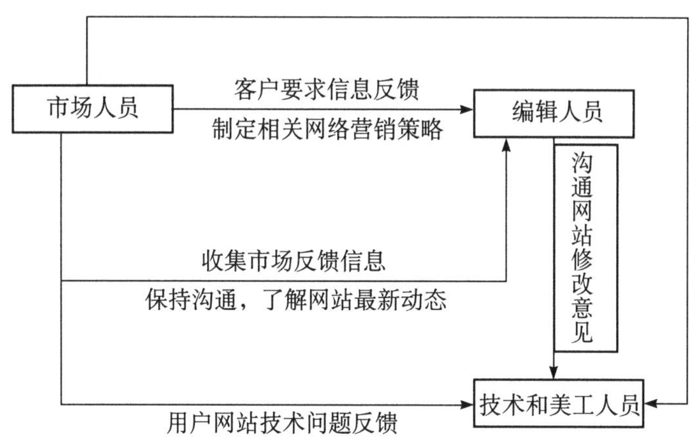

图 5—5　网站运营团队的沟通机制

任务说明

网站的运营并不一定都需要上述的岗位人员设置，具体要根据商务网站的模式（B2B、B2C 或 C2C）、行业状况、自身条件等有所取舍。

四、任务成果

（1）掌握一般商务网站岗位设置的思路和流程，能够根据网站的实际情况进行岗位设置。

（2）掌握网站运营的团队设置，能够明确各部门的分工。

（3）通过对运营人员的授权，取得网站运营的初步方案。

知识点拨

网络营销：网络营销（On-line Marketing 或 E-Marketing）就是以国际互联网为基础，利用数字化信息和网络媒体的交互性来辅助营销目标实现的一种新型的市场营销方式。狭义的网络营销是指组织或个人基于开放便捷的互联网，对产品、服务所做的一系列经营活动，从而达到满足组织或个人需求的全过程。

CI：也称 CIS，是英文 Corporate Identity System 的缩写。CI 目前一般译为“企业视觉形象识别系统”。企业视觉形象识别系统是由表层子系统、基层子系统、深层子系统三个部分构成的。表层子系统主要由企业的外部视觉形象要素构成，如企业的标志、标准字、标准色、名称、图案等视觉符号，以及企业的广告、口号、各种活动、员工的行为等能为外界感知的行为要素。基层子系统由企业的各种制度、关系、结构、素质、竞争力、组织等要素构成。深层子系统包括企业理念、企业文化、企业价值观等精神要素。

思考题

三只老鼠一同去偷油喝。它们找到了一个油瓶，三只老鼠商量，一只踩着一只的肩膀，轮流上去喝油。于是三只老鼠开始叠罗汉，当最后一只老鼠刚刚爬到第二只老鼠的肩膀上时，不知道什么原因，油瓶倒了，最后，惊动了人，三只老鼠逃跑了。回到老鼠窝，大家开会讨论为什么会失败。最上面的老鼠说，我没有喝到油，而且推倒了油瓶，是因为下面第二只老鼠抖动了一下，所以我推倒了油瓶；第二只老鼠说，我抖了一下，但我感觉第三只老鼠也抽搐了一下，所以我才抖动了一下。第三只老鼠说："对，对，我是因为听见门外好像有猫的叫声，所以抖了一下。"哦，原来如此呀！

思考：三只老鼠偷油失败的真正原因是什么？

任务三　网站运营流程

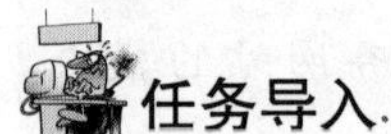

任务导入

雀巢推出史上第一支可以剥开吃的冰淇淋"笨 nana"，一时之间在微博上疯传，关于"笨 nana"的价格、哪里可以买到这款史上最独特的冰淇淋、"笨 nana"的几种吃法等一系列问题同时被制造出来，并在微博上引起热烈讨论并被疯狂转载。"像笨 nana 一样可以剥开吃的冰淇淋"引起了众多微博网友的好奇。新奇的吃法、可爱的外表、网友的好奇心加上雀巢精心的引导，使得微博上关于这款冰淇淋的相关信息超过 38 万条，就此捧红了"笨 nana"。

[问题分析] 请问这是一种什么网站推广方式？有何特点？

任务分析

关键词	网站运营流程
理论要点	网站运营的建设思路、流程以及需要注意的问题
实践要点	能够结合实际项目，设计和实施网站的运营流程

网站运营是指网络营销体系中一切与网站的后期运作有关的工作，网站平台已经搭建好，戏能否唱好就要看运营团队的决策智慧和执行能力了。

网站运营是一项综合性很强的工作，既需要和人打交道（技术人员、销售人员、客户、用户），又需要和机器打交道（文档撰写、报表整理、后台管理等）；既需要互联网理论知识的积淀，又需要一线的实践经验。所以说，网站运营是企业经营网站的灵魂，是商务网站成败的关键。

那么商务网站如何进行网站运营呢？

一、任务目标

结合实际项目，根据网站运营的建设思路，设计和实施网站的运营流程。

二、任务要求

(1) 认识网站运营的重要性，了解网站的发展战略目标。

(2) 掌握网站运营的建设思路，能够结合实际项目，设计和实施网站的运营。

(3) 各个部门能够相互沟通，协调合作。

三、任务过程

(一) 基本流程

网站运营的基本流程如图 5—6 所示。

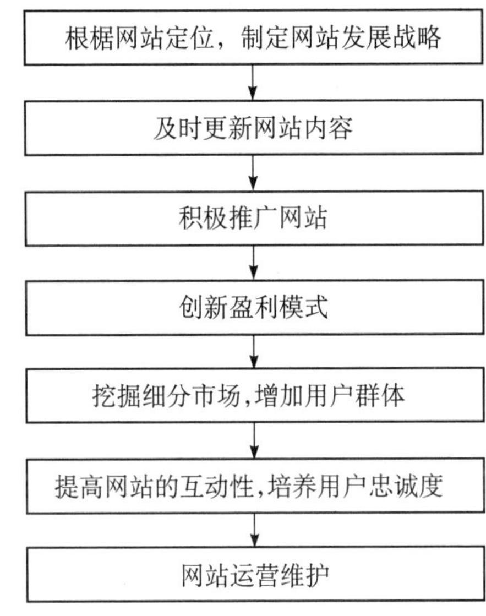

图 5—6　网站运营基本流程图

(二) 具体步骤

步骤一　根据网站定位，制定网站发展战略

网站发展战略是网站运营的第一步，更是网站将来发展和壮大的核心。一个没有发展战略的网站，一定是没有竞争力的网站。因此，对于商务网站而言，在确定网站的定位后，应该制定一个网站的发展战略，以明确将来的发展方向。

阿里巴巴在国内的网站定位是服务 3 000 万中小企业以及与之相关的市场需求。一方面，中国有数量庞大的中小型企业在苦苦地寻求全国以至全球的市场机遇；另一方面，国内和国际上急速增长的需求也在积极地寻找合适的采购对象。从阿里巴巴的业务模式和发展路线来看，其战略方针是为世界上的商人建立一个较为完善的综合信息交易服务平台。阿里巴巴网站首页如图 5—7 所示。

步骤二　及时更新网站内容

对于商务网站而言，迅速更新内容是非常重要的，因为客户渴望了解最新的商品信息以及订货以后商品的发运情况。为了保证商务网站的及时更新，可以采用以下措施：

1. 不同商务网站之间信息共享

这里的信息共享指的是链接其他公司的站点以便共享信息。它不仅包括直接的超文本链接，而且还包括 Web 站点间真正的信息共享和通信。如许多专业的证券网站提供即时的股票行情，而在商务网站中也可能需要提供即时的股票行情。

图 5—7 阿里巴巴网站首页

2. 与企业内部信息系统连接

即从企业信息系统中直接获取信息。例如，客户订购了商品之后，肯定非常焦急地想知道什么时候能够收到商品以及现在商品的位置。这时，如果能够在网站中提供检索功能，那么客户只需要输入订单号，便能立即检索到相关的文档，了解到所订购商品的有关信息。

步骤三 积极推广网站

如果把互联网比作整个夜空，那么一个商务网站只是这夜空中众多繁星中的一颗。所以，对于企业而言，即使是创意新颖、设计精美的网站也不能坐等顾客上门，而是要想方设法让更多的网民知道自己的网站，尽最大可能地提高网站的访问量，吸引和创造商业机会，这就是网站推广。

有数字表明，各网站的推广以口头推荐为主，如阿里巴巴的网上会员近五成是通过口碑相传知道并使用阿里巴巴的；或者依靠传统媒体；或者依靠搜索引擎和网站间的交叉链接方式进行推广。这表明，无论是传统媒体还是网络技巧，都是很重要的营销推广方式。依靠广告宣传的同时，应尽可能多地在网上建立链接方式，并通过各种搜索引擎（如百度、Yahoo、Google 等）来保证网站有较大的客流量。比如，雅虎与 Ben&Jerry's 冰激凌、Samuel Adams 啤酒以及其他一些组织机构建立了广泛的合作关系，通过这些合作，雅虎的“联合网页”随处可见。

同样的，可以登录导航网站，发布自己的网络广告。例如，推荐给网址之家，即便被其收录在内页一个不起眼的地方，也能给网站带来每天 200 人左右的流量。

下面是几个流量比较大的导航网站一周的 Alexa 排名（2013－10－14）：

http：//www.hao123.com，网址之家，Alexa 排名：21，网站反链数：53 616，百度收录：1 420 万，谷歌收录：315 万，搜搜收录：229.31 万，搜狗收录：114.52 万。

http：//hao.360.cn，360安全网址导航，Alexa排名：51，网站反链数：11 859，百度收录：11.10万，谷歌收录：14.80万，搜搜收录：40.72万，搜狗收录：6 557。

http：//www.2345.com，2345网址导航，Alexa排名：755，网站反链数：22 601，百度收录：729万，谷歌收录：418万，搜搜收录：276.21万，搜狗收录：118.89万。

步骤四 创新盈利模式

公司需要的不仅仅是一个会花钱的推广超人，而且还需要他能为公司带来实际的利润，这就需要网站的运营人员要有独到的眼光和市场嗅觉，不断地创新网站的盈利模式，拓宽财路，广进财源。

大众点评网是我国最大的城市消费指南网站，其首创的第三方点评模式吸引了300多万会员的积极参与，由用户点评的包括餐饮、休闲、娱乐等生活服务商户已覆盖全国250个城市30万家，且信息量和覆盖范围还在不断地快速增长和自主更新中。大众点评网汇聚的点评信息，对于众多“好则褒之”餐馆来说，是一个成本低、辐射广的口碑载体。基于此，大众点评网在与相对分散的餐饮企业博弈中形成了影响力。具备影响力后，大众点评网在用户与餐馆之间搭建起消费平台，创造了收取佣金的盈利模式。大众点评网通过积分卡（会员卡）实现佣金的收取：第一步，签约餐馆，达成合作意向。第二步，持卡消费。用户注册后，可以免费申请积分卡，用户凭积分卡到签约餐馆用餐可享受优惠并获得积分，积分可折算成现金、礼品或折扣。第三步，收取佣金。大众点评网按照持卡用户的实际消费额的一定比例，向餐馆收取佣金，以积分形式返还给会员一部分后，剩下的部分就是网站收入。大众点评网收取的佣金率为实际消费额的2%～5%。大众点评网首页如图5—8所示。

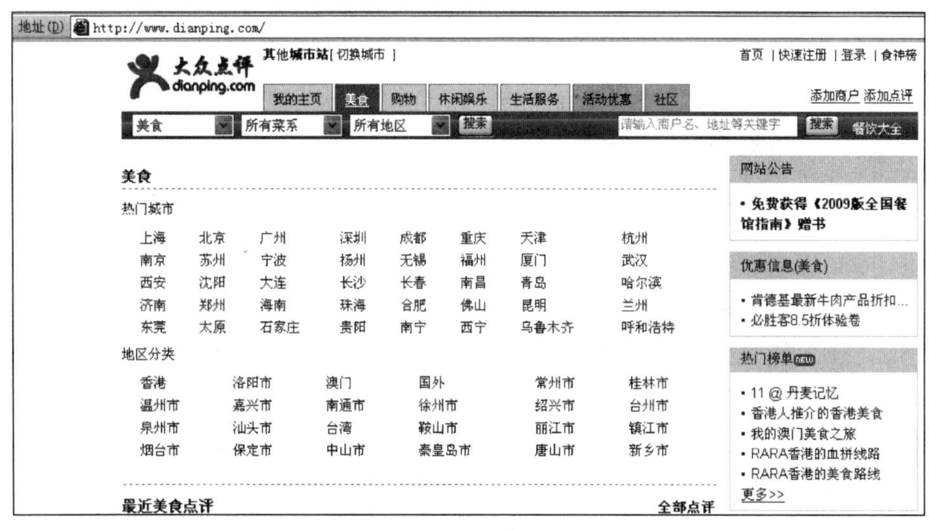

图5—8 大众点评网首页

步骤五 挖掘细分市场，增加用户群体

用户是企业的衣食父母，一个成功企业的标志之一就是用户的不断增长。对于商务网站来说，如何增加它的用户群体呢？这不仅需要做好宣传推广工作，同时还要不断地进行市场细分，为更多的用户提供服务。

如阿里巴巴以地理细分为依据，不断开拓市场，采用本土化的网站建设方式，将各国市场有机地融为一体。目前，阿里巴巴已经建立运作四个相互关联的网站：英文的国际网站（http：//www. alibaba. com）面向全球商人提供专业服务；简体中文的中国网站（http：//china. aliaba. com）主要为中国内地市场服务；全球性的繁体中文网站（http：//chinese. alibaba. com）为中国台湾、中国香港、东南亚及遍及全球的华商服务；韩文的韩国网站（http：//kr. alibaba. com）针对韩文用户服务。这些网站相互链接，内容相互交融，为会员提供了一个整合为一体的国际贸易平台，使之成为汇集全球 178 个国家（地区）的商业信息化的、个性化的电子商务社区。

步骤六　提高网站的互动性，培养用户忠诚度

互动性是一个网站的灵魂，也是一个网站成功的标志。作为一个网站运营者，一项最主要的工作就是加强网站与用户的互动，提高用户与用户之间的沟通和交流，激励用户的参与和贡献。总之，一定要让用户对网站产生依赖，只有这样，才能提高网站的活跃用户数和忠诚度。

宝洁公司网站（www. pg. com），除为其每一种品牌设立专栏专页外，还设立了以美容服务为核心的"封面女郎"网站（www. covergirl. com）。它以"轻松愉快美容法"为宗旨，以"让您月月卓尔不群"为题，引导女士们挑选宝洁的一组品牌搭配化妆品，并附上各种组合的美容方案示范，让名媛淑女、白领们选择模仿。如果顾客对自己的皮肤性质、化妆品品牌、色彩搭配等存在疑问的话，站点还有热线答疑、效果咨询等栏目。封面女郎网站首页如图 5—9 所示。

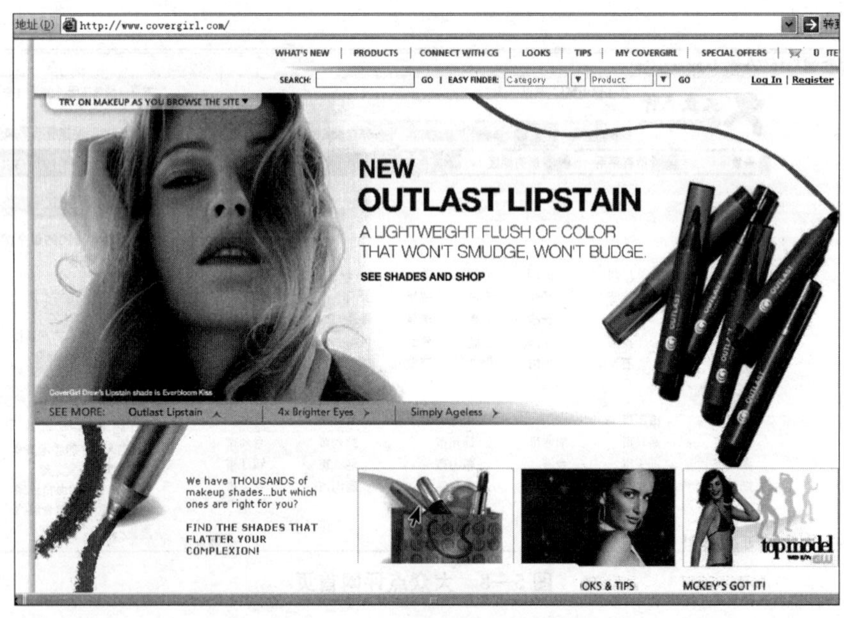

图 5—9　封面女郎网站首页

步骤七　网站运营维护

网站运营维护包括前台网页维护、交互性组件维护、网站更新、网站后台数据维护等。

（1）前台网页维护。即对网站前台显示内容的维护。例如，修改和更新网页内容，以保证信息的准确性和有效性；添加新的内容；删除过期的网页等。

（2）交互性组件维护。网站中交互性组件包括留言簿、BBS、客户邮件等。要定期对这些组件上面的信息进行维护。例如，对时间较长且没有什么价值的信息以及一些恶意的、带有攻击性的信息要及时删除；对访问者提出的问题要及时回复。

（3）网站更新。企业网站发布后，随着企业的发展，经营项目、经营环境和竞争优势会不断发生变化，网站内容也应该进行更新。例如，完善内容、更新内容、更换风格等。

（4）网站后台数据维护。即对网站后台日常交易数据的维护，例如，客户信息管理、订单管理、新闻管理、广告管理等。

任务说明

在网站推广时，要注意在网站发布前、发布初期、发展期和稳定期等不同时期采用不同的推广方法，如网站发布前应通过电视媒体、广播杂志推广，发展期应通过搜索引擎和友情链接推广等。

四、任务成果

（1）掌握网站运营的建设思路，能够结合网站的定位来设计和实施网站的运营。

（2）了解网站推广的方法和途径。

（3）掌握网站运营维护的基本内容。

知识点拨

网站推广：就是采用各种手段或方法，让网站获得足够的曝光，特别是能吸引一定数量的目标用户的注意。

互动性：就是加强网站与用户的联系，提高用户与用户之间的沟通和交流，激励用户的参与和贡献，从而为网站积聚人气，进而获得经济利益。

思考题

“2012途观之旅，跨越人生路”的线上互动活动与街旁开放平台合作，消费者使用街旁账号即可登录“2012途观之旅，跨越人生路”的活动网站，认领自己心仪的途观小车，导入签到资料，开始途观之旅。通过在现实中使用街旁签到，消费者可将日常生活中的“两点一线”移动转化为虚拟旅程中的千米数，推动途观前进。如图5—10所示。

这种植入式的探索体验，借助街旁精准、灵活的地理位置服务优势，将品牌要传达的“汽车”、“生活距离”、“地点转化”等关键信息准确地传达给消费者，使品牌、产品逐渐深入人心。

思考：谈谈你对这件事的看法。

图 5—10　2012 途观之旅

任务四　目标市场定位

任务导入

下面是一段关于网上订餐的描述：

如果公司要预订今天中午的经理宴会，只要从电脑记录中调出参加宴会人员的个人档案，进入网络系统，输入参加宴会的人数、宴会地点、消费标准、个人口味、喜好及忌口，网络便出现可选择餐厅。选中最佳餐厅，进入该餐厅目录，查寻餐厅菜品介绍，最后通过网络订餐、点菜，注明就餐时间、上菜速度及支付方式等。

［**问题分析**］目前制约网上订餐发展的主要因素有哪些？

任务分析

关键词	目标市场定位
理论要点	市场细分、目标市场定位
实践要点	能够结合网站实际情况，对目标市场进行正确定位

任何一个商品市场，都会有数目众多、分布广泛的消费者，但由于受不同文化背景、不同社会阶层、自身差异等因素的影响，每个消费者都有不同的需求和欲望。对此，一个企业，即使是大型跨国公司，也不可能全面地为所有的消费者提供有效的服务。因此，每个企业都应该采取必要的步骤，按照一定的标准对市场进行细分，选择对本企业最有吸引力的细分部分作为自己服务的目标市场，以获得最大的经济效益。

正如“幸福的家庭都是相似的，不幸的家庭各有各的不幸”，成功的网站都是相似的，失败的网站则各有各的原因。综观经营不良的网站，其不成功的最常见的原因是立意不清、定位不明。网站销售的产品好像面对的是所有的消费者，但所有的消费者好像都不领情，弃之不顾，转而去购买竞争者的商品。

那么如何对网站进行准确定位，为消费者提供有效的服务呢？

一、任务目标

结合实际项目，根据目标市场定位的基本流程和思路，对网站进行准确定位。

二、任务要求

（1）充分认识目标市场定位对网站运营的重要性，它是决定网站运营成败的关键。

（2）能够在目标市场定位前对市场进行有效的细分。

（3）掌握网站目标市场定位的基本流程和思路，对网站进行准确的定位。

三、任务过程

（一）基本流程

网站市场定位的基本流程如图 5—11 所示。

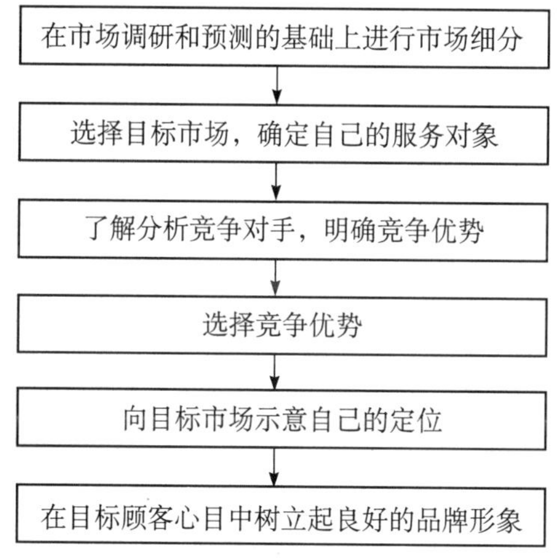

图 5—11　网站市场定位基本流程图

（二）具体步骤

步骤一　在市场调研和预测的基础上进行市场细分

网络市场细分是指企业在调查研究的基础上，依据网络消费者的需求、购买动机与习惯爱好的差异性，把网络市场划分成不同类型的消费群体的过程。其中，每个细分市场都由需求和愿望大体相同的网络消费者组成，在同一细分市场内部，网络消费者的需求大致相同，不同细分市场之间，则存在着明显的差异性。

正如按照性质进行分类那样，商务网站有 B2B、B2C 两类不同的模式，营销对象也可以由此分为组织和个人。但这种初步分类是远远不够的，针对前者，可以按地域、经济、文化等进行细分，针对后者，可以按年龄、性别、收入等进行细分。营销对象不同，商务网站所要达到的目标和呈现的风格就不同。对营销对象进行市场细分，并以此为依据设立商务网站，可以更好地为目标受众服务，提供更相关的产品和服务，从而更容易取得电子商务的竞争优势。

步骤二　选择目标市场，确定自己的服务对象

进行市场细分之后，企业首先要认真评估各个细分市场，然后根据自己的营销目标和资源条件选择适当的目标市场，确定自己的服务对象。只有确定了服务对象和服务区域，企业才能决定销售何种产品，以何种手段进行促销及在网页设计中要突出哪些特点等。网络的服务对象一般可从以下几个方面进行分析。

1. 按性别划分的消费市场

来自 CNNIC 的《第 31 次中国互联网络发展状况统计报告》（以下简称《报告》）显示：截至 2012 年 12 月底，中国网民男女比例为 55.8∶44.2，男性与女性居民在互联网的使用率上仍存在一定差距。企业的产品要想在网络上打开市场，必须能够吸引男性公民，或者能够吸引男性公民为女性购买。大件耐用消费品和不动产，如汽车、摩托车、房屋等，都是男性公民注意的对象。此外，经营鲜花业务的公司也可在男性消费者中找到自己的一席之地，因为男性消费者向女性表达感情时，常常以鲜花作为载体。中国鲜花礼品网就是一家经营鲜花业务的网站，其主页如图 5—12 所示。

图 5—12　鲜花速递网站首页

2. 按年龄划分的消费市场

《报告》显示网民中 10～19 岁人群比例从 2011 年底的 26.7%下降到 24.0%，这与我国该年龄段整体人口总数下降相关。此外，网民中 40 岁以上各年龄段人群所占比例均有不同程度的提升，说明互联网在这些群体中的普及速度加快。如图 5—13 所示。

3. 按学历结构划分的消费市场

高中和大专以上学历人群中互联网普及率已经到了较高的水平，尤其是大专以上学历人群上网比例接近饱和，较高的文化水平往往易于接受新鲜事物，购买力相对也比较强。

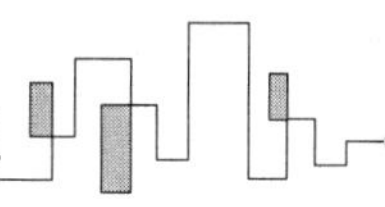

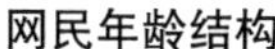

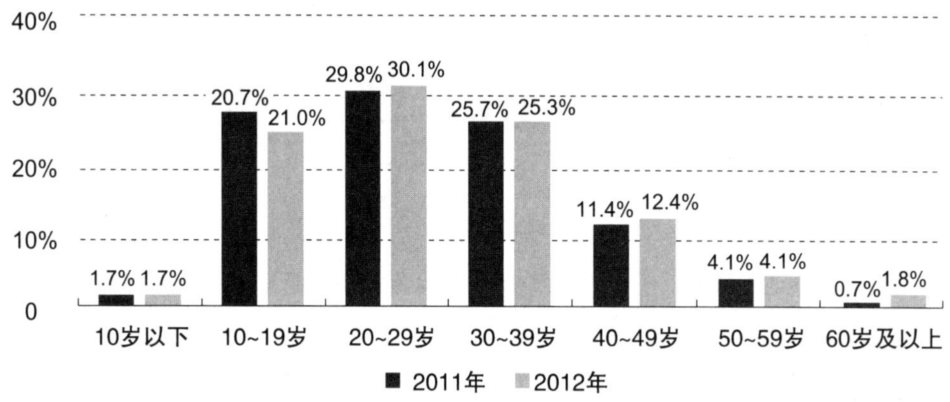

图 5—13　中国互联网网民年龄划分

资料来源：《第 31 次中国互联网络发展状况统计报告》。

步骤三　了解分析竞争对手，明确竞争优势

企业在确定了服务对象以后，还需要根据网络消费者的现状，了解分析同行的情况，即竞争对手的情况，从而明确自己的竞争优势，力求向顾客提供更有效的服务。

淘宝网作为中国深受欢迎的网购零售平台，拥有近 5 亿的注册用户数，每天有超过 6 000万的固定访客，每天的在线商品数已经超过了 8 亿件，平均每分钟售出 4.8 万件商品，但是其物流配送却一直存在问题。淘宝网与第三方物流公司合作，其服务质量良莠不齐，时有发生遗失、破损、缓慢等现象。

针对这种情况，京东打造自己的物流公司并布局全国的物流体系，就显得更为迫切，京东依靠自己的物流和信息化系统，使其所有物流节点的作业过程均在系统中可视，充分保证了其产品运输的可控性、高效性和及时性，从而加强了其市场竞争地位。

步骤四　选择竞争优势

一个网站不可能也没有必要在当前或通过努力后在所有方面都优于竞争对手，它只能选择若干最有利的要素加以培养，使之成为自己的竞争优势。

阿迪达斯将企业网站理解为推介产品的场所，主导栏目每页都精确地放上每款运动衫、运动鞋的图片及产品特色等，于是网站就成为其运动衫、运动鞋的展销中心，但也仅此而已，站点并无神韵可言。阿迪达斯中国网站首页如图 5—14 所示。

虽然耐克中国网站上也有大量页面介绍其运动鞋等，但它不仅重视对鞋的宣传，更关注穿鞋之人。耐克网站通过造星、捧星、追星，让其与大众“星”心相映；同时，该站点不断跟踪各项赛事和明星动态，论坛上也及时登载运动迷们的意见、回答运动迷们提出的问题、为其打气鼓劲。在宣传体育运动、追捧明星、呼唤参与的主题下，网站始终涌动着旺盛的活力和人气。耐克中国网站首页如图 5—15 所示。

步骤五　向目标市场示意自己的定位

在现实社会中，竞争无处不在，任何一个市场都不会由一家企业独霸。因此，网站要想在目标市场上取得竞争优势和更大效益，就必须在了解购买者和竞争者情况的基础上，确定一个市场位置，以区别于其他竞争者。

图 5—14 阿迪达斯中国网站首页

图 5—15 耐克中国网站首页

长期以来，淘宝网已经成为网民心目中首选的网络购物平台，但是随着网民消费的日益成熟，该平台上商品的良莠不齐所带来的负面影响也日益表现出来。在这样的一个大背景下，唯品会率先在国内开创了“名牌折扣＋限时抢购＋正品保险”的商业模式，承诺所有品牌商品均为100％原装正品，并由中国太平洋财产保险股份有限公司为购买的每一件商品进行承保。如果对在唯品会所购的商品为品牌正品存在怀疑，可到工商局或有资质的机构进行产品质量鉴定。假如鉴定结果为非品牌正品，可最迟在收到商品后90日内，向太平洋保险公司依法定程序索取该商品售价的全额赔偿。

步骤六　在目标顾客心目中树立起良好的品牌形象

良好的品牌形象是企业在市场竞争中的有力武器。它主要由两个方面构成：有形的内容和无形的内容。品牌形象的有形内容是指产品或服务的功能性，使人们一接触品牌，便可以马上将其功能性特征与品牌形象有机结合起来，形成感性的认识；品牌形象的无形内容主要指品牌的独特魅力，是营销者赋予品牌的，并为消费者感知、接受的个性特征。随着社会经济的发展，人们对商品的要求不仅包括商品本身的功能等有形表现，还包括商品带来的无形感受和精神寄托。

天猫原名“淘宝商城”，是淘宝网全新打造的 B2C（Business-to-Consumer，商业零售）综合性购物网站。其整合了数千家品牌商、现货、生产商，为商家和消费者提供一站式解决方案。提供 100%品质保证的商品、7 天无理由退货的售后服务，以及购物积分返现等优质服务。2012 年 3 月 29 日天猫发布全新 Logo 形象。2012 年 11 月 11 日，天猫借光棍节大赚一笔，宣称 13 小时卖 100 亿元，创世界纪录。天猫首页如图 5—16 所示。

图 5—16　天猫首页

> **任务说明**
>
> 选择竞争优势就是根据网站的目的和特点，选择本网站可采用的定位要素，培养它，使之超过竞争对手。一般来说，选择竞争优势要注意以下两点：
>
> （1）短期定位可以选择网页设计、内容项目、服务等客观、具体的要素，以强调不同的使用价值为目标，但要不断推陈出新。
>
> （2）长期定位宜选择文化等主观的、抽象的要素，给顾客比较广阔的想象空间，以形成顾客的品牌偏好。

四、任务成果

（1）掌握目标市场定位的基本流程和思路，能结合企业自身实际情况，对网站进行恰当的目标市场定位。

（2）能够根据网站的目标市场定位，选择企业的服务对象。

（3）能够正确分析竞争对手，找准自己的竞争优势。

（4）认识到企业网站只有提供特色化、个性化、实时化和互动性服务，才能集聚人气，培养顾客忠诚，发挥商业功能。

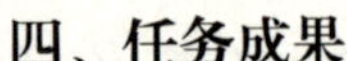
知识点拨

目标市场：就是市场细分后，企业准备以相应的产品和服务满足的一个或几个子市场。

市场定位：是指确定目标市场后，企业将通过何种营销方式、提供何种产品和服务来区别于目标市场上的竞争者，从而树立企业的形象，取得有利的竞争地位。

思考题

享有“使您足不出户的商店”美誉的网上零售商 Bluefly 由于准确地把握了目标市场上消费者的购买动机和习惯，使企业赚的盆满钵满。

Bluefly 的网站设计非常合理：虚拟的陈列货架导航简便，商品琳琅满目，使访问者浏览起来极为方便；除了一般的浏览者，还有一些顾客只专注某些特定的产品或品牌，Bluefly 为他们设计了一个预定登记系统，在特定产品到货时以电子邮件的形式通知顾客。

Bluefly 充分利用了互联网的优势，它在确定顾客对象时没有依赖统计信息和过去的购物记录，而是通过预定登记直接掌握顾客的需要。

当网友偶然逛到 Bluefly 网站时，会发现这个网站的浏览过程很流畅，商品品种也十分丰富，并且 Bluefly 为初次到访的新朋友提供了一种贴心服务，即依照不同的品味提供特别的品牌和产品。网友选择相应的项目并留下电子邮箱地址后，在他们感兴趣的商品来时，就会立即收到通知。

思考：Bluefly 成功的秘诀是什么？

任务五　营销策略与实施计划

任务导入

美国通用汽车公司采取由客户自行确定产品成本的模式，允许客户在公司的网页上通过程序导引系统自行设计和组装自己需要的汽车。客户首先确定可接受的价格标准，然后系统根据价格的限定从中显示满足要求的汽车，客户还可以进行适当的修改。公司最终生产的产品恰好能满足客户对价格和性能的要求。

［**问题分析**］该企业采用了何种定价策略？有何特点？

任务分析

关键词	市场调研、营销策略、实施计划
理论要点	市场调研、营销策略的制定、计划的实施
实践要点	能够结合实际项目，进行营销策略的制定及实施

很多企业在自己的网站建立之后，即以为万事大吉了，可以享受网站给其带来的巨大经济效益了。其实往往事与愿违，因为互联网上密布的各种网站数以万计，如果没有大量的客户访问某个网站，享受该网站提供的服务，那么该网站就不能真正发挥功能，最终将失去价值。因此，企业在确定了目标市场定位以后，需要根据自己产品的特点以及所处的市场环境，选择适当的营销策略来运营网站，最终实现企业的目标。

那么，如何在实际中制定商务网站的营销策略以及实施计划呢？

一、任务目标

结合企业产品的特点，确定适当的营销策略及实施计划。

二、任务要求

（1）从思想上重视网站营销策略的策划，了解传统市场营销策略与网络营销策略的区别。

（2）能够在制定营销策略的前期做好市场调查和分析工作。

（3）掌握一般商务网站营销策略的制定思想和流程，能够根据网站的实际情况制定其营销策略和实施计划。

三、任务过程

（一）基本流程

制定网站营销策略和实施计划的基本流程如图5—17所示。

（二）具体步骤

步骤一　明确调研目标

市场调研是企业进行市场预测的前提和基础。通过市场调研，企业可以了解、掌握消费者的现实和潜在的需求，可以有针对性地制定营销策略，减少盲目性，以便在竞争中发挥优势。因此，网上调研是企业在网上营销的第一步。

这里需要注意的几点是：

（1）为了吸引更多的人参与调查，问卷中应有保护个人信息声明。

（2）要考虑网络用户的结构，避免样本分布不均衡。

（3）多种网络调研手段相结合。

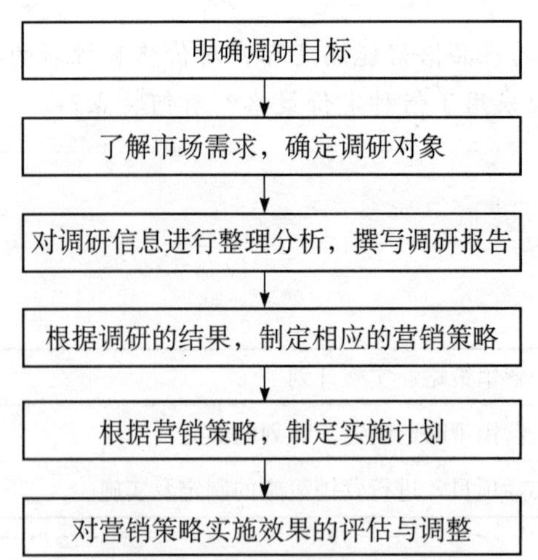

图 5—17　制定网站营销策略和实施计划基本流程图

步骤二　了解市场需求，确定调研对象

我们先来看一个故事：一个公司正在招聘人员，最后还剩下三个人，该公司是生产梳子的，最后一道考试题是谁能把梳子卖给和尚。半个月后，三个人都回来了，结果分别如下：甲经过努力，最终卖出了 1 把梳子。他在跑了无数的寺院之后，碰到一个小和尚，因为头痒难耐，说服他把梳子当作一个挠痒的工具卖了出去。乙卖出了 10 把梳子。他跑了很多寺院，但都没有推销出去，正在绝望之时，忽然发现烧香的信徒中有个女香客头发有点散乱，于是对寺院的主持说，这是对菩萨的不敬，终于说服了两家寺院每家买了 5 把梳子。丙卖了 1 500 把，并且可能会卖出更多。他在跑了几个寺院之后，没有卖出 1 把，感到很困难，便分析怎样才能卖出去？想到寺院虽然传经布道，但也需要增加经济效益，前来烧香的信徒有的不远万里，应该有一种带回点什么的愿望。于是和寺院的主持商量，在梳子上刻上各种字，如虔诚梳、发财梳……并且分成不同档次，在香客求签后分发。结果寺院在应用之后反响很好，越来越多的寺院要求购买此类梳子。从这个故事中你得到了什么样的启发？

假设你就是顾客，从你的角度来了解客户需求。你的调研对象可能是产品直接的购买者、倡议者、使用者，要对他们进行具体的角色分析。例如，某种时尚品牌休闲男装，它的目标对象应当是年轻男性，但实际的客户市场不仅仅是这部分人群，还包括他们的母亲、妻子、女友等女性角色。这就要求调研时，将调研对象进行角色细分，充分了解市场需求，使调研结果更有针对性。

步骤三　对调研信息进行整理分析，撰写调研报告

收集信息后，要做的第一件事情就是对这些信息进行整理和分析。调查人员如何从中提炼出与调研目标相关的信息，会直接影响到最终的结果。在整理分析完成后，调研人员应提交一份图文并茂的网络市场调研报告，对所调研的问题给出结论，并对实现调研目标提出建设性意见，供决策者参考。

步骤四　根据调研的结果，制定相应的营销策略

1. 产品营销策略

互联网本身具有的双向沟通的特性，使得消费模式从单向变为互动。因此，企业在制

定产品营销策略时，应从自己产品的特点以及所处的市场环境出发，满足网上顾客的需求。

(1) 虚体产品。在网络上销售的虚体商品可以分为两大类：软件和服务。软件包括计算机系统软件和应用软件。网上软件销售商常常可以提供一段时间的试用期，允许用户试用并提出意见，如天空软件站在销售软件时，经常给购买者提供一定时间的试用期。天空软件站首页如图 5—18 所示。

图 5—18　天空软件站首页

服务类产品可以分为普通服务和信息咨询服务两大类，前者如远程教育、订票、医院预约挂号、网络交友等；后者如法律咨询、医药咨询、股市行情分析、金融咨询等。对于这类产品，主要考虑销售信息的冲击力和产品的不可扩散性，例如，对所出售产品加设密码，或是控制软件在未付费和未注册情况下不能工作等，以保护产权，万方数据知识服务平台采用的就是注册登录的方式（见图 5—19）。

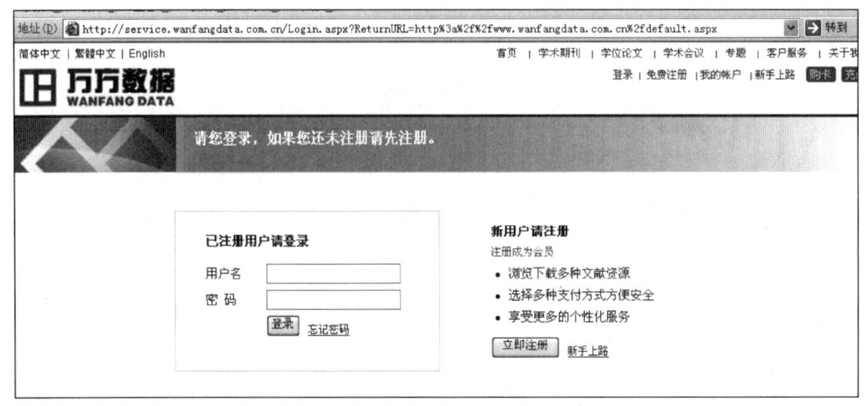

图 5—19　万方数据知识服务平台登录界面

(2) 实体产品。网络只能完成信息流和货币流的流通，对于实体产品来说，还要依赖传统的物流体系或者离线市场来完成。这类产品应该注意以下两点：一是网上营销与传统离线市场相结合，优势互补；二是企业应利用在网络上与顾客直接交流的机会为顾客提供定制化产品服务，同时及时了解消费者对企业产品的评价，以便改进和加快新产品的研发。

2. 定价营销策略

网上营销价格是指企业在网络营销过程中买卖双方成交的价格。企业在定价时，不仅要考虑运用传统市场营销价格理论，更要考虑网上销售的软营销和互动特性以及网络传递信息速度快、消费者易于比较价格的特点。根据影响营销价格因素的不同，网络定价策略可以分为以下几种：

（1）低价定价策略。在实际营销过程中，网上商品采用的低价策略主要有：直接低价定价策略，即公开价格比同类产品低。它一般是制造业企业在网上进行直销时采用的定价方式，如 Dell 公司电脑定价比同性能的其他公司产品低 10%～15%；折扣策略，即在原价基础上进行折扣，让顾客直接了解产品的降价幅度以刺激顾客的购买欲望。这类价格策略主要用在一些网上商店中，如 Amazon 的图书价格一般都会有折扣，有时折扣达到 3～5 折。

（2）定制生产定价策略。企业可以利用网络技术和辅助设计软件，帮助消费者选择配置或者自行设计能满足自己需求的个性化产品，同时承担自己愿意付出的价格成本。如 Dell 公司的用户可以通过其网页了解各型号产品的基本配置和基本功能，根据实际需要和能承担的价格，使消费者能够一次性买到自己中意的产品。

（3）使用定价策略。即顾客通过互联网注册后使用某公司的产品时，只需要根据使用次数进行付费，而不需要将产品完全购买。如起点中文网小说的 VIP 章节按每千字 2 分钱对用户进行收费。

（4）拍卖竞价策略。即由消费者通过互联网轮流公开竞价，在规定时间内价高者得。采用网上拍卖竞价的产品，可以是企业的库存积压产品，也可以是企业的新产品，通过拍卖来吸引消费者的关注。如易趣网的“1 元起拍”，其界面如图 5—20所示。

图 5—20　易趣网“1 元起拍”界面

3. 销售渠道策略

根据互联网信息交互的特点，网络的销售渠道可分为：

（1）网上直销。即生产企业通过网络直接销售产品。具体做法是企业在网上建立自己独立的站点、申请域名、制作主页和销售网页，由网络管理员专门处理有关产品的销售事务，如海尔通过它的网上商城来实现产品的网上销售。海尔商城的界面如图 5—21 所示。

图 5—21 海尔商城界面

（2）网上联合渠道。即结合相关产业的公司，共同在网络上设点销售系列产品。采用这种方式可增加消费者的上网意愿和消费动机，同时也为消费者提供了较大的便利，拓宽了渠道。慧聪网就属于这类中介机构，其主页如图 5—22 所示。

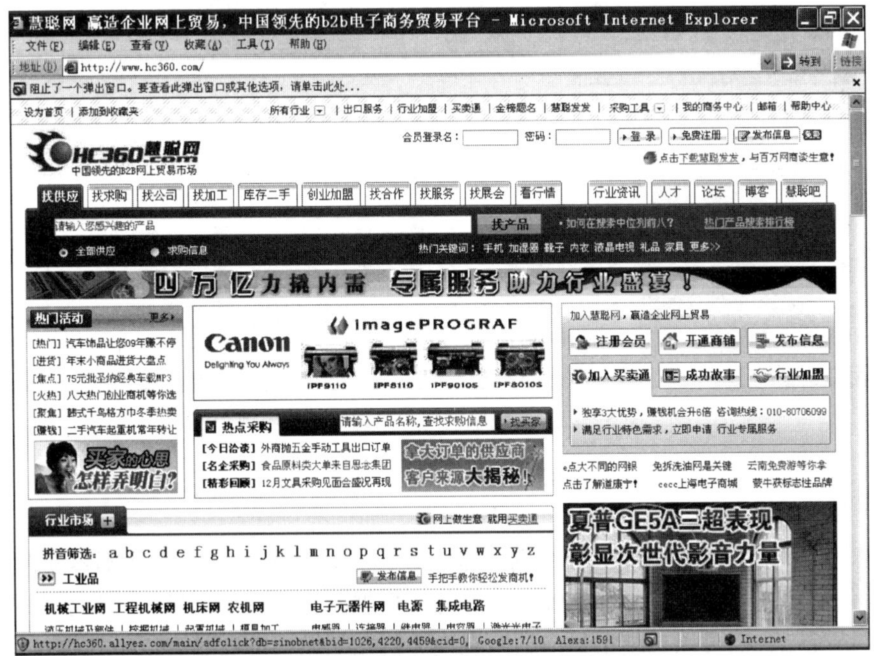

图 5—22 慧聪网主页

4. 销售促销策略

在网上营销活动的整体策划中，网上促销是极为重要的一项内容，其促销形式可以归纳为：

（1）网络广告。利用网络广告方便快捷、互动性强、价格便宜、图像生动等优点，及时将信息传递给目标顾客。如淘宝网某些产品通过新浪、搜狐等门户网站传递低价信息，以吸引更多的顾客购买。

（2）网上销售促进。网上销售促进包括抽奖促销和积分促销等。抽奖促销是大部分网站乐意采用的促销方式，消费者或访问者通过填写问卷、注册、购买产品或参加网上活动等方式获得抽奖机会。如 2013 年 10 月 11—13 日，唯品会推出了“情系九月九，爱意暖重阳，晒照片，谈心愿，赢孝恩基金”活动，其中体检基金、孝恩基金金额实报实销，最高1 000元，鼓励更多的消费者通过唯品会完成购买。

（3）网上公共关系。网上公共关系是指企业通过互联网与企业利益的相关者建立的良好合作关系，可为企业的经营管理营造良好的环境。如温州眼镜网通过“眼镜论坛”栏目与目标顾客直接沟通，及时了解客商对产品的评价和客商的需求，在短时间内增加了产品的知名度，起到了良好的宣传作用。“眼镜论坛”界面如图 5—23 所示。

图 5—23 温州眼镜网“眼镜论坛”界面

步骤五 根据营销策略，制定实施计划

1. 选择网络商品

现实中并非所有的商品都适合在网上销售，比如，体积太大的商品不容易邮寄运输；附加值太低的商品省的钱还不够付邮费；等等。根据各类商品的属性，再结合目前网上的一些销售情况，我们可以总结出目前适宜在商务网站上销售的商品有以下几类：

（1）具有高技术性能或与电脑相关的产品。

(2) 市场需求覆盖较大地理范围的产品。

(3) 不太容易设店的特殊产品或传统市场不愿意经营的小商品。

(4) 网络营销费用远低于其他销售渠道费用的产品。

(5) 消费者从网上取得信息即可做出决策的产品。

(6) 网络群体目标市场容量较大的产品和服务。

(7) 便于配送的产品。

(8) 名牌产品。

2. 建立“虚拟展厅”，提供商品信息

利用立体逼真的图像，辅之以产品文案、声音等展示自己的商品，使消费者感觉有如亲临其境，从而对商品有一个较为全面的了解。如卓越网是一个以销售为主的商务网站，商品非常丰富。网站将商品分成 4 大类，即图书音像软件、消费电子、日用消费品、专业店，在这 4 大类里又划分了 54 小类，使得顾客的选购更加快捷。卓越网界面如图 5—24所示。

图 5—24 卓越网界面

3. 合理设计网络促销内容

网络促销的最终目标是希望引起购买。这个最终目标是通过设计具体的信息内容来实现的。网络促销的内容应根据购买者目前所处的购买决策过程的不同阶段和产品所处的寿命周期的不同阶段来决定。如目前的 MP3 产品已经进入衰退期，企业只能采用各种让利促销来延长产品的生命周期。

4. 合理设计订货系统

网上企业在设计订货系统时，要尽可能减少顾客的劳动，尽可能让顾客感到使用方便、易操作。如卓越网推出“一站式结账”，只要用户在卓越网有过一次成功的购物，再次购买时就只需要点击购物车就能够完成交易了，无须重复填写订单的相关信息。

5. 开发自动调价系统

自动调价系统可以依季节变动、市场供需情形、竞争产品价格变动和促销活动等情况自动调整产品价格。如当当网自主研发了“智能比价系统”，一旦发现其他网站同类商品的价格比当当网的价格还低，系统将自动按低于对方10%的标准调低价格。

6. 建立完善的配送系统

如Dell将美国货物的配送业务交给联邦快递公司完成，为其网上直销提供了有力的支撑。

步骤六　对营销策略实施效果的评估与调整

对营销策略实施效果的评估与调整是保持网站正常运行的重要手段，它既可以自动调节系统按照既定计划的方向运行，更可以减少和避免各项工作的误差。评估与调整应该考虑点击率、满意度和销售额。

任务说明

在实施营销策略的过程中，应结合企业性质、企业规模、市场定位、产品周期等具体情况来区别对待。

四、任务成果

（1）掌握一般商务网站营销策略的制定思路和流程，能够根据网站的实际情况制定营销策略和实施计划。

（2）能够解决营销计划实施时所遇到的疑难问题。

知识点拨

在撰写市场调查报告时，应注意市场调查报告的结构，市场调查报告结构如表5—1所示。

表5—1　　市场调查报告的结构

结构	内容
开头	题目版面
	内容提要版面
调研报告正文	序言（调研报告的目标）
	主要的结论（一系列简短的陈述）
	调研采用的方法及调研过程
	调研结果（正文、表格、图表）
	调研结果小结
	总的结论和建设性意见
结尾	参考资料
	附录

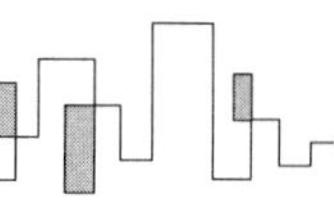

思考题

故事发生在几年前 10 月的一天。这是一个不算晴朗的上午，美国一家商店的老板 Bob 先生正一手端着咖啡，一手握着鼠标悠闲地在网上浏览着。忽然，以色列当地一家报纸的消息让他精神一振。该消息说“伊拉克可能会对以色列使用化学武器，以色列的老百姓因此惶惶不可终日……”Bob 先生坐直身体，脸上有几分严肃。多年的商业经验和敏锐的商业头脑告诉他，这是一个绝好的赚钱机会。“以色列需要大量的防毒面具”，他要马上行动。

Bob 通过美国的一个商业网站发布紧急求购防毒面具的消息，并打电话通知他在以色列的分店经理，让分店经理与最有声望的传媒联系，发布该分店供应防毒面具的消息。

消息发出后，求购者蜂拥而至，把分店挤得水泄不通，登记的队伍排成了长龙。而在美国，Bob 当天就在网上收到了来自 5 家厂商的供货信息。由于每个厂商都在网上看到了其他厂商的标价，为了得到这批订单，他们之间竞相降价，价格很快就从 145.25 美元/件降到 86.6 美元/件。供应商还答应了 Bob 的其他订货条件……第三天晚上，Bob 包租的两架美国军用运输机飞抵以色列，在那里，Bob 以 330 美元/件的价格销售了近 5 万件防毒面具，净赚 842 万美元，创造了现代商业史上的一个奇迹。

思考一：假若 Bob 当时没有上网，也没有网上供货信息的交流，那么会是什么样的结果?

思考二：假设当时以色列人可以网上订购的话，事情又会怎么样呢?

思考三：今天的网络渠道解决什么问题?

任务六　网络客户体验与服务

任务导入

海尔网上商城（www.haier.com）是 2002 年正式开通的。通过网上商城，海尔为消费者提供了“个性化定制服务”，为商家推出了“商家定做”服务，有效地缩短了海尔与用户之间的距离，提高了客户对海尔的满意度和忠诚度，提高了海尔的竞争力。海尔网上商城的特色体现在面向用户的个性化定制、产品智能导购、新产品在线预订和用户设计建议四大模块，可为用户提供独到的信息服务，使网站真正成为海尔集团与用户保持零距离沟通的平台。海尔集团与商家进行的 B2B 电子商务合作构建了新经济下的新型供应链，把海尔与分销商更紧密地结合起来。海尔集团推出的“商家设计、海尔制造”的全新营销模式，使家电经销商变成了家电产品的设计者，从而可以更好地满足用户以及商家的个性化需求。

[问题分析] 浏览海尔网站，谈谈你对海尔网站的网络体验。

任务分析

关键词	客户体验、服务
理论要点	网络客户体验与服务的建设思路、流程以及需要注意的问题
实践要点	能够结合实际项目进行网络客户体验与服务的建设

在网站运营过程中，客户体验是经常被谈及的概念。客户体验是客户或目标客户在访问网站和使用产品过程中的体验。客户体验包含了满意度、忍受度、回馈度三个层面的感受。一个网站的运营出了问题，往往与客户体验之间有着千丝万缕的联系。那么网站该如何通过改善客户体验为顾客提供更好的服务呢？

一、任务目标

结合实际项目，根据网络客户体验与服务建设的基本流程和思路，完成网络客户体验与服务的建设。

二、任务要求

（1）从思想上重视网络客户体验与服务的建设工作，了解网络客户体验与服务对网站运营的重要性。

（2）能够在项目前期制作网络客户体验与服务的规划方案。

（3）掌握一般商务网站客户体验与服务的建设思路和流程，能够根据实际项目完成网络客户体验与服务的建设。

三、任务过程

（一）基本流程

网络客户体验与服务的基本流程如图5—25所示。

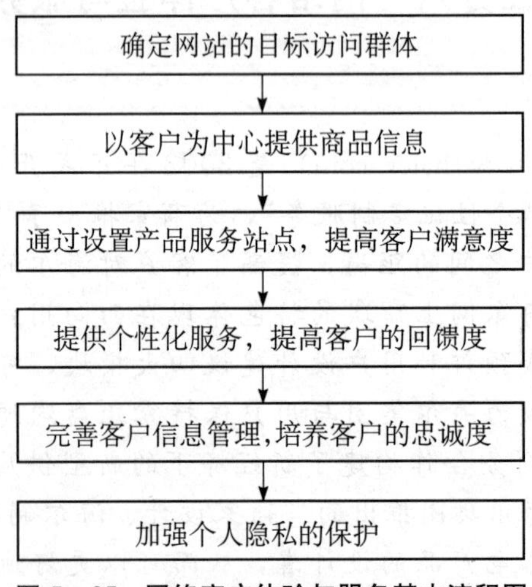

图5—25　网络客户体验与服务基本流程图

（二）具体步骤

步骤一　确定网站的目标访问群体

网站的目标访问群体就是企业要服务的客户群体。只有确定了服务对象和服务的区域范围，企业才能决定要生产销售何种产品、以何种手段促销。

例如，一家专门做特卖的网站——唯品会，如图 5—26 所示，它以低至一折的价格售卖名牌商品，商品囊括时装、配饰、鞋、美容化妆品、箱包、家纺、皮具、香水、3C、母婴用品等，并率先在国内开创了“名牌折扣＋限时抢购＋正品保险”的商业模式。承诺所有品牌商品均为 100％原装正品，支持多种付款方式，7 天无条件退货，采用了“零库存”的物流管理以及与电子商务的无缝对接模式。那么唯品会是怎样确定其目标访问群体的呢？

我们通过创始人洪晓波在《21 世纪经济报道》中的谈话可以寻找到唯品会的目标群体确定之路。

唯品会一开始做的是奢侈品品牌，但尝试了几期限时抢购后发现用户反响不是很好。唯品会创立之初就面临着用户不买账的困惑。究其原因，洪晓波认为，主要还是文化差异和市场发展阶段的不同，中国消费者对奢侈品网购的接受度还很有限。

通过对淘宝网网购订单的分析，他们发现，目前国内网络买家每单的平均消费在 80 元左右。在目前的消费环境下，Prada、Gucci、LV 等顶级奢侈品牌还不适于网络 B2C 销售。因此，唯品会迅速对产品定位进行了调整，舍弃一线顶级品牌，瞄准阿迪达斯、耐克、卡西欧、ebase、欧时力等中国消费者更熟悉的二、三线名牌。

图 5—26　唯品会首页

步骤二　以客户为中心提供商品信息

以“客户为中心”就是从消费者的立场出发，最大限度地满足消费者的需求。商务网站的设立，在很大程度上就是为了让现实和潜在的消费者在线获得公司产品和服务的相关信息，以便为其消费决策提供依据。相关信息越丰富、越详细，客户在线购物的体验就越接近真实状态，客户就会对公司在线销售的产品和服务更加了解，也更愿意购买。

对网上购物的客户来讲，他们除了关注能否找到自己所需要的产品信息外，还非常关注另外一些信息，如产品能否按时供货，能否对他们提供订单历史、货运信息、最新产品资讯等信息服务，当发现商品有质量问题时，能否提供退货和保修服务等。

美国著名的物流公司联邦快运（FedEx）能够直接、实时地把货物运输状态和货运公司的其他相关信息集成到电子商务系统中。同时，该物流公司也提供让顾客在网上直接退货的服务，并可以确保顾客能够跟踪退货，在经济上不受损失。这些信息使网上购物的顾客得到了极大的满足。联邦快运查询界面如图 5—27 所示。

图 5—27　联邦快运查询界面

步骤三　通过设置产品服务站点，提高客户满意度

网上产品服务是商务网站的重要组成部分，一个功能比较完善的商务网站应提供下面的服务：

1. 方便顾客获取所需的商品

合理设置网站导航，通过 SEO（搜索引擎优化）把用户最关心的信息、最常用的功能在第一时间呈现出来；把希望用户使用的功能用最简单的方式介绍给用户使用。对于一些复杂商品，特别是一些高新技术商品，企业在详细介绍商品各方面信息的同时，还需要介绍一些相关的知识，帮助顾客更方便地选购和使用商品。

2. FAQ 的设计

FAQ（Frequently Asked Questions）即常见问题解答。如 Microsoft 公司的网站中有非常详尽的知识库，对于顾客提出的一般性问题，在网站中几乎都有解答。同时，该网站还提供了一套有效的检索系统，让人们可以在数量巨大的文档中快捷查找所需要的信息资料。微软产品与服务查询界面如图 5—28 所示。

3. 虚拟社区

网上虚拟社区能够让顾客在购买商品后对产品发表评论，或者提出使用产品的一些经验，甚至还可以与使用该产品的其他顾客进行网上交流。营造一个与企业的服务或产品相关的网上社区，让顾客自由参与，可以吸引更多的潜在顾客，这对企业提高服务水平、获得客户信息和捕捉商机有很大的好处。易趣社区就是这样一个虚拟社区（见图 5—29）。

4. 顾客邮件列表

电子邮件是最快捷的沟通方式。顾客往往比较反感滥发的电子邮件，但对与自己相关的电子邮件还是非常感兴趣的。企业可以建立电子邮件列表，让顾客自由登记注册，然后定期向顾客发布企业最新的信息，加强与顾客的联系。例如，亚马逊采用电子邮件与顾客进行交流，在用户登记需求信息后，马上就会发送确认信函，明确公司将如何满足顾客的

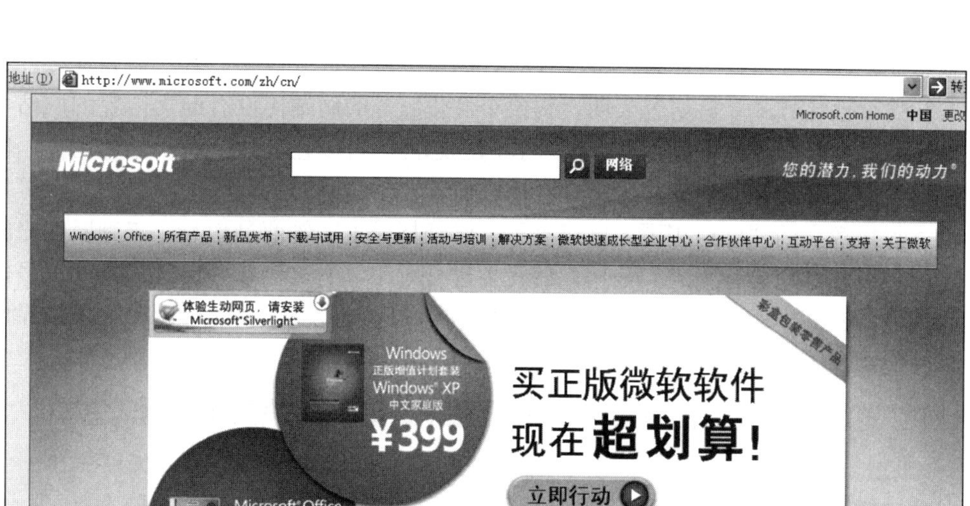

图 5—28　微软产品与服务查询界面

图 5—29　易趣社区界面

要求。另外，亚马逊为用户提供了多个不同的反馈信箱，以便处理他们提出的不同问题。当用户需要找寻一本新书时，亚马逊也会用电子邮件通知他们找寻的结果，并附上相关链接，如果用户喜欢的话，他们可以直接通过网络购买。

步骤四　提供个性化服务，提高客户的回馈度

个性化服务也叫做定制服务，就是根据消费者个人爱好和特色来进行服务，从而使网站成为在为大多数客户提供服务的同时，亦能够一对一地满足客户特殊需求的市场营销工

具。它改变了“我提供什么，客户接受什么”的传统方式，变成了“客户需要什么，我提供什么”的个性化方式。有研究表明，提供个性化服务的网站比没有此项内容的网站可以更有效地增加销售额。如卓越网推出的“我的卓越网”可以让客户定制个性化主页，使用它能找到所有与客户相关的内容，如“我的收藏夹”、“我的购物车”、“我的账户”等。同时，通过收集客户的“已经买了、已经有了、已经打分了”的商品信息，来判断客户的兴趣爱好，之后把客户的行为与其他用户的行为进行对比，通过比较，向客户推荐更多他们可能感兴趣的商品，所有这些推荐会显示在网站的各个地方。“我的卓越网”登录界面如图 5—30 所示。

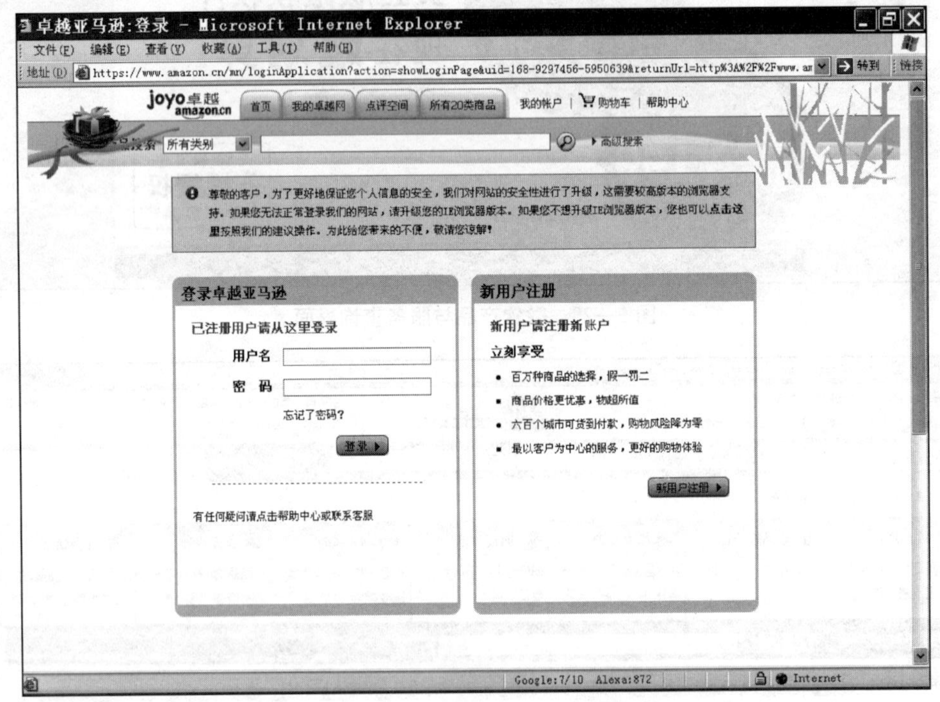

图 5—30 “我的卓越网”登录界面

步骤五 完善客户信息管理，培养客户的忠诚度

最新的调查表明，为了获得个性化服务或获得有价值的信息，有超过 50%的客户愿意提供自己的部分个人信息，这对于网络营销人员来说，无疑是一个好消息。但是网上的信息很丰富，对客户资源的争夺也很激烈，因此，网站需要从客户的实际利益出发，合理地利用客户的主动性来丰富和扩大客户数据库，同时，对客户的购买行为进行数据收集、整理和分析，并提供相应的售后服务。

亚马逊网站每周能从网上收集大约 500GB 的流量数据，即使 10%是有用的，客户的商业信息和档案也能得到及时更新（网站能够使用这些档案信息来修正相应的购买决策支持内容，以便更适合客户的购买需求）。亚马逊网站首页如图 5—31 所示。

步骤六 加强个人隐私的保护

网络空间的个人信息隐私权主要是指公民在网络中享有的私人生活安宁与私人信息依法受到保护，不被他人非法侵犯、知悉、收集、复制、公开和利用的一种人格权，也指禁

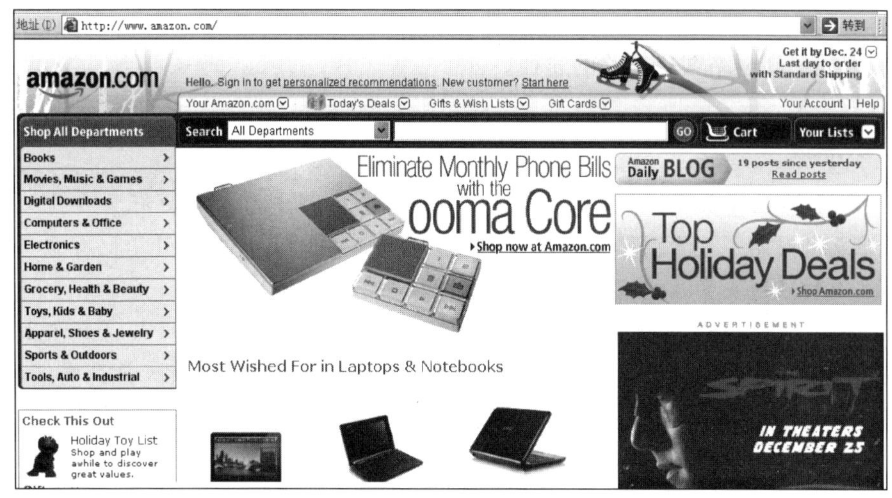

图 5—31　亚马逊网站首页

止在网上泄露某些与个人有关的敏感信息，包括事实、图像以及毁损的意见等。网络隐私权大致有如下的内容：

（1）知情权。用户有权知道网站收集了关于自己的哪些信息，这些信息将用于什么目的以及该信息会与何人分享。

（2）选择权。消费者对个人资料的用途拥有选择权。

（3）合理的访问权限。消费者能够通过合理的途径访问个人资料并修改错误的信息、删改数据，以保证个人信息资料的准确、完整。

（4）足够的安全性。商务网站应该保证用户信息的安全性，阻止未被授权的非法访问。用户有权请求网站采取必要而合理的措施保护用户个人信息资料的安全。

互联网上个人隐私遭到侵犯的事件时有发生，个人信息被企业用于开展各种营销活动的现象普遍存在，最严重的甚至是信用卡信息被盗用，直接造成经济损失。因此，我们必须加以认真应对。

任务说明

确定网站的服务对象一般可以从以下几个方面入手：

（1）用户的年龄与性别结构。

（2）用户的文化层次。

（3）用户的职业与专业分布。

（4）用户的地域分布。

（5）用户的个性偏好。

四、任务成果

（1）掌握一般商务网站客户体验与服务的建设思想和流程，能够根据网站的实际情况完成网络客户体验与服务的建设。

（2）能够比较分析竞争对手的网络客户体验与服务存在的问题，并吸取经验教训，改正自身的不足。

（3）掌握提高网络客户体验的途径。

知识点拨

SEO（搜索引擎优化）：搜索引擎就是虚拟社会的列车，它会把有需要的人带到合适的页面或者网站。搜索引擎优化就是为搜索引擎铺路，引导搜索引擎把有需要的人带到你网站上的任何页面，让有需要的人找到你。

虚拟社区：一般是指一群拥有相同或相似兴趣、爱好、经验的人（如学生、上班族、男性、女性等）或是有着一定知识和技能的专业人士（如营销人员、医生），通过电子邮件、即时通信软件、新闻小组、聊天室或论坛等方式组成的一个社区，在这个社区中，参与的会员可以沟通、交流、分享信息。

思考题

中国商业互联网发展调查结果显示，2012 年中国商业网站 100 强中以腾讯、百度、新浪、搜狐和优酷名列前 5 名。

思考：浏览以上 5 个网站中的 3 个网站，写一份 400 字左右的资料分析，说明网络客户体验对商务网站的重要性。

任务七　营销活动评估

任务导入

2003 年诞生的淘宝网一路走来，风光无限。

但当前的淘宝网却面临着一个很致命的威胁，也是淘宝网这个品牌亟待解决的问题。淘宝网的远景是一个综合型的“商城”，这里将有高端市场、中端市场、低端市场。对于中高端市场，淘宝网在保证产品质量的同时，价格要远远低于商场购买的价格；对于低端市场，甚至是假货市场，淘宝网会明确告诉你，淘宝网这个部分卖的就是假货仿货。

淘宝网之前的宣传，几乎都不离一个主题，那就是“便宜”。传播的越多，消费者对淘宝网的印象就越根深蒂固，那就是在淘宝网买东西比别的地方便宜，要买便宜货就上淘宝网。

但对于淘宝网这个品牌而言，一旦消费者无法扭转“淘宝”等于“便宜”的消费观念，那么对于淘宝网的发展将是一个巨大的威胁。

[问题分析] 请你从树立网站品牌形象的角度，谈谈淘宝网应如何改变目前消费者对其已经形成的消费观念。

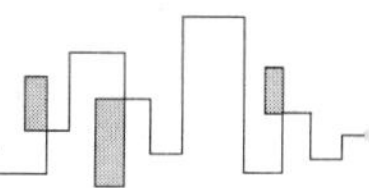

任务分析

关键词	营销活动评估
理论要点	营销活动评估体系的建设思路、流程以及需要注意的问题
实践要点	能够结合实际项目建设营销活动评估体系

营销活动评估是商务网站运营管理中的一个重要环节。通过评估，企业能够明确其网络营销的战略和阶段策略是否恰当，检查自己在实施过程中是否有所偏差，是否为企业经营带来了预期的变化和效益。在营销活动评估过程中，企业通过评估机构能够广泛收集公众和客户的各方面意见和建议，获得在传统营销评估中难以得到的信息，这些都可以为企业及时调整和改进营销工作、提高企业的整体营销能力提供客观依据。同时，营销活动评估给企业提供了借助第三方机构来评价企业能力、宣传企业的机会。由于第三方机构能够以统一的标准来衡量所有参与评估的企业，因此，这种评估在社会公众心目中比企业自身的宣传更客观、更公正，影响面更大。所以，营销活动评估能为企业带来直接的广告宣传所达不到的效果。

那么，如何对商务网站的营销活动进行评估呢?

一、任务目标

结合实际项目，根据营销活动评估基本流程和思路，完成营销活动评估体系的建设。

二、任务要求

（1）重视营销活动评估的建设工作，了解营销活动评估的意义。

（2）能够在项目前期为营销活动评估做出规划方案。

（3）掌握一般商务网站营销活动评估体系的建设思路和流程，能够根据实际项目完成营销活动评估体系的建设。

三、任务过程

（一）基本流程

营销活动评估的基本流程如图 5—32 所示。

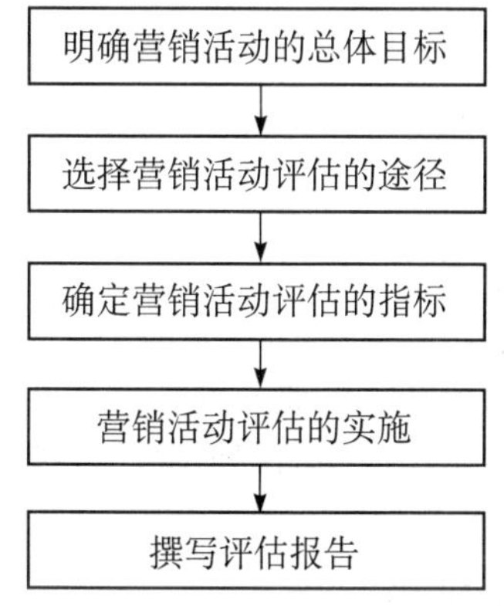

图 5—32　营销活动评估基本流程图

（二）具体步骤

步骤一 明确营销活动的总体目标

做任何事情都必须明确目标，像营销活动这样比较大的项目更需要明确目标，否则评估人员不知道该怎样评估。商务网站营销活动的具体目标主要有：

（1）利用网络营销促进企业的网上销售。

（2）利用网络营销提高企业形象，建立客户忠诚度。

（3）利用网络营销收集有关信息，发现潜在需求。

（4）利用网络营销建立合作联盟，降低成本。

企业的营销目标一经确定，后续工作将围绕其展开。

步骤二 选择营销活动评估的途径

企业营销的目标不同、评价目的不同，所选择的评估途径也不同。一般来说，可以分为利用自己的网站进行评估和利用第三方机构进行评估两种。

1. 通过自己的网站进行评估

网络技术给企业进行营销评估提供了方便、实用的工具。对于很多企业来说，可以在自己的网站上通过服务器及操作系统的日志文件、用户注册数据库、交易系统数据库等获取相关的数据并进行分析，这些分析多数属于日常的统计分析评价。对自己的网站进行评估，主要是为了对企业的营销工作进行日常的监督和信息反馈，及时掌握顾客的需求变化、购买习惯和客户对网站的看法，为企业制定网络营销策略提供依据。

2. 利用第三方机构进行评估

第三方评估机构是专业的营销评估组织，评价的内容广泛、全面，评估结果具有横向可比性。因此，企业参加权威性第三方机构举行的评估活动并取得好的评估结果，对树立企业形象、宣传企业理念、赢得客户信赖和客户忠诚有着事半功倍的效果。企业在利用第三方机构进行评估时，可以以会员的形式参加第三方评估机构的常规评价，也可以申请第三方评估机构为自己的企业提供专门的网络营销评估。目前，国内外有一些公司专门从事对商务网站的评估服务，如中国互联网络信息中心（CNNIC）每半年对国内互联网的发展情况进行一次测评，包括对国内网站进行排名和评价。中国互联网络信息中心的界面如图 5—33所示。

步骤三 确定营销活动评估的指标

不同的企业由于其营销目标、营销策略不同，因而期望达到的效果也就不一样，故而评估指标需要有不同的侧重。根据不同的评估对象，营销的评估指标可以分为以下几个方面：

1. 网站和产品的品牌形象指标

网络消费者面对网络上更大、更丰富的选择空间，其选择结果在很大程度上取决于他们对品牌的认可。因此，品牌的树立对企业来说是极其重要的，这也是企业战胜竞争对手的有力武器。网络营销企业的网站和产品品牌形象评价指标应该包括以下几个方面：

（1）网站在业界的声誉。

（2）网站在业界出现的数量和频次。

（3）网站访问者的滞留时间和频次。

图 5—33 中国互联网络信息中心界面

（4）网站注册用户的数量。

（5）网站的访问量及增长率。

（6）公众对企业、企业产品的信任度。

2. 网站经营效果指标

企业网站经营效果可以从以下几个方面来衡量：销售额、客户数量、重复购买率、转化率、利润、市场的渗透水平等。这些指标从不同的侧面反映了企业进行网络营销的成果。在运用过程中，企业可以根据自己的需要选择必要的指标进行测评。

3. 网站技术水平指标

网络营销评价的一个重要方面就是对网站本身的技术水平和网上营销策略设计的评估。这些指标主要包括：网站设计、网站推广、网站流量等。

企业在评价网站时，首先应衡量网站在功能、风格和视觉效果等方面的满足程度，衡量其是否做到了主题明确、层次清晰。除此之外，还可以运用一些通用的指标进行细节方面的测评。这些指标有：

（1）不同带宽下的主页下载时间。

（2）链接和拼写情况。

（3）不同浏览器的适应性。

（4）对搜索引擎的友好程度。

（5）可扩展性。

（6）网络安全性。

例如，当当网的主页背景与主页上各类商品的封面图片相互搭配，清晰而又整洁。主页最上层是分类区，包括店铺名称和专题查询等，方便用户根据自己的要求查询；左面是商品分类，包括图书、影视、音乐、游戏、杂志等分类条款；中间是主要的广告内容；右面是新产品以及TOP排行榜。从整个页面看，设计较为紧凑，显示的商品分类明确，网站实用性较强。当当网首页如图5—34所示。

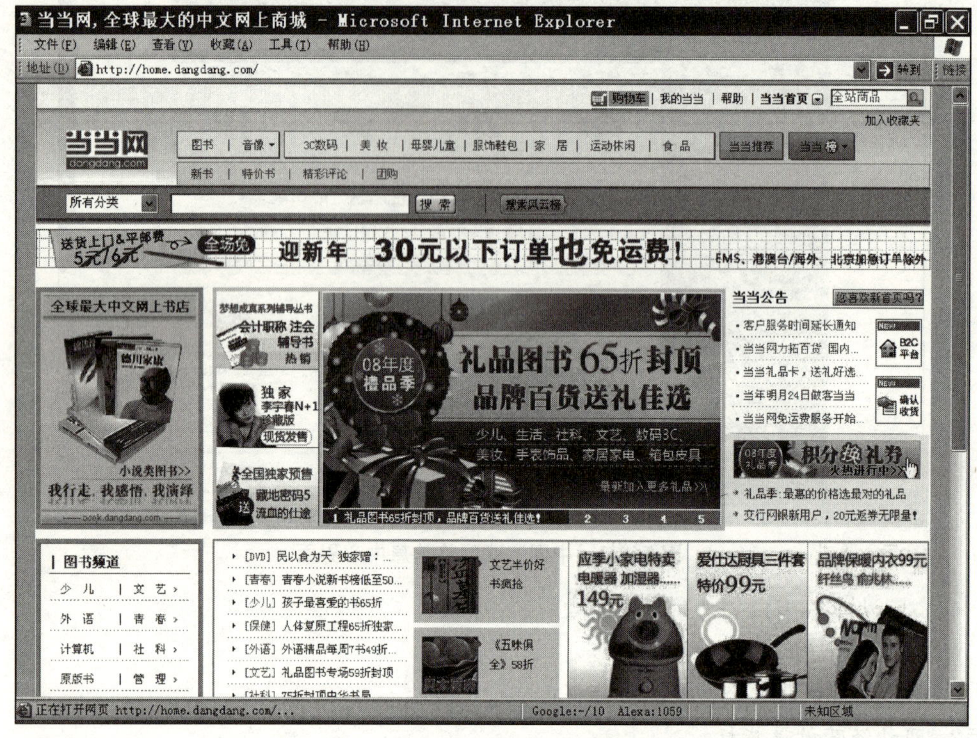

图5—34　当当网首页

步骤四　营销活动评估的实施

确定了营销评估的指标体系后，接下来就要通过各种方法来获得这些指标体系的数据，从而实施评估。一般来说，这些数据来源于以下三个方面：

（1）Web服务器的统计信息。Web服务器可以通过一些程序自动记录服务器上的各种活动，根据这些记录可以统计出服务器的各种信息。

（2）获取用户的反馈信息。可以通过发放调查表等方式来获得用户的回馈，调查表发放的途径包括电子邮件、即时信息交流工具等，也可以通过企业网站上的留言板、聊天室或网络社区来获取用户的反馈信息。

（3）其他信息来源。在必要的情况下，可以有针对性地开展直接面向消费者的调查。

步骤五　撰写评估报告

评估报告应该包括以下内容：

（1）评估的目的。

（2）评估的指标体系。

（3）实际运行效果及数据分析。

（4）综合评价。

（5）存在的问题与对策。

任务说明

值得注意的是：获得测评指标数据后应对结果进行分析，避免由于测试指标本身存在不适用性而造成评价失真。

1. 网站推广水平指标。网站推广的效果关系到企业网络营销的最终成果，衡量网站推广程度的指标主要有以下几个：

（1）使用搜索引擎的数量和排名情况。

（2）与其他网站的链接情况。

（3）注册用户的数量。

2. 网站流量指标。网站流量可以通过以下几个指标来测试和评定：

（1）独立访问者的数量。

（2）页面浏览数。

（3）每个访问者的页面浏览数。

（4）用户在网站的停留时间。

（5）用户在每个页面上的停留时间。

四、任务成果

（1）掌握一般商务网站营销活动评估体系的建设思路和流程，能够根据网站的实际情况完成营销活动评估体系的建设。

（2）根据商务网站的实际情况，灵活选用营销活动评估指标。

（3）能够根据营销活动的评估过程撰写评估报告。

知识点拨

网络营销评估：网络营销评估是指通过一系列定量化和定性化的指标，对企业网络营销的各个方面进行综合评价，达到总结和改善企业网络营销工作、提高整体营销效果的评估活动。

思考题

2008年11月15—16日的央视《新闻30分》为百度下了猛药。央视两次播出了百度竞价排名积弊的新闻，直指百度三大“弊病”：传播虚假医疗信息、恶意竞价、协助客户造假。

央视矛头极其尖锐：网络时代，人们经常依赖网络搜索引擎寻找自己需要的信息。然而，一段时间以来，越来越多的消费者抱怨说，因为百度搜索引擎竞价排名提供的虚假网站或信息而上当受骗。

百度“竞价排名”如今已成为公开的秘密，任何单位、个人只要交纳推广费，就可获得咨询、开户、管理、关键词访问报告4项专业服务，就可以任意设定自己想要的关键词。不可否认，通过竞价排名这种独特的赢利模式，百度成就了一批公司，也推动了自己在纳斯达克上市。但由于缺少监管，“有奶便是娘”，有越来越多的不法商家通过投放竞价广告来获得更有利的搜索排名，给消费者及守法商家带来了无法挽回的损失，上演了“劣币驱逐良币”的悲剧。

思考：根据上述材料，谈谈你对利用“搜索引擎”这种方式推广网站的看法。

项目六　电子商务推广实用工具与方法

学习提示

学习目标：

- 知识目标：掌握电子邮件、博客、搜索引擎、网络广告、即时通信工具等主要营销工具的基本知识点。
- 能力目标：通过不同网络营销推广工具的应用，能够对商务信息进行收集、分析、处理，并加强与客户的沟通与联系，建立良好的客户关系，将推广工具与商业管理相结合，提高网络营销能力，帮助企业获得最大利益。
- 素质目标：培养开拓创新、勇于探索的精神及严谨、踏实的工作习惯，提高分析、处理问题的判断力和执行力。

本项目重点：

- 电子商务各种营销推广工具的应用流程、特点以及不同工具的综合运用。

任务一　E-mail 营销

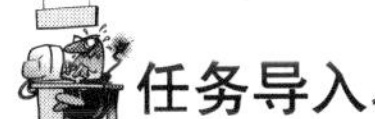

任务导入

某汽车集团定期向用户群发送电子邮件，经过多年的网上运作，收集到成千上万封来自汽车制造商的采购主管、零件销售商、综合贸易负责人、汽车产品爱好者和设计人员的 E-mail，而且这个客户群一直保持动态发展，为该汽车集团带来了源源不断的客户资源。

［**问题分析**］企业应如何确立 E-mail 营销在企业市场战略中的地位？

任务分析

关键词	许可 E-mail 营销、邮件列表、EDM
理论要点	E-mail 营销的思路、流程以及需要注意的问题
实践要点	能够结合实际项目进行 E-mail 营销

电子邮件营销（E-mail 营销）是利用电子邮件与用户进行商业交流的一种直销方式。

那什么是E-mail营销呢？E-mail营销是在用户事先许可的前提下，通过电子邮件的方式向目标用户传递有价值信息的一种网络营销手段。

E-mail营销有三个基本因素：基于用户许可、通过电子邮件传递信息、信息对用户是有价值的。三个因素缺少一个，都不能称之为有效的E-mail营销。

因此，真正意义上的E-mail营销也就是许可E-mail营销。根据许可E-mail营销所使用的用户电子邮件地址资源的形式，可以分为内部列表E-mail营销和外部列表E-mail营销，或简称内部列表和外部列表。内部列表也就是通常所说的邮件列表，是利用网站的注册用户资料开展的E-mail营销方式，常见的形式如新闻邮件、会员通信、电子刊物等。外部列表E-mail营销则是利用专业服务商的用户电子邮件地址来开展E-mail营销，也就是以电子邮件广告的形式向服务商的用户发送信息。

E-mail营销的主要特点如下：

（1）范围广。

（2）操作简单，效率高。

（3）成本低廉。

（4）应用范围广。

（5）针对性强，反馈率高。

E-mail营销与其他网络营销策略如企业网站、搜索引擎、网络广告等具有一定的区别和联系，而E-mail营销本身可以与各种网络营销手段结合在一起，从而形成一个完整的网络营销系统。

一、任务目标

结合实际项目，通过电子邮件手段，完成对企业以及商品的推广与营销。

二、任务要求

（1）了解E-mail营销的流程以及目标。

（2）能够在前期制作营销规划方案，在营销的过程中结合客户情况及时跟进，实现营销的目标。

三、任务过程

（一）基本流程

E-mail营销的基本流程如图6—1所示。

（二）具体步骤

步骤一　提交邮件地址订阅

虽然这个步骤由用户执行，不在营销人员的操控范围内，但在E-mail营销中，这是一个比较重要的步骤，其主要内容是根据用户所提供的信息来完成用户邮件地址、用户资料、用户感兴趣的内容等各项信息的收集工作，工作的目的是在后期完成“邮件列表”的收集与完善。获得用户许可的方式有很多种，如用户为获得某些服务而注册为会员，或者用户主动订阅新闻邮件、电子刊物等。也就是说，许可营销是以向用户提供一定有价值的信息或服务为前提的。

步骤二　发送验证邮件

这是一个针对相应的订阅者发送重新许可申请的过程。经过步骤一收到用户提供的相

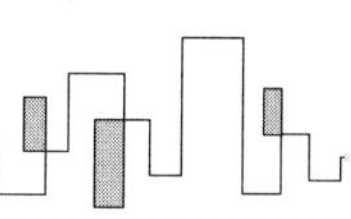

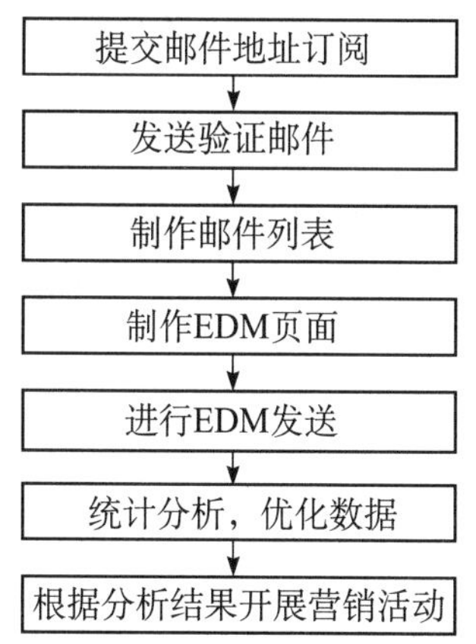

图 6—1　E-mail 营销基本流程图

关信息邮件后，后台系统自动回复，告诉用户已收到邮件，特向用户发出包含有确认信息的验证回邮。图 6—2 是卓越亚马逊的一封验证邮件，其中除了邮件内部的验证按钮和链接外，还给出了一个可粘贴在浏览器地址栏中的 URL。

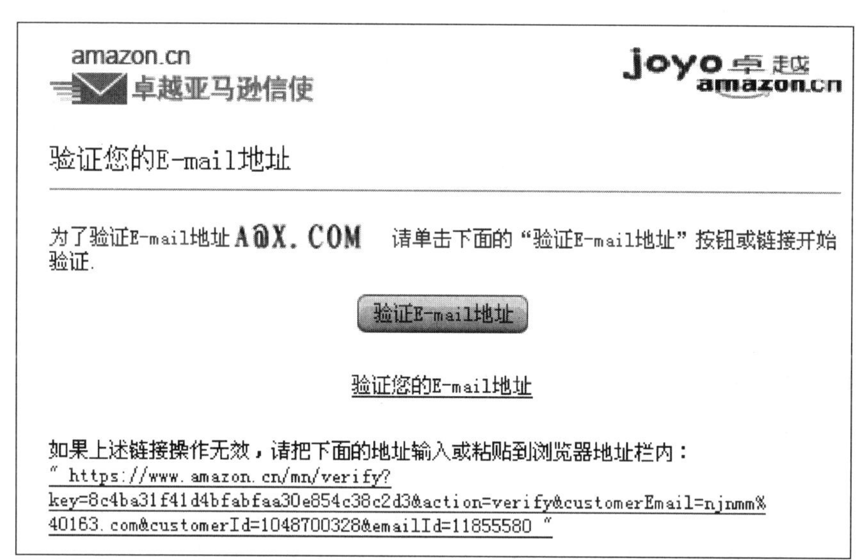

图 6—2　卓越亚马逊的验证邮件

发送验证邮件可以让客户产生一种被重视的感觉。根据经验，两次申请是一个比较合适的数字，再多了很有可能导致效果变差，甚至被当做垃圾邮件处理。

步骤三　制作邮件列表

邮件列表的起源可以追溯到 1975 年，是互联网上最早的社区形式之一，用于各种群体之间的信息交流和信息发布。早期的邮件列表是一个小组成员通过电子邮件讨论某一特定话题，一般称为讨论组。早期互联网的计算机数量很少，讨论组的参与者也很少，而现在互联网上有数以十万计的讨论组。讨论组后来发展演变出另一种形式，即由管理者管制的讨论组，也就是现在通常所说的邮件列表，或者叫狭义的邮件列表。

开展 E-mail 营销的基础之一是拥有潜在用户的 E-mail 地址资源，这些资源可以是企业内部所拥有（内部列表）的，也可以是合作伙伴或者专业服务商所拥有（外部列表）的。常见的邮件列表有六种形式：电子刊物、新闻邮件、注册会员通信、新产品通知、顾客服务/顾客关系邮件和顾客定制信息。

E-mail营销的重要工作之一就是用户邮件地址资源的获取、有效管理及应用。图6—3是卓越网的邮件订阅界面，由此可以制作对应各个项目的邮件列表。

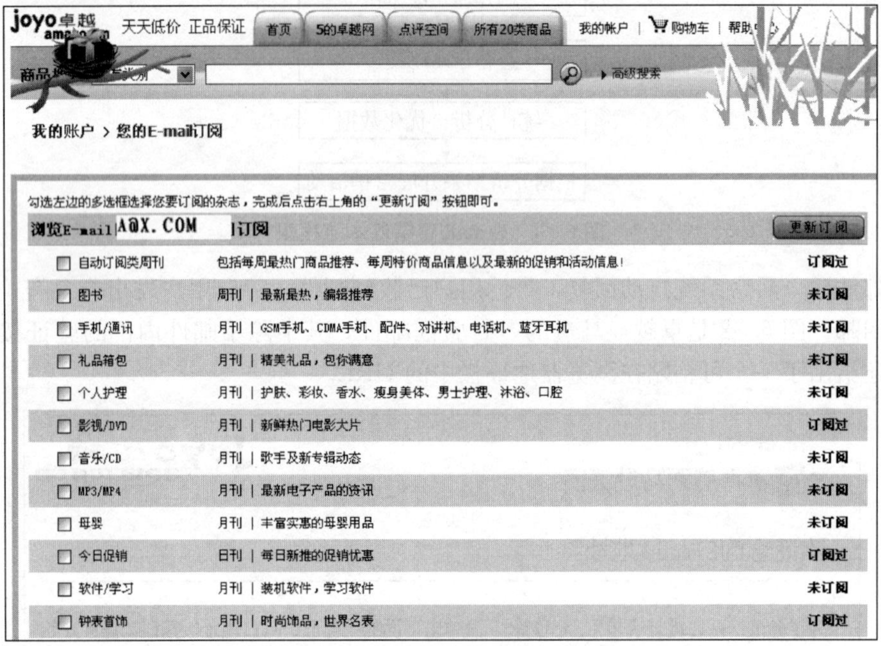

图6—3　卓越网分类邮件列表

步骤四　制作EDM页面

EDM是Electronic Direct Mail的缩写，即电子直邮。企业可以通过EDM建立同目标客户的沟通渠道，向其直接传达相关信息，用来促进销售。EDM有多种用途，可以发送电子广告、产品信息、销售信息、市场调查、市场推广活动信息等。EDM有别于传统的DM，除可加强其声音效果外，还可依据收信者的个人偏好制作一对一的促销邮件，具有精准有效、个性化定制、信息丰富全面、具备追踪分析能力等优势。

一个好的EDM必须有以下几项：

（1）取消订阅选项。很多营销人员在重新订阅的页面上只设置“继续订阅”一个选项，结果很多本来不太感兴趣的订阅者，由于惯性的原因点了一下，又加入了订阅队伍，这样实际上起不到推广的作用。而增加“取消订阅”选项，则能够让订阅者感受到企业对这件事情的重视，感受到企业是严肃的，感受到许可E-mail是有价值的，反而会让他们更加重视订阅。

（2）公司名称和地址。没有公司名称和地址的话，用户就不会对企业产生认同感，反而会降低可信度，这样就起到了相反的作用。

（3）一个外部链接。也就是通过URL链接，让那些在邮件系统中不能正常浏览的用户可以正常浏览。

(4) 用户的邮件地址。当收到标题和正文的称呼都是个性化的邮件时，客户会认为是为他特意发送的，邮件被打开仔细阅读的概率就非常高。

(5) 一个让用户把你的地址加入地址簿的请求。这可以保证邮件中的图片能够正常显示。

(6) 全文本版本的邮件。有些用户可能将他们的邮件程序设置为只显示文本，所以尽可能在邮件中包含 html 和纯文字两个版本。

步骤五 进行 EDM 发送

从使用 EDM 的经验来看，针对老客户的效果好些，针对新客户的效果较差，针对新客户的平均打开率不到 20%，转化率不到 1%，而且针对新客户的 EDM 的效果主要取决于邮件地址的准确性和人群的匹配度，如果这一点无法保证的话，再多的监控参数都是没有用的。因此，在投放的时候，必须要选择精准的邮件列表。正如前面所说，邮件列表决定了接收 EDM 的用户是否视其为垃圾邮件，广告费用是否被浪费。比如，粮食广告就要选择与粮食相关行业用户的邮件列表，如果选择了不匹配的电子行业邮件列表的话，所发送的 EDM 将完全达不到营销的目的。EDM 广告以精准而著称，如果广告接受者不是其目标受众，不但会浪费广告费用，更违背了 EDM 的宗旨。

另外，也要考虑到潜在市场的开发问题。比如，很多提供 E-mail 服务的网站在提供用户注册服务的时候，都要求用户填写出生日期、从事的行业等选项，企业可以根据这些内容进行潜在用户的开发工作。

步骤六 统计分析，优化数据

传统广告的效果通常是以产品的销售额来体现的，是无法互动的。而网络提供了各种有效的沟通方式，可以让企业和广告目标受众充分地、便利地沟通交流，及时了解第一手的准确信息，以便对广告、产品、策略进行适当的调整。

EDM 一般都具备追踪分析的能力，企业可以利用这个特点，通过追踪用户的行为，统计邮件点击数并加以分析，进行数据优化，获取销售线索。一般来说，点击 EDM 的用户大多对产品感兴趣，对于这部分用户进行成功推销的概率相对而言会比较大。

步骤七 根据分析结果开展营销活动

由于 E-mail 的收件人都是潜在用户，而且供求双方通过电子邮件双向沟通，所以在 E-mail 营销中可以使用传统营销中效果最好的一对一营销，其目的是为了更好地满足客户需求，提高市场占有率。根据步骤六的分析结果，从每一位客户的不同购买欲望和需求的差异性出发，将市场进行细分，从而确定具有相似购买欲望的群体，以满足每一位客户的特定需求，有针对性地开展一对一营销。

任务说明

以 E-mail 为工具，利用所学的流程、方法、技巧对企业、产品进行推广，完成许可信息发布，并对潜在的用户和市场进行开发。

四、任务成果

(1) 掌握 E-mail 营销的方法，完成 E-mail 营销方案的规划。

（2）按照步骤进行 E-mail 营销。
（3）掌握营销过程中存在问题的解决方法。
（4）对潜在市场进行开发。

知识点拨

E-mail：电子邮件又称为电子信箱、电子邮政，它是一种用电子手段交换信息的通信方式。通过网络的电子邮件系统，用户可以用非常低廉的价格，以非常快速的方式，与世界上任何一个角落的网络用户联系，电子邮件可以包含文字、图像、声音等内容。同时，用户可以得到大量免费的新闻、专题邮件，并轻松实现信息搜索。

思考题

思考一：在利用 E-mail 营销工具时，如何使客户档案价值最大化？
思考二：采用群发电子邮件进行许可营销的方式主要有哪些？
思考三：群发邮件时要注意的问题有哪些？

任务二　博客营销

任务导入

Stormhoek 是一家小葡萄酒厂，其产品是“Freshness Matters”牌葡萄酒。新西兰有最好的酿造白葡萄酒的技术，但南非的葡萄比较好，Stormhoek 生产的葡萄酒据称就是这两者的结合。

该厂家的葡萄酒在英国的 Asda、Threshers、Waitrose、Majestic、Sainsbury's 和 Oddbins 等大小商场均有销售。

Stormhoek 是家小企业，没有多少资金，因而也没有在英国投放任何广告，但 Stormhoek 对博客很倚重，其网站就是一个博客。他们想尝试一种新方法，一种新的营销方式，看与博客们的互动会怎样影响公司的内部交流和公司文化，进而影响公司的销售。

他们做了一个小试验：给博客们送出去大约 100 瓶葡萄酒。只要博客满足以下两个条件就可以收到一瓶免费的葡萄酒：（1）住在英国、爱尔兰或法国，此前至少三个月内一直写博。读者多少不限，可以少到 3 个，只要是真正的博客。（2）已届法定饮酒年龄。

收到葡萄酒并不意味着你有写博义务——你可以写，也可以不写；你可以说好话，也可以说坏话。

据 Stormhoek 自称，在 6 月的时候，用 Google 搜索这家公司只有 500 条搜索结果，而 9 月 8 日达到 20 000 条。在这两三个月中，他们自己估计有 30 万人通过博客

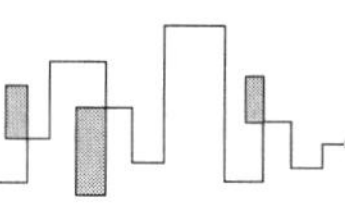

开始知道这家公司。这项活动后续产生的效应还很难具体估量，但Stormhoek发现，在过去不到一年的时间里，他们的葡萄酒销量翻倍了。

[问题分析] 假设你拥有一家生产纸巾的企业，你能够想到何种比较实用且有创意的推广计划？

任务分析

关键词	博客、博客营销、博客写作
理论要点	掌握博客营销的思路、流程，注意博客内容写作、环境管理等问题
实践要点	能够结合实际项目，使用博客对企业和产品进行推广、营销

要说明什么是博客营销，就首先要从什么是博客说起。现在关于博客概念的介绍已经非常多了，对博客概念的描述大同小异，简单来说，博客就是网络日志（网络日记），英文单词为Blog（Web Log的缩写）。博客的内容通常是公开的，可以发表自己的博客，也可以阅读别人的博客，因此，它可以被理解为一种个人思想、观点、知识等在互联网上的共享。

由此可见，博客具有知识性、自主性、共享性等基本特征。正是博客的这种性质，决定了博客营销是一种基于个人知识资源（包括思想、体验等表现形式）的网络信息传递形式。因此，开展博客营销的基础是对某个领域知识的掌握、学习和有效利用，并通过对知识的传播达到营销信息传递的目的。

什么是博客营销？博客营销的概念并没有严格的定义，简单来说，就是利用博客平台，发布、更新企业或公司的相关概况及信息，并密切关注、及时回复平台上访问者对于企业的相关疑问以及咨询，帮助企业或公司“零成本”获得搜索引擎的较前排位，以达到宣传目的的营销手段。与博客营销相关的概念还有企业博客、营销博客等，这些都是从博客具体应用的角度来描述的，主要区别于那些出于以个人兴趣甚至以个人隐私为内容的个人博客。一般来说，博客都是个人行为（当然不排除有某个公司集体写作同一博客主题的可能），只不过在写作内容和出发点方面有所区别：企业博客或者营销博客具有明确的企业营销目的，博客文章中或多或少会带有企业营销的色彩。

当企业博客内容持续更新，并且逐步积累丰富的内容资源之后，企业网站的总体价值会相应得到提升，这也就意味着博客网络营销在潜移默化中取得了效果。由此可见，博客营销的有效性需要较长的时间才能体现，与网络广告快速起效的推广方式有本质的区别，可以说，博客是网络营销长期战略层面的内容，在简单的企业博客文章背后的博客营销战略并不简单。

一、任务目标

建立营销博客，并以博客的形式对企业、产品进行宣传、推广。

二、任务要求

（1）掌握营销博客的建立流程。

（2）能够在前期正确处理个人观点与企业立场的关系，为博客内容的写作打下基础，并结合企业、产品的情况进行博客内容的写作，形成一个良好的博客环境。

（3）与博客访问者进行沟通、互动、交流，提高顾客转化率。

三、任务过程

（一）基本流程

博客营销的基本流程如图 6—4 所示。

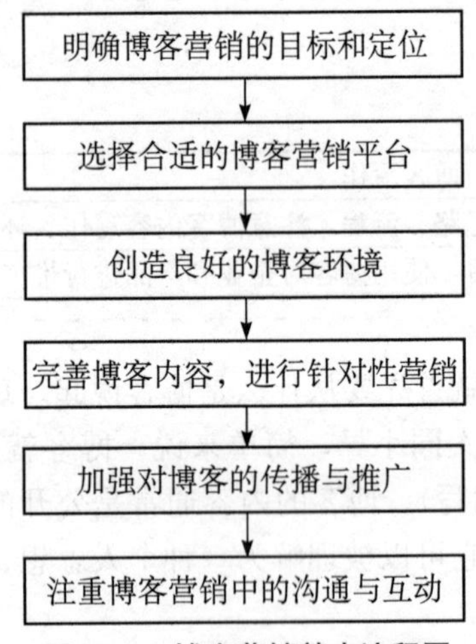

图 6—4 博客营销基本流程图

（二）具体步骤

步骤一 明确博客营销的目标和定位

建立营销博客的目的是为了对企业以及产品进行宣传、推广。那么在博客的定位上，就应该以企业以及产品的技术特点等各方面专业知识作为侧重点。

国内的企业营销博客有一个比较典型的特色，就是主打个人博客品牌，从而对企业形象和营销产生一个带动作用。比如，三一重工执行总裁向文波的博客、万科集团董事长王石的博客等。

如果想成为某一领域的专家，最好的方法之一就是建立自己的博客。如果坚持不懈地写下去，所营造的信息资源将带来可观的访问量。这些信息资源也包括收集的各种有价值的文章、网站链接、实用工具等。这些资源能为持续不断地写作更多的文章提供很好的帮助，这种资源的积累实际上并不需要多少投入，但其回报却是可观的。对于企业博客也是同样的道理，只要坚持对某一领域进行深度研究，并加强与用户的多层面交流，就可以为获得用户的品牌认可和忠诚提供有效的途径。

步骤二 选择合适的博客营销平台

在博客营销的初期，我们可以选择功能完善、稳定，适合企业自身发展的博客托管网站，并获得发布博客文章的资格。影响力较高的博客托管网站，其博客内容的可信度也相应较高。因此，在选择博客托管网站时应选择知名度比较高、访问量比较大的博客托管网站，这可以根据全球网站排名系统等信息进行分析判断。对于某一领域的专业博客网站，不仅要考虑其访问量，而且还要考虑其在该领域的影响力。

当企业在博客营销方面开展得比较成功时，则可以考虑使用自己的服务器，建立自己

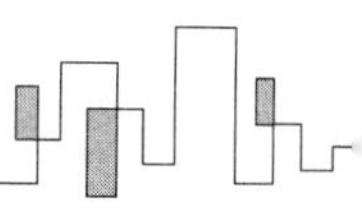

的博客系统，向员工、客户以及其他外来者开放。博客托管网站的服务是免费的，因此服务方是不承担任何责任的，所以服务也是没有保障的。如果中断服务，企业通过博客积累的大量资源将毁于一旦。如果使用自己的博客系统，则可以由专人管理，定时备份，从而保障博客网站的稳定性和安全性。另外，开放博客系统将引来更多同行、客户申请和建立自己的博客，使更多的人加入到企业的博客宣传队伍中来，在更大的范围内扩大企业的影响力。

常见的博客营销平台有：

1. 官方博客

官方博客是商业产品的推广经营者，即主办方开通的博客，用以发布企业和产品信息等，从而达到品牌推广及销售的目的。

2. 专栏博客

专栏博客有一定的权威和影响力。几乎每一个行业或产业都会有几个专栏博客平台。在这些专栏博客平台上，聚集了许多的行业专家，他们在业界有一定的话语权，从而使专栏博客平台成为很多商家、经理、销售总监等的营养吸收基地。长期坚持的行业或产业专栏撰写先行者，会很快成为该行业或产业的意见领袖，形成一定的影响力。

3. 第三方博客

第三方的立场一般都是客观公正的，所以很多网民都以第三方的说法作为参考。

步骤三 创造良好的博客环境

一个企业通过博客偶尔报道几则企业新闻或者发表几篇博客文章，很难发挥长久的作用，利用多种渠道发布尽可能多的企业信息并长期坚持，这样才能发挥其应有的作用。通过对一些博客网站的浏览可以发现，虽然注册的博客用户数量很多，但真正坚持每天（或者有一定周期）发表文章的人并不多。如何能促使企业的博主们有持续的创造力和写作热情，也是采用博客营销策略时必须考虑的问题。

利用博客营销的企业有必要创造合适的博客环境，并引入适当的激励机制，激发各种博客写手的参与热情。常见的博客写手如下：

1. 经营者

经营者写博客，重在宣传产品文化，是一种在高层次上推介产品的办法。这类博客能够呈现出公司的最初见解。经营者是真实的人，具有人性化的一面，一般都是成功的人。写作得当，能够成功营造出和谐的氛围，传达公司的重要信息，对产业话题作出回应，让大家了解公司的状况。

2. 员工

很多网店的博客是由员工来充当博客写手的，这在博客写手中是比较有代表性的。这样的博客写手一般对公司的某一些方面比较熟悉，当他们传播消息时，不仅传播知识，还会告诉大家消息的真正含义。

例如，当微软在测试新的搜索引擎以前，MSN 搜索小组的博客写手们便使用博客发布产品信息，坦承哪些地方还需要再改进，并告诉大家产品的开发方向，让大家对产品产生信赖感与期待。

3. 外聘写手

外聘写手就是外聘一家专门使用博客进行营销的公司，结合网店和商品特色，打造适合本网店的博客营销方式。

4. 消费者

挖掘并鼓励消费者成为网店的博客写手，由他们进行宣传。比如世界500强之一的美国宝洁公司，它的博客在全世界有2 000万注册客户。宝洁公司投放了大量的奖券，鼓励长期客户在宝洁的博客里为新产品做宣传。

步骤四　完善博客内容，进行针对性营销

内容是进行博客营销的基础，没有好的内容，就不可能有高效的博客营销。好内容不是大喇叭式的一味赞美，也不是枯燥乏味的高谈阔论。什么样的博客内容才是好内容呢？大原则只有一个：对顾客真正有价值的、真实的、可靠的内容。

如何针对营销目标，尽可能地完善博客内容呢？通常情况下要注意以下几点：

1. 保持常新

博客不仅是一个站点，还要不断提供新鲜的内容和独特的观点，必须用心经营、深入挖掘，而不是随意放点什么来敷衍读者，如果只是偶尔更新博客的内容，就会影响博客环境。所以，要做到至少一星期更新一次，越频繁更新越好。如图 6—5 所示，王石的博客在内容更新方面做得就很好，几天就更新一次。

图 6—5　万科董事长王石的新浪博客

2. 发出自己的声音

博客必须是来自真实个人的声音；对于每个事物必须要有自己的态度；对于提供的信息和内容，必须做到真实、广博、生动、高品位。博客写作虽然不需要像出版物那样考虑文章篇幅限制，但读者的时间是宝贵的。网友们通常会阅读许多内容，如果不直接说出自

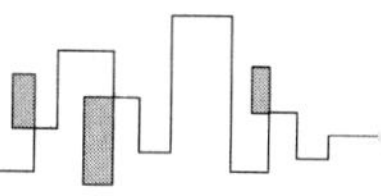

己的观点，他们就不会再看你的博客。

3. 专业而不枯燥

博客营销文章要有一定的专业水平或者业内知识。整体博客文章要专，也就是要始终为自己的目标服务。营销博客不能什么都写，要围绕自己的产品来布局自己的博客文章，博客文章的布局一定要从不同的文章题材中体现专业知识，也就是文章反映出的知识水平要高，让行业内人士一读就能认可；用一般人看得懂的语言写出来的专业文章才是好的博客文章，才能达到营销的目的，这也就是要增加趣味性，让人喜欢看。所以，在追求博客文章专业化的同时，不要让文章枯燥得令人昏昏欲睡，读起来让人感觉味同嚼蜡，否则就失去了专业的意义，更起不到营销的效果。

4. 简洁为美

简洁是美的极致，要花点时间为博客设计一个简洁美观的页面，放弃那些华而不实的设计，真正把页面下载速度放在首位，让文本内容易于阅读，归类文档易于搜索。有些博客，尤其是个人博客，背景做得很吸引眼球，页面也放置了很多东西，音频、视频、flash，基本上能放的都放了。这样做的后果是网页的打开速度很慢，读者由于网页背景的问题而看不清博文的内容；还有就是背景过亮或者过暗，看很短的时间读者就会感觉眼睛吃不消。企业博客由于面向的对象不同，一般不会像个人博客那样做得十分花哨，但也要注意这方面的问题。

5. 武装读者

不是人人都精通技术，读者们多数不知道 XML，不知道 RSS，也不知道博客延伸出的种种先进技术。因而博客要做的是用最大众化的语言告诉他们那些技术分别是什么，让他们懂得有哪些好处，并提供使用的方法。比如写个说明告诉读者如何使用 NewsReader，当然必须首先要告诉他们去哪里下载这个软件。另外，最好能建立邮件列表，让读者们通过 E-mail 与博客的内容保持同步。

6. 协调个人与企业的观点

在博客的写作方面，从事博客写作的一般是个人，但博客营销活动属于企业营销活动，因此，必须正确处理两者之间的关系。如果博客所写的文章都代表企业的官方观点，那么博客文章就失去了其个性特色，也就很难获得读者的关注，从而就失去了信息传播的意义。但是，如果博客文章只代表个人观点，而与企业立场不一致，就会受到企业的制约。因此，企业应该培养一些有良好写作能力的员工进行写作，他们所写的东西既要反映企业，又要保持自己的观点，这样才会获得潜在客户的关注。

步骤五　加强对博客的传播与推广

有不少人认为，只要把博客做好、内容新、更新快，就不用进行推广，这种“酒好不怕巷子深”的想法是极其错误的。那么一般的企业或者个人的营销博客到底怎样才能更好地进行传播与推广呢？可以从以下几个方面进行：

(1) 除了选择合适的博客营销平台外，还要考虑选择恰当的博客圈。如果是电子商务类企业或个人的营销博客，那么就要选择对应的电子商务类的博客平台。如果把电子商务类的博客建到了电脑游戏类的博客平台上，将不会有多少人感兴趣去浏览该博客，这样就完全违背了为营销而建立博客的初衷。如图 6—6 所示，新浪网就具体划分出了各种各样的博客圈。

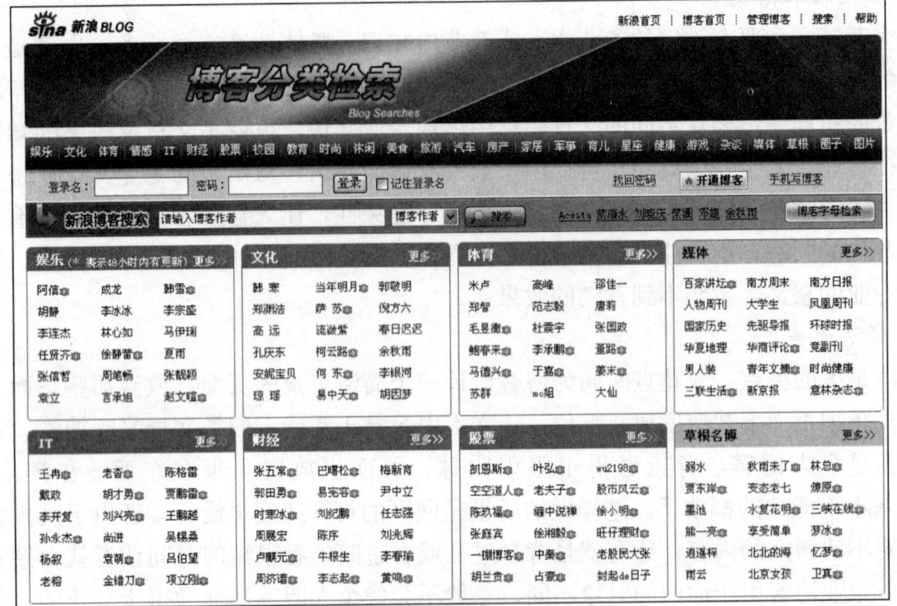

图 6—6 新浪网的博客分类

（2）内容是关键。这在前面一个步骤就进行了相关的说明。多写原创内容、经常更新、适当转载一些能够吸引人气的内容，都可以起到优化博客环境的作用。

（3）与其他博客进行交流并交换链接。对别人的博客进行访问，发表自己的一些看法和意见，同时留下自己的地址以便对方对自己的博客进行拜访。支持别人，别人也会对自己投来关注的目光，而且当自己拜访过并留言的博客被访问时，访客可以看到我们的留言以及博客链接，这就提高了被点击的机会。

（4）把优秀的文章转载到其他一些综合博客与行业网站并留下版权网址。好的文章大家都喜欢，如果你的博文足够好，别人就会把你的文章转载到更多网站，帮你宣传，提高你的网站的访问量。

（5）去一些人气比较旺的论坛社区，用签名形式推广博客，吸引更多网友点击。

（6）RSS推广与订阅代码。RSS是站点摘要系统，在网站中添加RSS订阅代码方便访客订阅，访客随时可以通过RSS阅读器，或者RSS网站观看网站更新的内容。

（7）通过E-mail、广告、聊天工具、名片、口碑、事件营销等方式进行推广。比如，有些娱乐明星在做电视节目的时候就会提到自己的博客，同时在电视屏幕上打出博客地址的字幕，这就是通过娱乐节目对自己的博客进行传播与推广，再通过博客对自己的个人品牌进行营销的方式。

（8）留住访客。访客得知我们的营销博客地址并进行浏览，可能通过搜索引擎或者博客平台浏览等各种方式。访客并不会记住博客的URL地址，也不一定会在一次浏览后就将我们的博客加入收藏夹以便再次关注。对博客进行单纯浏览是博客营销的基础层面，更重要的是想方设法提高访客的关注度。为了这个目的，只靠博客内容是不够的，还要学会使用其他的方法方便访客。比如博客平台一般都提供RSS功能，但国内对RSS了解并使

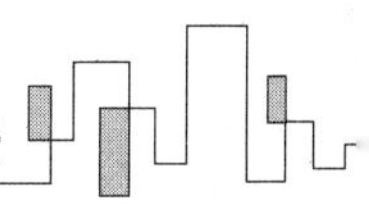

用的人并不多，博主可以对访客进行这方面功能的培训，使访客学会并使用 RSS。另外，也可以在博客比较显眼的位置摆放如“加入收藏”、“设为主页”等一些链接，以方便不愿意了解 RSS 的访客。

步骤六　注重博客营销中的沟通与互动

以博客为基础进行营销时必须清楚地意识到每个互动的博客访问者都是潜在客户，都有可能转化为现实客户。即使不是，也能够对博客起到宣传、推广的作用。

说出疑问是引发讨论的最好方式。由于博客自身的特点，这种讨论是以留言的形式保留在博客内的，任何访客都可以看到，通过现有的讨论内容，可以让访客对这些内容进行思考，从而诱发大家留下自己的看法和意见。除此之外，还可以设计隐含的话题，或者故意发表有争议的话题来吸引访客，进行沟通与互动。当然要记住一条原则：保持真诚，而不是欺骗。作为博主，要及时关注访客的留言，了解访客的想法，并结合情况对留言做出回复。

此外，还可以采取一些激励性的方法，比如发起一些有奖活动，刺激更多的访客来浏览并留言，或根据访客在博客内留下的 E-mail 地址，通过 E-mail 的形式进行沟通和互动。当然，还有线下的同城聚会等方式。

任务说明

建立一个营销博客，通过博客的博文内容以及博主和访客的互动、沟通、交流达到对企业和产品进行营销推广的目的。

四、任务成果

（1）正确处理个人观点与企业立场的关系，使博客始终能够发出一个坚定的声音。

（2）坚持不懈地及时更新博客，维护良好的博客环境。

（3）通过与博客访问者的沟通、互动、交流，积极地对营销博客、企业、产品等进行宣传和推广。

知识点拨

RSS、RSS 阅读器：RSS（Really Simple Syndication）是一种描述和同步网站内容的格式，是目前使用最广泛的 XML 应用。在许多新闻信息服务类网站上会有 RSS 按钮，有的网站使用的图标是 RSS ，有的是 ，这就是提供 RSS 订阅的标志，这个图标一般链接到订阅 RSS 信息源的 URL。订阅 RSS 新闻内容的方式很简单，远比订阅邮件列表方便，不需要网站的确认，只要将 RSS 新闻订阅网站的 RSS 订阅地址添加一下就可以了。目前常用的 RSS 阅读器有 Google Reader、抓虾、周博通等。

思考题

思考一：如何运用有效的语言与访客进行沟通与互动进而促成销售？

思考二：媒体报道过包括Google在内的多家知名公司的员工因写博客而丢掉工作的事件，可见企业博客面对的问题要远比个人博客复杂。那么，企业应如何制定合理的博客管理规范？

任务三　搜索引擎营销

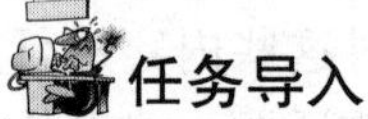

任务导入

“我命令你们用4个月时间花掉这300万美元，全部用到搜索引擎上。‘全部’的意思就是一分不剩！”显然，奥巴马十分懂得一个道理：搜索引擎决定你是谁，而“你是谁”在很大程度上决定了未来的美国总统是谁。

“搜索引擎此次在美国政治营销中展现出的力量预示着我们已经进入了一个新的营销时代。”凭借搜索引擎营销而成为美国第一位黑人总统的奥巴马被业内称为“网络时代的营销大师”。而在营销专家眼中，奥巴马的获胜更是开启了全新的营销时代——搜索引擎营销时代。在众多营销专家看来，美国总统大选实际上就是一场精彩而激烈的营销之战，“目标人群”是全体美国选民，这与企业营销有着异曲同工之妙。而此番奥巴马借助网络搜索引擎竞选成功的经历，更是值得众多中小企业借鉴和学习的经典案例。

［问题分析］ 对于当前众多中小企业而言，如何像奥巴马一样在竞争激烈、预算经费有限的情况下，最大限度地将产品覆盖到目标客户群，同时又可以精准、有效地掌控推广效果？

任务分析

关键词	搜索引擎营销、搜索引擎优化
理论要点	搜索引擎营销和搜索引擎优化的思路、流程以及需要注意的问题
实践要点	能够结合实际项目进行搜索引擎优化及营销

SEM是Search Engine Marketing的英文缩写，其中文意思就是搜索引擎营销。搜索引擎营销是网络营销的一种新形式，这是因为搜索引擎具有主动搜索的信息传递方式，搜索引擎营销就是企业有效地利用搜索引擎来进行网络营销和推广的一个过程。

搜索引擎营销策略包括免费搜索引擎推广和收费搜索引擎广告。免费方法如分类目录登录、基于自然检索结果的搜索引擎优化排名、网站链接等；付费搜索引擎广告则包括关键词广告及其优化和效果管理、搜索结果页面位次排名等。

运用搜索引擎的基本目标是为用户通过搜索引擎发现企业网站的地址尽可能提供方便，既要有利于搜索引擎的收录和检索，又要有利于用户发现并访问企业网站。运用搜索引擎的最终目标是将浏览者转化为真正的客户，从而实现销售收入的增加。就拿 Google 来说，每天使用其进行搜索的人数达 2 亿人。如果你的网站能在搜索结果中排在第一页或第一名，那将会给你带来无数商机。需要特别指出的是，在席卷全球的金融风暴的影响下，搜索引擎几乎被当成了众多中小企业“过冬”的救命稻草。

一、任务目标

结合实际项目，通过搜索引擎营销的手段，完成对企业以及商品的推广与营销。

二、任务要求

（1）了解搜索引擎营销、搜索引擎优化的流程以及目标。

（2）能够在前期为营销做出规划方案，在营销的过程中结合客户情况及时跟进，达到营销的目标。

三、任务过程

（一）基本流程

搜索引擎营销的基本流程如图 6—7 所示。

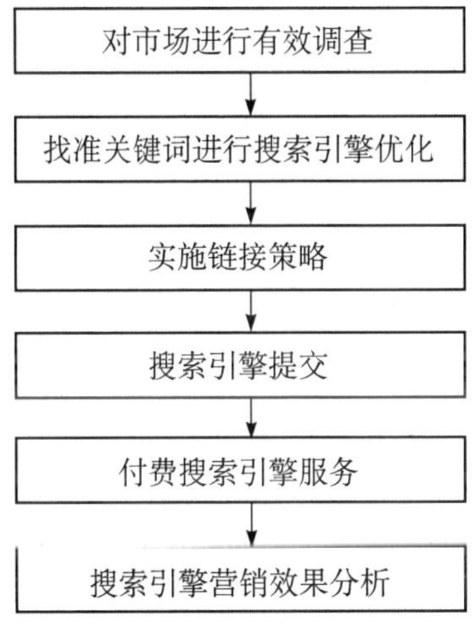

图 6—7 搜索引擎营销基本流程图

（二）具体步骤

步骤一 对市场进行有效调查

搜索引擎营销固然是一个非常有效的网络营销途径。但在此之前，为了使企业营销目标更加明确化、更加有针对性，对市场进行有效的调查是绝对不可缺少的第一步。进行市场调查的主要目标就是要弄清人们是怎样搜索到网站的，具体内容包括：调查常用关键词、挖掘尚未被竞争对手意识到的性价比高的关键词、调查应该怎样做搜索引擎广告、调查哪些网站最值得链接到本网站、调查竞争对手在做什么。

步骤二 找准关键词进行搜索引擎优化

关键词就是用户需要搜索的内容的关键词语，比如用户要买手机，他可能会搜索“手机价格”、“苹果”、“手机价格查询”，这些就是关键词。

关键词分析包括：关键词关注量分析、竞争对手分析、关键词与网站相关性分析、关键词布置、关键词排名预测等。在关键词的选取上有几个小的技巧：

（1）认真思考。记录下与网站或产品有关的所有关键词，先不要对关键词进行评审，要注意一点，精确搜索结果不等于自然排名。比如，你输入“Netmall”。不用说，其公司网址在哪个搜索引擎显示出来都是第一，甚至只有这么一个，但这不等于自然排名。因为这是精确搜索显示出来的，当然也是精确结果了。谁会在搜索引擎上搜索这个词呢，恐怕只有知道 Netmall 的人了吧。这显然是不能引来流量的。正确的做法是找出网站所要竞争且相对大众化的词。

（2）多听取别人的意见。比如可以多咨询家人、朋友、同学，听听他们的意见。

（3）对日志文档进行分析。网站在建站之初可以安装相应的工具来生成日志文档，而分析这个文档可以知道人们是使用了什么关键词来访问该网站的。

（4）找出易错的拼写。人们经常会拼写错关键词，找出这些经常出现错误的部分，可以为网站带来额外的流量。

（5）处理关键词。到目前为止，我们已经收集了很多的相关关键词，现在的目标就是把它们组合成常用的词组或者短语，这个步骤要考虑到日常生活方面的一些习惯。

（6）经过上面的几个步骤后，我们应该列出了一大堆的关键词。这个时候就要剔除搜索时很少会用到的关键词。因为对很少有人查找的关键词进行优化完全是浪费时间。举个简单的例子，在搜索引擎中，英文的大小写是没有区别的，我们就只需要选用其中的一种即可。

（7）在关键词选择的过程中，我们要尽量找出关键词需求与竞争的平衡点，即所选关键词竞争不是很激烈，围绕这个目标，我们就可以选择出最佳关键词。

搜索引擎优化的目的不只是使网站的首页在搜索引擎中有好的排名，更重要的是给网站的每个页面都带来流量，为了这个目的，我们就要对网站的目录和页面进行适当的优化。

有了合适的关键词后，我们就可以对网页的 URL、TITLE、META 标签、正文标题、正文内容、ALT 标签、链接等各项内容进行优化，把确定下来的关键词合理地编排到网页中去，并且对网页进行标准站点的改造，让网站对搜索引擎更加友好。

在这里需要注意的是：不要过多地优化某一关键词，特别是不要滥用关键词，以免关键词密度过大，密度最好控制在 2%～8%；经常检查链接，提高外链的质量，不与作弊网站建立链接；保证网站服务器能够正常工作。

步骤三　实施链接策略

企业应积极制定长期的链接策略。虽然各大搜索引擎在不断地调整自己的算法，但反向链接仍是稳定排名的一个重要的因素。我们可以看到一些排名靠前的网站都是由链接所支持的，相信这种链接的深度算法暂时不会改变，但链接策略却应该是分层次进行的，这样可以确保我们的网站深度互联到互联网中。

网站上放什么链接不应该以是否能得到对方的交换为前提，而应该考虑是否对用户有用。凡是可能对用户有帮助的资源网站就链接过去，这样的单向导出链接，实际上会增加自身网站的相关性。

链接的表现方式有文字链接、图片链接、正文关键词链接、JavaScript 链接等。在实际操作过程中，我们可以将多种链接方式结合使用。

步骤四　搜索引擎提交

网站被优化后，就可以提交到搜索引擎了。互联网上有成千上万个搜索引擎，其中真正重要的只有很少一部分。这些搜索引擎为其他搜索引擎、门户网站、公司网站提供搜索结果。这类搜索引擎也是大家所熟悉的，比如英文搜索引擎有 Google、Yahoo 等，中文搜索引擎则主要是百度，当然，Google、Yahoo 也提供中文搜索引擎方面的服务。虽然这些搜索引擎中有一些允许用软件自动提交新的网站，但是只有手工提交才能保证提交成功。图 6—8 是 Google 的搜索引擎提交页面，其他搜索引擎的提交页面在表现形式上与 Google 不同，但需要提交的内容基本是一样的。

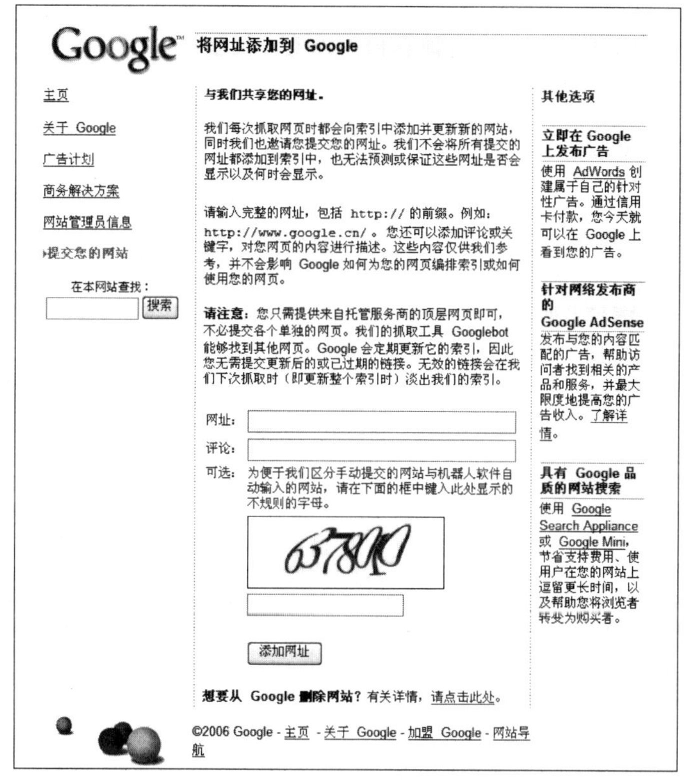

图 6—8　Google 的搜索引擎提交入口

步骤五　付费搜索引擎服务

虽然付费搜索引擎服务我们作为步骤五来讲，但从概念上来说，这一步和搜索引擎优化是平行的，如图 6—9 所示。

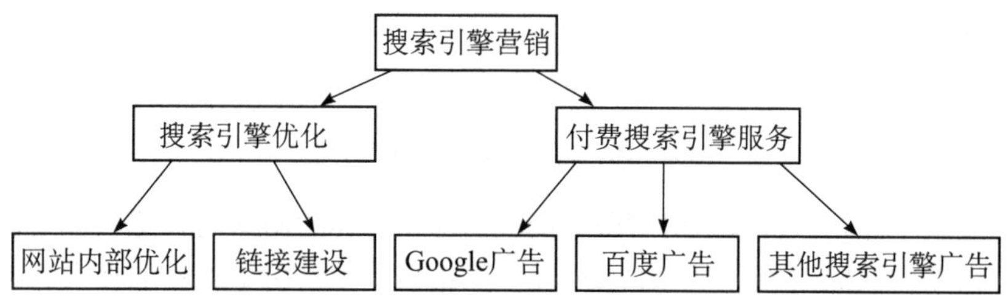

图 6—9　付费搜索引擎服务与搜索引擎优化的平行逻辑关系图

搜索引擎越来越多地引入付费收录、付费排名、点击收费等经营模式。与一般的搜索引擎优化相比，这些收费服务的优点是结果明确、见效迅速。只要通过付钱、写广告语和竞价排名就可以开始营销活动了，不需要改动网站上的任意一行代码，并且马上就可以为网站带来流量。这主要是由于搜索引擎的免费收录通常要花 6～10 个星期，目录则根据所选择的类别不同可能要花 6 个月以上的时间。因此，这些收费服务更加适用于时效性强、推广时间紧的情况。

典型的例子就是以百度为代表的关键词竞价排名（出现在自然搜索结果框）。在百度的搜索结果里，当我们看到有“推广”两个字的时候，我们就可以判断这是付费排名的搜索结果，如图 6—10 所示。通过竞价排名，企业网站的排名就会比较靠前，这样不但可以打造出一个企业的领先形象，还可以提高被潜在客户搜索到的机会，从而提高了企业网站的访问量，最终促进企业产品的销售。

图 6—10 百度的付费排名及广告

和自然搜索一样，付费搜索引擎服务能吸引那些对你的网站内容感兴趣的访问者，如果他们不感兴趣，他们就不会搜索了。所以，点击付费搜索引擎广告的搜索者，比那些点击广告条或目录列表的访问者更有可能购买你的产品。

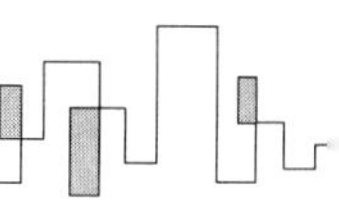

步骤六 搜索引擎营销效果分析

搜索引擎营销效果可以通过跟踪目标关键词的排名来分析。可以根据服务器日志分析访问者来自于哪些搜索引擎，用的是何种关键词，进而相应调整网页代码和内容；可以通过计算点击收费广告的投资收益率来评价其效果好坏。

Google 提供了很多有助于提高搜索引擎营销效果的免费网站分析管理工具，包括免费 Google 网站地图、Google 向网站管理员提供有用的信息、Google 所获取的关于你的网站的信息、Google 网站访问统计等。使用这些工具，就可以使我们了解我们的网站在搜索引擎中的表现以及访问情况，也可以根据这些工具制定出更有针对性的搜索引擎营销策略。

实际上，搜索结果永远处于激烈的竞争之中。如果竞争对手看到你的排名很好，他们就不会让这种状态保持下去。因此，搜索引擎营销的效果分析是一个比较重要的步骤，在对自己的网站进行分析的同时也要对竞争对手的优化情况进行分析。

此外还要注意的是，搜索引擎的排名算法在不停地变动，需要对这个方面加以留意并及时对搜索引擎营销策略进行调整。

任务说明

让搜索者在搜索的过程中更容易看到你的企业和产品的相关信息，并为此进行搜索引擎优化。

四、任务成果

(1) 针对企业及产品的特性做好搜索引擎优化工作。

(2) 确定是否需要进行搜索引擎付费登记，确保企业有较好的搜索引擎排名。

(3) 能够对搜索引擎营销的效果进行分析，并制定出更有针对性的搜索引擎营销策略。

知识点拨

PR 值：搜索引擎排名优先级标准有时也被称作相关分数（Probable Relevance Scoring)。搜索引擎主要是通过“Spider”程序或用户的申请来增加自己的数据库（即索引）的。当用户访问搜索引擎时，只要输入搜索的关键词，就可以简单地进行数据库查询。为了确定是哪一个文档或者网站返回了这个特定关键词搜索，每一个搜索引擎必须要有文档优先级的划分标准。目前，大部分搜索引擎都采用计分的方法或可能相关性的方法，即按照搜索关键词在数据库文档中的重要性、重复次数、分布情况以及位置等进行文档或网站的排序。

服务器状况：在搜索引擎登录中，网站访问速度有时对网站成功提交和排名都会产生相当大的影响。如果服务器响应速度过慢，轻则会降低网站排名和更新频率，重则会导致链接被搜索引擎从其数据库中删除。如果因为这些最基本的问题而影响了网站推广的效果，那就太得不偿失了。

竞价排名：这是要花钱的，别人点击一次，参与竞价排名者就需要付钱。而自然排名则没有推广，别人点击得再多，也不需要付出一分钱。很显然，竞价排名当然会在自然排名的前面。但参与竞价排名者要是哪天不花钱了，其排名就可能会掉下来。所以竞价排名和自然排名不能同日而语，没有哪个好哪个不好，百度就曾经因为竞价排名问题而受到媒体的广泛关注和质疑。

思考题

思考一：使用搜索引擎搜索信息时，如何缩小检索的范围？

思考二：如何利用关键词获取好的搜索引擎自然排名？

任务四　病毒性营销

任务导入

病毒在那些看似脆弱的环节上更能得到扩展。个人和家庭产品生产商特百惠、安利和玫琳凯等都在采用这样一种方法，它们的长处是发掘那些大量的脆弱环节，从而利用这些环节去销售产品或服务。特百惠在运用这一方法时，通常会选定一个社区，在那里开一些派对，在派对上使用它们的产品。派对上的一切表面上看来都是非商业化的：自己的房子，自己做的食物，自己的朋友，但是整个派对中一个很重要的社会交往却是推广特百惠的产品。社会交往和商业活动变得水乳交融，密不可分。

［问题分析］我们如何发掘类似的脆弱环节并使病毒能够感染这部分易感者？

任务分析

关键词	病毒性营销、病毒性营销的要素
理论要点	病毒的设计以及传播渠道
实践要点	能够对病毒性营销的效果进行分析，为病毒的变种和再传播做准备

病毒式网络营销就是通过用户的口碑进行宣传，使信息像病毒一样传播和扩散，利用快速复制的方式传向数以千计、数以百万计的受众。也就是说，通过提供有价值的产品或服务，“让大家告诉大家”，通过别人为你宣传，实现“营销杠杆”的作用。病毒式营销已经成为网络营销最为独特的手段，被越来越多的商家和网站成功利用。

病毒性营销是一种信息传递策略，通过公众将信息廉价复制，告诉其他受众，从而迅速扩大自己的影响。在采用病毒式营销策略时，厂商一般通过网络短片、网络活动或是电子邮件信息的方式在全球网络社群发动营销活动，利用口碑传播进行进一步推广。它的本质就是让用户彼此间主动谈论品牌，使用户拥有有趣、不可预测的体验。病毒营销是一种非常实用的网络营销方法。

病毒式营销的经典范例是 Hotmail. com。Hotmail 是世界上最大的免费电子邮件服务提供商，在创建之后的 1 年半时间里就吸引了 1 200 万注册用户，而且还在以每天超过 15 万新用户的速度发展。令人不可思议的是，在网站创建的 12 个月内，Hotmail 只花费了很少的营销费用，还不到其直接竞争者的 3%。Hotmail 之所以能够爆炸式地发展，就是利用了“病毒式营销”的巨大威力。病毒式营销的成功案例还包括 Amazon、ICQ、eGroups 等国际著名网络公司。病毒式营销既可以被看作是一种网络营销方法，也可以被看作是一种网络营销思想。

一、任务目标

结合实际项目构建一个病毒性营销方案，并对效果进行跟踪、管理与评价。

二、任务要求

(1) 了解病毒性营销的概念及流程。

(2) 能够在前期为病毒性营销做出规划方案，并以独特的创意做好病毒性营销。

(3) 对病毒性营销的效果进行跟踪、分析和管理。

(4) 对现有病毒进行变种和再传播。

三、任务过程

(一) 基本流程

病毒性营销的基本流程如图 6—11 所示。

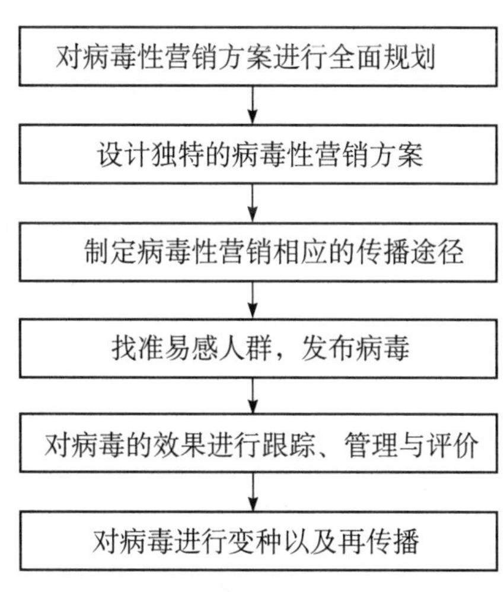

图 6—11　病毒性营销基本流程图

(二) 具体步骤

步骤一　对病毒性营销方案进行全面规划

美国电子商务顾问 Ralph F. Wilson 博士将一个有效的病毒性营销方案的基本要素归

纳为以下六个方面：

（1）提供有价值的产品或服务。

（2）提供容易向他人传递信息的方式。

（3）信息传递范围很容易从小向很大规模扩散。

（4）利用公众的积极性和行为。

（5）利用现有的通信网络。

（6）利用别人的资源进行信息传播。

根据这一基本规律，在设计和实施病毒性营销计划时，应该进行必要的前期调研和针对性检验，以确认自己的病毒性营销方案是否满足这六个基本要素及信息是否易于被用户自行传播。

步骤二　设计独特的病毒性营销方案

这个步骤可以理解为如何制造病毒。和生物学病毒一样，人们对现有的病毒会产生免疫力。如果套用已有的病毒性营销案例，虽然不是全部的人都免疫，但肯定会减少甚至失去对部分已产生病毒抗体的人群进行病毒感染的机会，同时也就丧失了把信息传递给这部分人群的机会。现实生活中的病毒爆发过一次之后，由于免疫力的问题会进入一个休养生息的过程，病毒自身在这个过程中不断地进化、变种，等待下一次爆发的机会。在病毒性营销的创意策划上就可以利用病毒的这个特点，设计出一个具有创意的、大部分人对之都没有免疫力的传播方案，这个设计最好是原创的。

比如，2008 年是奥运年，很多商家都想借助奥运之机扩大自己的业务。其中，以可口可乐公司主办、腾讯公司给予技术支持、通过合作方式推出的火炬在线传递活动堪称参与人数众多、影响面颇广的一个成功案例。火炬在线传递的流程大概分为：第一步，接受 QQ 好友邀请，参加火炬在线传递，获得一个未点亮的蜡烛图标；第二步，邀请 1 个 QQ 好友参加火炬在线传递，选择你的宣言，送出邀请；第三步，成功邀请好友参加活动后，图标被点亮，成为火炬在线传递的火炬手。在活动结束后，该活动的网站页面显示，共有 6 200 多万人参与了这次活动，创造了中国互联网历史上单一活动参与人数最多的纪录。借助这次活动，腾讯公司拓展了 QQ 这个即时通信工具的用户群，可口可乐向国内年轻网民传递了可口可乐奥运赞助商的品牌形象，达到了预期传播效果。很显然，这是一个依靠 QQ 来进行病毒性营销的典型案例，通过用户之间信息的病毒式传递，迅速产生了大量的在线传递火炬手。图 6—12 就是该火炬传递活动的主页，包含了活动的各项内容，下方的数字表示活动参与的人数。

腾讯公司为纪念在汶川大地震中遇难的同胞，推出了祈福活动的主页（见图 6—13）。该活动和火炬在线传递类似，都是通过 QQ 进行的一种病毒性营销方式。

步骤三　制定病毒性营销相应的传播途径

生物学病毒都有各自的传播途径与方式，有的靠直接接触，有的靠空气传播，有的既可以通过直接接触传播，也可以通过空气传播。在进行病毒性营销时，同样可以学习生物学病毒的传播方式，但不可拘泥于单一的传播渠道。

为此，要尽量设计一些可以轻易实现的传播方式，比如，使用即时通信工具如 MSN、QQ，或者短信、邮件等，这种传播方式都只要进行简单的操作就能够实现，可以避免过

图 6—12　火炬在线传递活动的官方主页

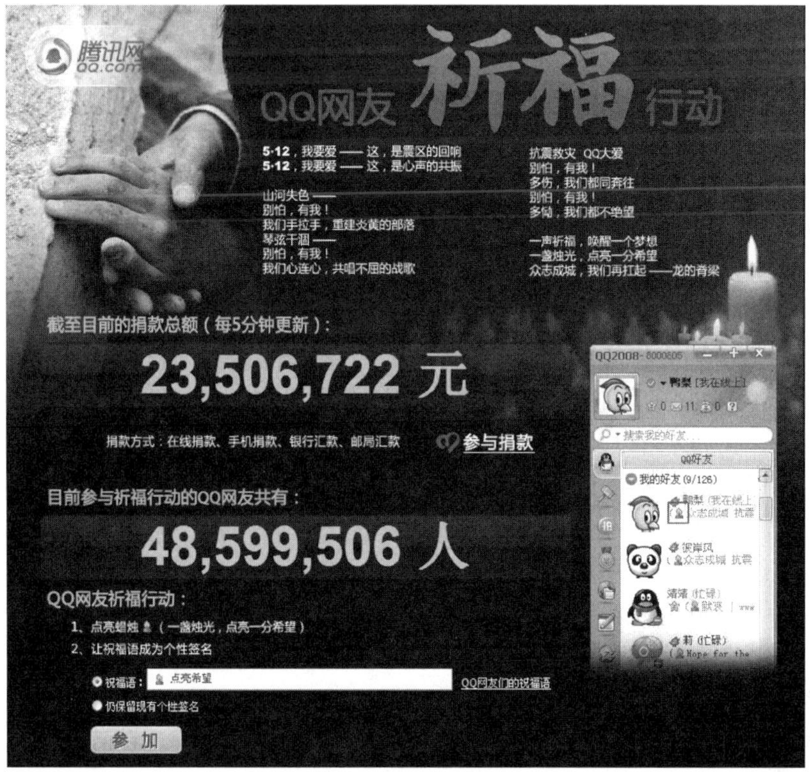

图 6—13　腾讯祈福活动主页

于复杂的操作。因为复杂的操作会影响病毒的传播和生存。病毒式营销在网上大行其道的原因就在于即时通信越来越容易，成本越来越低。

在传播方式的设计上，要考虑易感人群和受众易于接受的方式。最容易激发所有人积极性的莫过于公共性的话题，与每个人自身密切相关的话题也能引起传播者参与的兴趣。

上面提到的火炬在线传递活动就找准了人们都很关心的话题——北京奥运会，又辅以恰当的营销方案，通过QQ这个有效的传播途径，将火炬的在线传递与北京奥运会紧密结合，吸引了大量网民对之关注，让不能亲临现场体验奥运圣火传递的人们通过网络参与到支持北京奥运的队伍中来，使这个病毒性营销活动在短时间内就传播到了一个非常大的范围，达到了事半功倍的效果。

步骤四　找准易感人群，发布病毒

大部分人都喜欢社交，社会学家告诉我们，每个人都有8～10人的密切关系网，包括朋友、家人和同事。一个更广的关系网可能包括数十人、数百人、数千人，这取决于其社会地位。比如，一个商店服务员平均每周可能会和数百名顾客交流。网络营销者要深刻理解人际关系网的力量。如果能够学会把信息放到现有的人际交流当中去，就会发现信息的传播速度大大加快了。

但是考虑到每一类病毒其实都是对应着一定的目标用户，所以在病毒的发布方面也要寻找易感人群较为集中的地方。易感人群越多，能够感染的用户数量也就越多，而且很容易形成一种舆论氛围，促进病毒的变种传播。必须找到一部分极易感染的“低免疫力”人群，由他们将“病原体”散播到各处。第一批接受者即易感人群，必须是最有可能的产品使用者，因为需要依靠他们进行后续的传播活动。

可口可乐和腾讯公司进行的火炬在线传递活动，在推广上就非常注重对低免疫力易感人群的找寻和锁定。他们确定的用户平均年龄为20.6岁，这是对新潮流十分敏感的人群，也是最容易被爱国热情所打动的人群，同时他们也是可口可乐最重要的潜在消费群。

步骤五　对病毒的效果进行跟踪、管理与评价

在设计病毒性营销方案并开始实施后，就需要对相应营销的效果进行跟踪、管理与评价。病毒性营销由于传播方式和途径的问题，最终的效果并不由病毒的制造者所控制。因此，它就不像许可E-mail营销和其他营销方式一样便于跟踪、管理与评价，但对病毒性营销效果进行跟踪、管理与评价仍然是十分必要的。只有对病毒性营销的效果进行跟踪、管理、分析后，我们才可以及时了解营销信息传播所带来的反应，从中发现现有的营销方案存在的问题以及可以进行改进的地方，为下一次的病毒变种和再传播提供经验和参考依据。

在火炬在线传递活动中，由于腾讯公司本身就是QQ这个即时通信工具的提供者和运营商，所以腾讯公司可以对这次活动的传播效果做出统计，在网站页面上就显示出有6 200多万人参与了这次病毒性营销活动。

步骤六　对病毒进行变种以及再传播

在前面曾提到过病毒的爆发、潜伏、再次爆发这样一个过程。在潜伏的这段时间内，病毒在干什么呢？当然是进化、变种，并为下一次爆发积蓄力量，等待机会，这个特点在传统营销活动上也有所表现。网络产品有自己独特的生命周期，病毒性信息的传播也有一

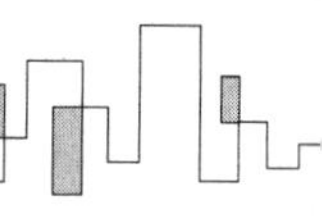

定的周期。

市场对一个新事物的接受进程是不同的。在病毒传播的初期，真正的低免疫力人群其实很少，病毒的扩散会是一个逐步递增的过程。随着病毒的散播，病毒的感染者才开始大面积地出现。在病毒扩散的过程中，还要不断地对病毒内容进行改进，以增强病毒的抗免疫能力，延长病毒的感染周期。病毒性营销的操作人员所能做的，就是不断总结自身的缺陷和市场的反应变化，结合这些变化迅速地对现有的病毒进行适当地改变，使现有病毒产生新一代的变种，进行新一轮的市场开拓和巩固。

任务说明

能够根据病毒性营销的流程设计病毒和传播途径，并使病毒信息传播到较广的范围。

四、任务成果

(1) 有针对性地设计出病毒和病毒的传播方式。

(2) 通过对病毒效果的跟踪、管理与评价，对病毒的变种和再传播进行控制。

知识点拨

口碑营销：是指企业努力使消费者通过亲朋好友之间的交流，将自己的产品信息、品牌传播开来。这种营销方式成功率高、可信度强。从企业营销的实践层面分析，口碑营销是企业运用各种有效的手段，引发企业的顾客对其产品、服务以及企业整体形象进行谈论和交流，并激励顾客向其周边人群进行介绍和推荐的市场营销方式及过程。

思考题

思考一：病毒性营销和知识点拨中提到的口碑营销有哪些相同点和不同点？

思考二：病毒性营销方式运用不恰当也会带来反效果。如何更好地设计病毒和其传播途径，使其避免危害企业？

任务五　网络广告营销

任务导入

肯德基是世界上最大的炸鸡快餐连锁企业，在各地拥有 11 000 多家餐厅，遍及 80 多个国家和地区。在肯德基 400 多种食品当中，吮指原味鸡一直受到消费者的青睐和追捧，每天有 1 000 多万顾客在各个肯德基餐厅品尝着它，它由 11 种神秘配方裹粉烹炸而成，融入大块精选鸡肉，皮香肉嫩，鲜嫩多汁，吃起来绝对是一种享受。

2007年，肯德基吮指原味鸡推出了几款广告，多媒体全方位进行宣传，给消费者带来新一轮视听体验。此次利用iCast浮层广告技术，制作出了一款精美的网络广告，有效融合了相关元素，精准到位地传达了品牌和促销信息（见图6—14）。

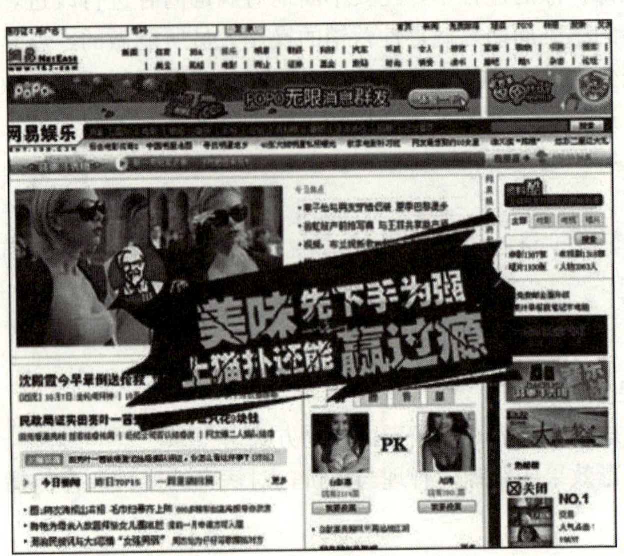

图6—14　肯德基浮层广告

［问题分析］在网络广告策划阶段什么才是有创意的广告构思方案？

任务分析

关键词	AIDA法则、投放、评价
理论要点	掌握网络广告的各种表现形式，了解各种广告制作工具的使用方法
实践要点	确定网络广告的内容，能进行网络广告的制作、投放，并对后期广告效果进行评价

网络广告与传统媒体广告最明显的不同之处在于它的互动性和大容量，它可以使消费者随心所欲地选择自己所需要的广告信息。网络广告所具有的向巨大范围受众提供各自所需信息的这一传统媒体所没有的优势，被应用于销售反馈、客户服务、网上交易以及其他传统媒体尚未发现的应用领域。

网络媒体的特点决定了网络广告策划的特定要求。如网络的高度互动性使网络广告不再只是单纯地创意表现与信息发布，广告主对广告回应度的要求会更高；网络的时效性非常重要，网络广告的制作时间短，上线时间快，受众的回应也是即时的，广告效果的评估与广告策略的调整也都必须是即时的。因此，传统广告的策划步骤与网络广告的策划步骤有很大的不同，这对现行的广告运作模式是一个很大的冲击。

一、任务目标

确定网络广告的目标与受众，选择合适的途径进行网络广告的投放，并对广告的效果进行评价。

二、任务要求

(1) 了解网络广告策划、制作、投放阶段的步骤与细节。

(2) 广告投放后进行有效的数据统计与分析。

三、任务过程

(一) 基本流程

网络广告营销的基本流程如图 6—15 所示。

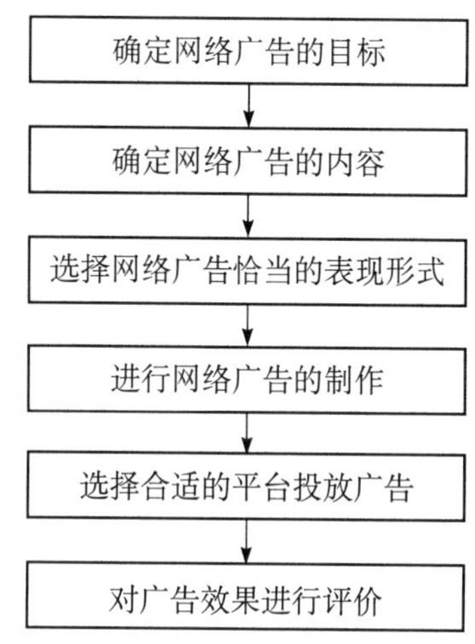

图 6—15　网络广告营销基本流程图

(二) 具体步骤

步骤一　确定网络广告的目标

在广告学的理论中，对广告目标的讨论之所以重要，在于它揭示了消费者对广告信息反应的一般心理规律，从而确定了沟通能够影响营销的理论基础。广告目标的作用是通过沟通，使消费者对品牌的认识、情感、态度和行为发生变化，从而实现企业的营销目标。为了达到既定的目标，首先就要进行分析，主要是开展市场调查、消费者调查和产品调查，将调查来的资料通过汇总、综合、分析、归纳等手段处理后，得出初步结果供下一步使用。只有对所取得的资料进行分析研究，才能有针对性地制定广告战略和广告策略，并使广告策划建立在科学和可靠的基础之上。从根本上说，广告目标就是对沟通效果的预先设定。

网络广告虽然与传统广告的传播渠道和表现方式不同，但是，经典的 AIDA 法则仍是网络广告在确定广告目标过程中值得遵循的规律。在 AIDA 中：

(1) 第一个字母 A 的含义是“注意”(Attention) 或“知名”(Awareness)。在网络广告中意味着消费者在电脑屏幕上通过对广告的阅读，逐渐对广告主的产品或品牌产生认知和了解。

(2) 字母 I 的含义是“兴趣”(Interest)。网络广告受众注意广告主所传达的信息之后，对产品或品牌发生了兴趣，想要进一步了解广告信息，他可以点击广告，进入广告主放置在网上的营销站点或网页。

(3) 字母D的含义是“欲望”(Desire)。感兴趣的广告浏览者对广告主通过商品或服务提供的利益产生“占为己有”的企图，他们必定会仔细阅读广告主的网页内容，这时就会在广告主的服务器上留下网页阅读的记录。

(4) 第二个字母A的含义是“行动”(Action)。指的是广告受众把浏览网页的动作转换为符合广告目标的行动，可能是在线注册、填写问卷参加抽奖或者是在线购买等。

与传统广告媒体不同的是，网络广告的AIDA可以直接在网上完成。AIDA的最重要一环就是把广告阅读转化为行动。

步骤二　确定网络广告的内容

做广告最直接的目的就是让消费者注意到企业的产品，关注自己的产品并了解产品的优势与特色，然后才能吸引消费者去购买产品。但消费者浏览网页的目的显然不是为了看广告，他们很可能注意不到广告，或者对网络广告比较厌恶，这就会使广告的效果大打折扣。要解决这个问题，还是要从广告的设计上着手，关键在于要改变纯粹“灌输”的广告形式，增加广告的吸引力，甚至增添娱乐的成分，让网民不再厌烦广告，而是乐意去看。

广告的设计内容和方式可以是这样的：

(1) 单纯介绍产品的特色。比较平淡地、平铺直叙地对产品的功能、特点或者价格进行描述。这样的广告一般就是灌输式的广告形式，之所以说它是灌输式的，是因为它本身并没有吸引人的地方，它纯粹利用网友在看新闻或者其他内容时不经意间的“扫几眼”或者不得不看（比如首页的弹出式广告就让网友不得不看几眼）来达到宣传的效果，因此这种方式是不灵活的、被动的。

(2) 有奖问答的形式。网友看到的首先是“有奖问答”等字样，这样就会吸引网友主动去点击观看个究竟——这就有主动的成分。这种形式的广告也同样对产品的功能特点等进行描述，但不同之处在于这样的描述因为有有奖问答的吸引而很可能使网民去认真阅读，然后回答问题以期中奖。这样的好处很明显，会使网友更加了解产品的特色，而这也就是广告宣传的直接目的。这样的方式非常适合具有独到技术功能、刚上市的新产品。

(3) 玩小游戏的方式。网友会点击进入一个小游戏页面，玩一个与产品特色功能有关的小游戏，常见的比如接天空中掉下的“小豆子”（不同的小豆子代表不同的产品功能）等，在玩游戏的同时就会对产品的重点特色功能有所了解。这样的方式也具有一定的吸引力，让网民有一定的主动性。如果是有奖游戏的形式，就更会增添它的吸引力，增强广告的效果。

(4) 赠送礼品的方式。实际上，这并不是网络广告的特色，而是一个促销的手段，但在广告的首页注明“赠送礼品”的字样，就会吸引网友点击，这与直接的描述相比还是有一定吸引力的。

企业在做网络广告的时候，最好不要做单纯介绍式的广告，只依靠网页巨大的浏览量而被动产生效果的广告其效果会打一定折扣，广告还是应该变被动为主动——不仅网络广告是这样，所有的广告宣传都应该遵循这样一个原则，只是网络广告体现的比较明显罢了。

图6—16和图6—17是网易首页的一则机票订阅广告。红色粗线框起来的部分就很吸引网友眼球，结合人们春节回家过年的实际情况，就足以诱导网友点击去看这个广告具体

说的是什么。

点击图6—16中的“只需5分钟？轻松回家过年！”广告后跳转到图6—17的一个机票订购页面。

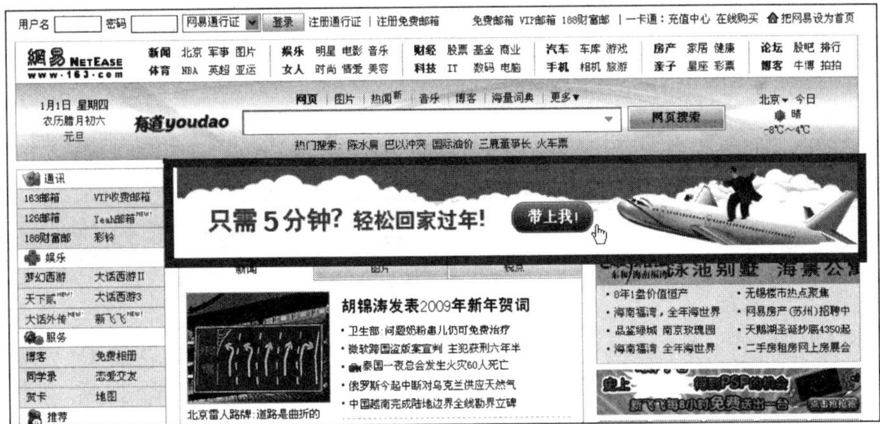

图6—16　网易主页

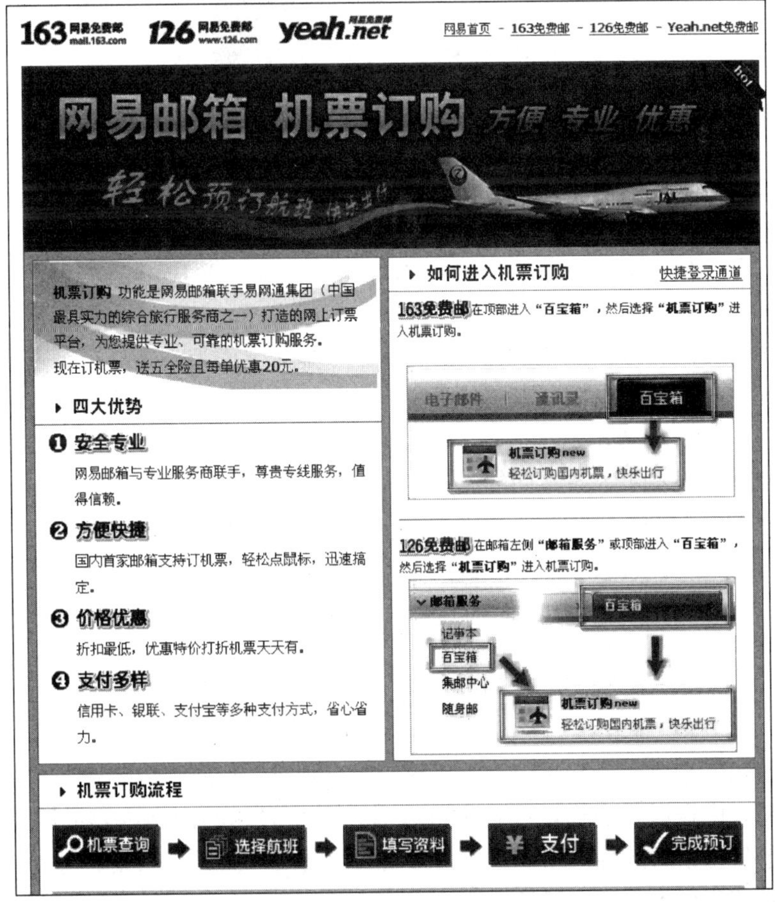

图6—17　机票订购页面

步骤三　选择网络广告恰当的表现形式

网络广告具备先进的多媒体技术，拥有灵活多样的广告表现形式。

（1）横幅式广告（Banner）。横幅式广告又名“旗帜广告”，最常用的广告尺寸是486像素×60（或80）像素，以gif、jpg等格式建立图像文件，定位在网页中，大多用来表现广告内容，同时还可使用Java等语言使其产生交互性，用Shockwave等插件工具增强其表现力。图6—18是沃尔沃汽车的一则横幅式广告。

图6—18　沃尔沃汽车的横幅式广告

（2）按钮式广告（Buttons）。按钮式广告定位在网页中，由于尺寸偏小，表现手法较简单。最常用的按钮式广告尺寸有四种，它们分别是：125像素×125像素、120像素×90像素、120像素×60像素、88像素×31像素。图6—19是按钮式广告的典型表现形式。

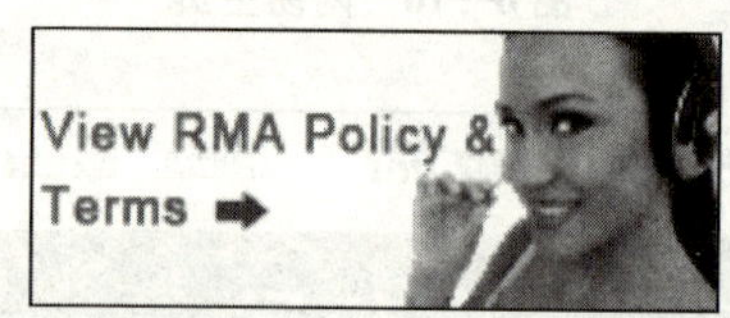

图6—19　按钮式广告示例

（3）邮件列表广告（Direct Marketing），又名“直邮广告”。它利用网站电子刊物服务中的电子邮件列表，将广告加在每天读者所订阅的刊物中，发放给相应的邮箱所有人。广告形式多样化，例如Banner、Buttons、文字等。如果发送Banner广告，大小最好不要超过5K。

（4）文本链接广告（Text Link Ads）。它以一排文字作为一个广告，点击可以进入相应的广告页面。这是一种对浏览者干扰最少，但却较为有效的网络广告形式。有时候，最简单的广告形式效果却最好。图6—20所示的就是几条文本链接广告。可以看到，它占用很少的屏幕空间就显示了8条不同的广告。

▪8年1盘价值恒产	▪无锡楼市热点聚焦
▪海南福湾，全年海世界	▪网易房产（苏州）招聘中
▪品鉴绿城　南京玫瑰园	▪天鹅湖圣诞抄底4350起
▪海南福湾　全年海世界	▪二手房租房网上房展会

图6—20　文本链接广告示例

（5）赞助式广告（Sponsorships）。它可分为三种赞助形式：内容赞助、节目赞助和节日赞助。赞助式广告形式多样，广告主可以对自己感兴趣的网站内容或网站节目进行赞助。但网站节目特指时效性网站，例如，澳门回归网站、世界杯网站。另外，节日赞助是指网站在特别节日所推出的网站推广活动。

（6）电子邮件式广告（E-mail）。广告形式以Banner为主，广告体现在拥有免费电子邮件服务的网站上。

(7) 竞赛和推广式广告 (Contests & Promotions)。广告主可以与网站一起合办它们感兴趣的网上竞赛或网上推广活动。

(8) 插播式广告 (Interstitial Ads)。在一个网站的两个网页的链接之间插入的网页广告，就像电视节目中插播的广告一样。广告有不同的出现方式，有的出现在浏览器主窗口，有的新开一个小窗口，有的可以创建多个广告，也有一些是尺寸比较小的、可以快速下载内容的广告。

(9) 互动游戏式广告 (Interactive Games)。在一段页面游戏开始、中间、结束的时候，广告都可以出现，并且可以根据广告主的产品要求为之量身定做一个属于自己产品的互动游戏广告。其广告形式多样，例如，一张互动的游戏贺卡，在欣赏完整个贺卡之后，广告会作为整个游戏贺卡的结束页面。

(10) 富媒体广告 (Rich Media Ads)。由 2D 或 3D 的 Video、Audio、HTML、Flash、DHTML、Java 等技术提供支持，这种广告技术与形式在网络上的应用需要相对较多的带宽。Rich Media 能够提高广告的互动性，提供更广泛的创意空间。最新的网络媒体技术甚至允许用户在广告界面上直接留下数据，从而有效地促进用户与广告的交互。

企业可以根据自身以及产品的特点，选择上面的一种或几种形式来进行广告的设计。

步骤四　进行网络广告的制作

网络广告制作一般有两种途径。一种是委托专业的广告制作公司制作，广告公司在广告的制作方面有更加专业的技术人员和广告制作经验，而且广告公司在广告投放渠道上也有自己的资源可供企业参考。另一种则是在企业内部选择专业人员进行广告制作，这种方式比较适合简单的广告制作，如墙纸广告、电子邮件广告等。需要说明的是，企业可以根据自身规模、广告要求以及广告资金情况，在上面的两种方式中选择。大型企业在资金充足的情况下进行大范围广告推广的时候，可以委托广告公司，而小型企业以及个人由于广告资金有限，一般可选择适当的工具自己制作广告。

那么，广告制作都会用到哪些工具呢？网页广告设计常用的软件有 FrontPage、Dreamweaver、Flash、Firework 等。FrontPage 较为常用，一些动态效果的制作则会用到 Flash、Fireworks 等。此外，一些图像处理软件和三维动画软件如 Photoshop、3D Max 以及多媒体编辑软件也是网页广告设计中需要用到的辅助工具。

步骤五　选择合适的平台投放广告

网络广告在投放上应该选择合适的网络媒体，用尽可能少的投入获得尽可能好的效果。

首先，如果自己已经建立了网站，别忘了在自己的网站放置标志广告；其次，要利用尽可能多的交换广告，除了广告交换组织的交换广告之外，在相关的网站之间自行开发广告互换业务也是常用的方法。

为了获得最佳的营销效果，除了免费的网络广告之外，通常还需要在其他访问量大的网站或者潜在顾客集中的网站购买广告空间，这时就需要选择合适的网络广告媒体。

选择网络广告媒体的主要步骤包括：确定所期望的送达率、频率与效率，选择需要的媒体种类，决定媒体的使用时机以及特殊的地理区域等。那么，什么样的网站才能满足这样的要求呢？一般可根据某些重要参数来进行判断：

（1）网站访问量。广告站点必须有比较高的流量，在 CPM 计价方式下，虽然客户并不会为过少的广告显示多支付费用，但广告效果难以保证，对于有时效性的广告活动来说，还会贻误时机。人们总是喜欢在访问量高的站点做广告。有统计资料表明，大型网站控制了 90%的网络广告市场。

（2）目标定位。门户网站、娱乐网站、新闻网站等通常有较高的访问量，但广告效果未必好，而且这些高访问量的网站，CPM 的价格也比较高，对一些专业性比较强的公司来说，不见得是最好的选择。

（3）价格因素。最好对比几家类似的网站，在同等情况下，选择价格低一些的网站刊登广告。另外，网站首页的广告价格通常比次级页面要高，可根据自己的情况做出选择。

（4）广告效果监测。网站是否可以出具中立的第三方提供的详细的广告监测报告，这一点也很重要。如果刊登广告的网站可以提供实时、详尽的统计报告，并以表格、图标等方式提供资料，将给市场人员带来极大便利，可以根据监测报告分析许多有关的信息。例如，重复访问者是否过于集中？网站的访问者主要来自什么地方？因为网站不重复的访问者越多，广告可以送达的受众也越多，而访问者的地域分布则对某些服务范围有一定限制的公司有重要影响。根据实时监测效果可以对网络广告的表现及时做出调整，对提高网络广告的最终效果具有重要作用。

（5）方便广告管理。广告内容也需要在一定时期内不断更换，因而广告发布管理接口的上传、查看、调整、确认等操作应相对简便，并对重要操作过程进行记录，甚至应该考虑在多操作者情况下对权限进行分配，以保证协作的实现。

（6）网站服务。网站服务包括网站设备、带宽、人员服务等几个方面的内容。用户希望网页能够尽快下载，这就需要提供广告服务的网站设备稳定运行，并能保证在高访问量时的带宽需求；同时，应该有方便的人工服务措施，以便在发现广告出现异常情况时能够尽快处理。

步骤六　对广告效果进行评价

网络广告最为得意之处，就在于其可测量性，因而可以制定准确的收费标准，如基于广告显示次数的 CPM 计价法，或者基于广告所产生效果的 CPC（每点击成本）或 CPA（每行动成本）计价法。但是，随着 Banner 广告的平均点击率从最初辉煌时期的 30%降低到 0.5%以下，如果仍然按照可测量的反馈信息来评价网络广告，显然不能充分反映真实的效果。

网络广告的效果评价关系到网络媒体和广告主的直接利益，也影响到整个行业的正常发展，广告主总希望了解自己投放广告后能取得什么回报，于是就产生了这样的问题，究竟怎样来全面衡量网络广告的效果呢？在此介绍三种基本的评价方法：

1. 对比分析法

无论是 Banner 广告还是邮件广告，由于都涉及点击率或者回应率以外的效果，因此，除了可以准确跟踪统计的技术指标外，利用比较传统的对比分析法仍然具有现实意义。当然，不同的网络广告形式，对比的内容和方法也不一样。对于 E-mail 广告来说，除了产生直接反应之外，利用 E-mail 还可以有其他方面的作用。例如，E-mail 关系营销有助于企业与顾客保持联系，并影响其对企业产品或服务的印象。顾客没有点击 E-mail 并不意味着不会增加将来购买的可能性或者增加品牌忠诚度，从定性的角度考虑，较好的评价方法是关注 E-mail 营销带给人们的思考和感觉。这种评价方式也就是采用对比研究的方法：将那些收到 E-mail 的顾客和没有收到 E-mail 的顾客的态度做对比，这是评价 E-mail 营销对顾客产生影响的典型的方法。利用这种方法，也可以比较不同类型 E-mail 对顾客所产生的影响。

对于标志广告或者按钮广告，除了增加直接点击以外，广告的效果通常表现在品牌形象宣传方面。这也就是为什么许多广告主不顾点击率低的现实仍然选择标志广告的主要原因。

2. 加权计算法

所谓加权计算法，就是在投放网络广告后的一定时间内，对网络广告产生效果的不同层面赋予权重，以判别不同广告所产生效果之间的差异。这种方法实际上是对不同广告形式、不同投放媒体、不同投放周期等情况下的广告效果进行比较，而不仅仅反映某次广告投放所产生的效果。

显然，加权计算法要建立在对广告效果有基本监测统计手段的基础之上。权重的设定对加权计算法的最后结果影响较大。权重的设定需要建立在大量统计资料分析的前提下，对用户浏览数量与实际购买之间的比例有一个相对准确的统计结果。

3. 点击率与转化率

点击率是网络广告最基本的评价指标，也是反映网络广告最直接、最有说服力的量化指标。不过，随着人们对网络广告了解的深入，点击它的人反而越来越少，除非特别有创意或者有吸引力的广告。造成这种状况的原因可能是多方面的，如网页上广告的数量太多、浏览者浏览广告之后已经形成一定的印象而无须点击广告等。因此，平均不到1%的点击率已经不能充分反映网络广告的真正效果。于是，对点击以外的效果的评价问题显得重要起来，与点击率相关的另一个指标——转化率，即被用来反映那些观看而没有点击广告所产生的效果。

任务说明

广告具有创意，能够吸引大量的受众，广告内容将更容易被接受，以此为目标进行广告的策划、投放工作。

四、任务成果

(1) 充分考虑企业、产品的特性，设计一个行之有效的广告思路。

(2) 选择合适的广告表现形式，制作广告并进行广告投放。

(3) 对广告的效果进行统计并对之进行有效分析。

**知识点拨**

CPM：每千人成本（每千次印象费用）（Cost Per Mille，Cost Per Thousand 或

Cost Per Impressions），即广告每显示 1 000 次（印象）的费用。适合有一定知名度的网站，可以加深受访者印象，提高网站知名度。CPM（千人成本）指的是广告投放过程中，听到或者看到某广告的每一人平均分担多少广告成本。传统媒介多采用这种计价方式。在网上做广告，CPM 取决于“印象”尺度，通常理解为一个人的眼睛在一段固定的时间内注视一个广告的次数。比如说一个广告横幅的单价是 1 元/CPM，意味着每一千人次看到这个 Banner 的话就收 1 元。

CPC：每次点击的费用（Cost Per Click；Cost Per Thousand Click-Through）。CPC 是按照点击次数计算广告费用的，每点击一次就计算一次费用。中国很多大型网络公司都是以此来计算广告费用的，常见的 CPC 网络广告有：百度主题推广、Google AdSense、搜狗推广等。CPC 广告的优点是没有点击不计算费用，这样一来广告商放置的广告如果用户看到了而没有点击，就不必付费，这种广告展示效果非常好，但苦了一些网站主，如果广告优化没有做好，就会白白给广告商展示了广告。

CPA：每行动成本（Cost Per Action）。CPA 计价方式是指按广告投放实际效果，即按回应的有效问卷或订单来计费，而不限广告投放量。CPA 的计价方式对于网站而言有一定的风险，但若广告投放成功，其收益也比 CPM 计价方式要大得多。广告主为规避广告费用风险，只有当网络用户点击旗帜广告、链接广告主网页后，才按点击次数付给广告站点费用。

思考题

思考一：出于对安全与隐私方面的担忧，许多人还难以把网络广告作为一种可行的商务媒介来看待，广告主如何看待这个问题？

思考二：目前国内外许多大公司在网上投入的广告费用逐年增多，其目的就是要吸引受众，从而达到增加销售量的目的。那么，网络广告如何才能吸引受众？

任务六　社区论坛营销

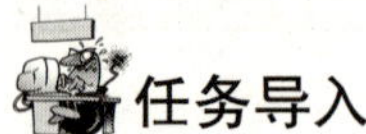

任务导入

阿里巴巴旗下的淘宝网曾尝试对网络商户收费，引发网民的大规模抗议，最终不得不取消收费。而其竞争对手腾讯旗下的拍拍网，则在事件中聘用了一家公关公司使用了论坛传播的方式，抓住了淘宝网尝试收费致使用户抗议的事，借机从淘宝网吸引了一批商户加盟拍拍网。

［**问题分析**］拍拍网在此次事件中是如何抓住商机，并通过充分有效的社区营销来挖掘顾客的？

任务分析

关键词	分享、软文、意见领袖
理论要点	掌握发帖的注意点，了解意见领袖的重要性
实践要点	创作具有吸引力的软文，积极与论坛用户互动

《互联网电子公告服务管理规定》指出，BBS（电子公告服务）是指在互联网上以电子布告牌、电子白板、电子论坛、网络聊天室、留言板等交互形式为上网用户提供信息发布条件的行为。

BBS曾经主要依靠综合网站生存，其论坛内容多数与所存在网站的功能有关。目前BBS有了自己的网站，有些BBS网站固定发帖量达到十万，注册用户超过百万，并在互联网用户中有良好的口碑。有些BBS网站拥有用户较为庞大及颇具商业价值的商务主题论坛，为社会上的某些企业、集团、协会、商会及其他方面的发展起到积极的推动作用。面对这样的情况，企业在进行网络推广的过程中一定要充分考虑BBS的影响。

传统的AIDA法则并不完全适用于网络论坛营销，而美国的电通集团针对互联网与无线应用时代消费者生活形态的变化，提出了一种全新的消费者行为分析模型，即AISAS（Attention 注意、Interest 兴趣、Search 搜索、Action 行动、Share 分享）模型。在AISAS模型中，两个具备网络特质的“S”的出现，充分体现了互联网对于人们生活方式和消费行为的影响与改变。而网络社区论坛则无疑是消费者进行分享的最主要的阵地。

社区论坛营销的实质就是在一些论坛或社区中设计有吸引力的主题和内容，鼓励、引发网民进行讨论的一种营销手段，其核心在于话题的吸引力和关注度，通过一定的文字导向诱使论坛、社区用户参与话题的讨论，并且引导话题讨论向着有利于企业的方向发展。

一、任务目标

通过在社区、论坛发帖、回帖以及与论坛用户互动，逐步建立良好的论坛形象，对企业、产品进行适度的营销与推广。

二、任务要求

（1）掌握在论坛或社区注册、发帖、回帖的步骤。

（2）在论坛中发布软文，与网友积极互动，并在互动过程中适当进行企业、产品的推广和营销。

三、任务过程

（一）基本流程

社区论坛营销的基本流程如图6—21所示。

（二）具体步骤

步骤一　对目标顾客进行分析并提炼传播点

对目标客户进行分析，主要是研究不同产品的客户属性，包括消费习惯和网络接触习惯两个方面，这部分资料和数据可以通过调查公司和行业研究机构获得。有效的传播点在于吸引眼球。例如，一款笔记本的核心卖点是外形时尚，但如果仅将“外形时尚”这个词

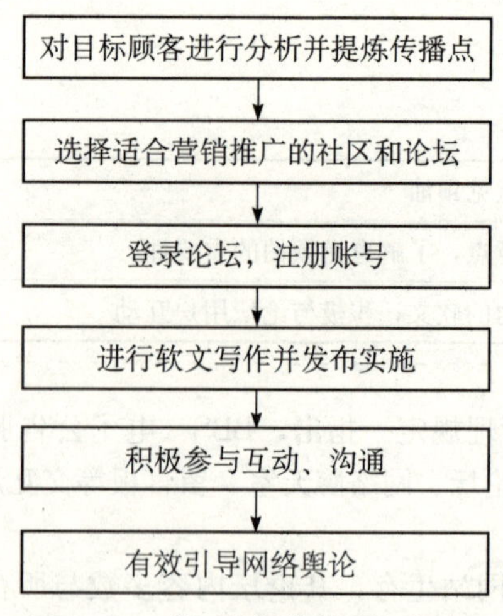

图 6—21　社区论坛营销基本流程图

作为传播点组织论坛软文，恐怕不会引起多少关注，因为时尚在网络中早已被用滥，但如果与美女、明星关联，效果则要好得多。对于目标客户的网络接触习惯，可以选择一家行业社区，事先做一个网络调查，得到第一手反馈信息，这对后期的策略制定会有很大帮助。对于网络调查，目前有很多免费的网站提供相关服务，如调研网、问卷星、data100 等。

步骤二　选择适合营销推广的社区和论坛

这一步主要是要找到目标市场高度集中的行业社区、论坛。不同的论坛、社区，都有各自不同的特点，进行网络论坛营销，首先就要选择合适的论坛和社区。论坛、社区都是按行业或兴趣来建立的，有一些主题高度集中，有一些主题相当松散。在进行网络论坛营销时，主题越集中，效果就越好。因此，企业在选择论坛、社区的时候就要选择适合自身产品的论坛和板块。比如，企业的产品是墙纸、涂料、瓷砖、地板之类的建材，那么找一个家居信息聚集的论坛是个不错的决定。而在一些主题相对较弱的地方，往往不容易建立专家地位。所以，企业相关人员要花一些时间，搞清楚有哪些著名的论坛和企业所在的行业是相关的，然后根据产品的特点和营销需求，选择营销推广的目标社区和论坛。例如，可以查看“2013 年中国人气论坛排行榜”，人气比较旺的论坛都集中在此。

同时，企业在自己的网站内部也可以加上一个论坛模块。这样做的好处是用户在论坛注册的时候，会留下相关的注册信息，比如电子邮件地址，那么企业就可以在论坛营销的同时进行 E-mail 营销。

以搜狐论坛为例，其分类做得比较详细（如图 6—22 所示）。可以看出，由于网友关注点不同，搜狐划分了多个不同的板块，在板块内又划分了更加具体的社区，可以满足绝大多数人的需要，每个网友都可以在这里找到自己需要的社区。

步骤三　登录论坛，注册账号

虽然在论坛发言和回复只需要一个账号就可以，但是为了在推广阶段就能够快速对企业、品牌、产品进行炒作，需要注册几个马甲账号。

在账号注册后，可以使用多个注册的账号进行发言以及相互回复。比如，企业可以根

理财之家		狐说经济		车棚满座		车 友 会		吃喝社区		教育职场	
基金天下	我家理财	财经大杂烩	民生杂谈	车行天下	汽车茶馆	北京车友会	夏 令 营	美食厨房	西点军校	大话教育	家长论坛
股市风云	黄金万两	经济学堂	315论坛	购车交流	谍照趣图	天津车友会	我行我速	营养顾问	吃在北京	教师之家	英语沙龙
我家创业	投资学院	前车之鉴	左右聚焦	HAM园地	名车荟萃	辽宁车友会	别克俱乐部	八方美食	香茗茶道	高考论坛	考研之友
无限论坛	期货日记	国企之家	私企之家	媚眼看车	轻野联盟	河北车友会	天语SX4	素食主义	调味天地	财务会计	职场人生
民生杂谈	经济学堂	企业是我家	万科论坛	狐说车坛	学车交流	福 克 斯	山东车友会	休闲食品	吃在天津	薪水曝光台	我要发泄
科技生活		**网游竞技**		**手机生活**		**精彩视频**		**健康人生**		**游山玩水**	
大话IT	通信业界	网游世界	天龙八部	极品短信	手机彩信	劲 爆 点	社会百态	心理茶坊	保健常识	结伴旅行	行行摄摄
IT求职	IT夜生活	魔兽世界	劲舞团	手机游戏	极品酷铃	BT搞笑	大胆自拍	乙肝咨询	健康杂谈	景点攻略	旅人游迹
电脑急诊室	图形设计	暗　黑	跑跑卡丁车	手游狐界	手机百科	综艺视频	NBA视频	两性健康	外科咨询	游狐求助	户外装备
软件工具	笔记本	竞技人生	反恐精英	随手一拍	机友交流	奥运视频	F1视频	失眠阵营	胃肠专科	苦旅文心	天下奇闻
历史考古	宇宙奥秘	游人公社	休闲娱乐	指间传情	老徐酷拍	看图说事	手机现场	心血管科	肝病咨询	奇风异俗	户外俱乐部
华东地区		**华南地区**		**西南地区**		**地方社区**		**校园杂谈**		**华北校园**	
看 上 海	南京论坛	广东视线	粤色撩人	四川雄起	天府之国	混在北京	北京宝贝	八卦校园	校园爱情	中国农大	北 林
阿拉上海	苏州论坛	广州生活	深圳之恋	四川食府	成都男女	山水浙江	八桂之乡	魅力星生	青春伊甸园	北 二 外	北 邮
狐朋驴友	江南茶馆	东莞论坛	港台娱乐	秀之峨眉	重庆森林	陕客一族	齐鲁青未	选美论坛	大学女生	地质大学	北 服
都市夜归人	杭州杂谈	印象香港	两岸交流	彩云之南	感动昆明	慷慨燕赵	重庆森林	大学男生	学生维权	中央民大	首都师大
血拼狂人	情牵西子	食在广东	心情札记	黔山秀水	西　藏	南京论坛	天津地区	涩男涩女	毕业联盟	中国矿业	北京交大
东北校园		**华东校园**		**西北校园**		**华中校园**		**西南校园**		**华南校园**	
沈阳建大	沈阳理工	南京师大	南京财经	西安财大	西京大学	武汉大学	华中科大	四川大学	西南民大	中山大学	华南理工
东北大学	沈阳师大	南京工业	南 邮	西北大学	西 外	华中师大	国防科大	四川音乐	川 师 大	广州大学	暨南大学
沈阳工业	沈 航	晓庄师范	浙江大学	陕西师大	西安建大	郑州大学	中南财政	西南财大	川大锦城	华南师范	华南农业
辽宁大学	沈阳大学	浙江工业	浙江理工	西安欧亚	西安外事	武汉理工	长沙理工	西华大学	诚信学院	广东工业	汕头大学
辽宁广告	辽宁美术	浙江师范	浙江传媒	西安培华	西安工程大	吉首大学	长江大学	成都影视	西南交大	广州中医	深圳大学

图 6—22　搜狐网社区分类页面

据自身产品的特点用某个账号提出一些相关问题，然后用其他账号做出一些正确或错误的留言，在这之后，还可以再通过另一些马甲账号对之前的留言做出评论，等等。这样可以吸引其他一些论坛用户的注意，在浏览了几个马甲的留言后自然也会记住产品的特点、企业及品牌。

此外，还需要选择作为主要发帖、回复用的账号，对其论坛头像、签名进行个性化设计。在签名中可以留下产品的资料、企业的联系方式、相关的链接等。通过发帖和回复，头像和签名都会显示在帖子中。社区、论坛的用户在对帖子进行浏览的过程中都可以看到签名、头像中所留的信息，这就起到了类似广告的作用。

步骤四　进行软文写作并发布实施

在社区、论坛中不直接发广告是一种基本的礼节，很多论坛用户都很排斥这种行为，有的论坛甚至直接封掉发广告的论坛账号。那么这时就可以用软文的形式来表达我们的营销本意。

在软文的写作上，要能够结合企业、产品，制造出具有创意的话题，进而吸引广大的论坛用户参与互动。这部分和病毒性营销类似，就是要制造出让受众能够接受并进一步传播的病毒。

一位网友曾在论坛上发布了一个图片剧，讲述了自己和狗狗太胖，都难以找到“对象”；而他通过锻炼和让狗狗吃雀巢康多乐狗粮终于成功减肥，并双双解决了“终身大事”。无厘头的文字和搞笑的图片，受到网友的热烈追捧，形成“病毒式”的传播。更重要的是网友在欢快的笑声中，不知不觉地接受了雀巢康多乐狗粮的品牌信息。摩托罗拉公司也曾经针对 V8 手机在猫扑网上做过这样的社区营销活动。在推广期间，猫扑网上出现了一篇标题为“最新版手机的八大BT用法！”的帖子，以相当另类的思维把玩着自己新款的摩托罗拉手机。这位网民标新立异地拍了许多V8的古怪用法，诸如把V8当作书签、把V8用作水果刀等，热闹且创意十足。这篇帖子在各个论坛中迅速传播开来，同时也成为公司同事间互发轻松邮件时的流行附件。这就是比较成功的软文案例。

步骤五　积极参与互动、沟通

在论坛中要积极地参与讨论，注意了解其他会员有什么疑难问题，如果你能解决，就积极回答，你的努力其他会员都会看在眼里。久而久之，如果大家通过你的帖子看到你既有相应的专业知识，又热心助人，那么你在大家心目中自然会建立起一个权威形象。这时你所推广的任何产品或服务也会被大家所信任。

另外，在论坛中一般都会有意见领袖，他们有着较强的公信力和影响力，是社区的活跃分子。因此，并不是与消费者发生的所有营销传播都同等重要，擒贼先擒王，“招安”这几个意见领袖，借助他们的力量进而来“收编长尾”，才是高效传播之道。

但是有一点要注意，对于意见领袖只能柔性招安，如果企业沿用“媒介购买”的思维模式，影响力就会大打折扣。沃尔玛就曾经犯过这样的错误：一对自驾车旅游的夫妇在网络上屡次提及沃尔玛美好的购物体验，受到了很多人的关注，为沃尔玛在购物者心中树立了很好的形象。然而某媒体曝出是沃尔玛为这对夫妇投下了巨额的赞助，这则消息立刻引起了公众的强烈指责，对沃尔玛品牌造成了巨大的损害。

步骤六　有效引导网络舆论

“水能载舟，亦能覆舟”，社区群众的力量聚合是一把十足的“双刃剑”。当品牌有某些瑕疵激怒网友时，草根也能颠覆品牌。“这个广告也太过分了！”“整日游手好闲吃肯德基的能考上大学，勤奋学习不吃肯德基的反而落榜？”在某社区论坛里，网友热议当时正在央视及地方电视台热播的肯德基广告，一致质疑其涉嫌误导消费者，并要求电视台停播该广告。此后，该信息迅速传播、覆盖面极速扩大，仅这个社区的一个帖子就有超过5万人点击浏览并广为转帖，造成了肯德基的公关危机，为此肯德基不得不在电视台停播该广告。

论坛营销不同于其他的网络营销活动，一方面要设计有吸引力的主题和内容，鼓励网民自发自主地传播信息，参与营销活动；另一方面还需要对信息的传播路径和由此形成的网络舆论进行密切监测，实施有效引导，避免传播事态偏离预期轨道，谨防恶意攻击。

网络时代受众的差异性更加突出，形成了不同的网民群体和网上虚拟社区，网络媒体应该分析并抓住网民上网的不同心理特征和心理需求，从尊重网民主体需求的角度出发来安排传播的内容和形式。

新闻媒体只有吸引受众，才能引导受众。网络媒体可以通过网上调查或交互式交流的方式，了解网民的普遍心态和兴趣爱好，及时调整、改进引导方法。此外，舆论的主体是公众。在现实生活中，他们可能会遭遇各种挫折，或对现实环境心存不满，或由于认识的局限性而对社会问题缺乏科学的判断。网上论坛恰巧为这些人提供了一个发泄情绪的空间。在把握网上主流舆论的同时，根据社会心理学的宣泄原理，有节制地反映某些有强烈反应的消极社会舆论，使其适度宣泄，有利于缓解社会矛盾，化消极为积极，也有利于营造一个健康宽松的舆论环境。

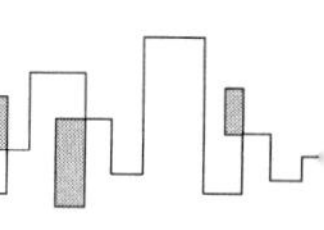

任务说明

和论坛用户分享所拥有的信息、知识，在打造良好论坛形象的同时开展适度的营销工作。

四、任务成果

（1）选择适合本企业进行营销推广的高度集中的行业社区和论坛。

（2）制造有吸引力的话题与软文，鼓励网民积极、广泛参与。

（3）发现意见领袖，对网络舆论进行有效、良性引导。

知识点拨

软文：顾名思义，是相对于硬性广告而言，由企业的市场策划人员或广告公司的文案人员负责撰写的“文字广告”。与硬广告相比，软文的精妙之处就在于一个“软”字，好似绵里藏针，收而不露，克敌于无形。等到发现这是一篇软文的时候，你已经冷不丁地掉入了被精心设计过的“软文广告”陷阱里。它追求的是一种春风化雨、润物无声的传播效果。软文的定义有两种，一种是狭义的，指企业花钱在报纸或杂志等宣传载体上刊登的纯文字性的广告。这种定义是早期的一种定义，也就是所谓的付费文字广告。另一种是广义的，指企业通过策划在报纸、杂志或网络等宣传载体上刊登的可以提升企业品牌形象和知名度或可以促进企业销售的一种宣传性、阐释性文章，包括特定的新闻报道、深度文章、付费短文广告、案例分析等。

软文广告可以用较少的投入，吸引潜在消费者的眼球，提高产品的竞争力，提高产品的美誉度，引导消费群购买，达到产品的策略性战术目的。

思考题

思考一：现实社区营销有哪些是值得网络论坛营销借鉴的？

思考二：有些专业性强的产品并不适合写作软文，这类产品该如何进行网络论坛营销？

思考三：结合表6—1，思考网络社区具备哪些潜力和素质？有哪些优势与劣势？

表6—1　　中国社区用户属性与整体网民对比情况表

基本属性	社区网民	整体网民	基本属性	社区网民	整体网民
性别/婚姻			月收入		
男	81.2%	54.9%	无收入	8.6%	3.6%
女	18.8%	45.1%	500元及以下	9.5%	30.3%
已婚	19.9%	42.1%	501～1 000元	7.8%	17.8%
未婚	80.1%	57.9%	1 001～1 500元	24.5%	14.4%
学历			1 501～2 000元	14.4%	10.9%
初中及以下	1.9%	21.9%	2 001～2 500元	9.5%	5.8%

续前表

基本属性	社区网民	整体网民	基本属性	社区网民	整体网民
高中（中专/技校）	11.7%	34.2%	2 501～3 000 元	8.6%	6.3%
大专	37.1%	20.1%	3 001～4 000 元	7.0%	4.1%
本科	44.3%	21.9%	4 001～5 000 元	4.4%	3.2%
硕士及以上	5.1%	1.9%	5 000 元以上	5.7%	3.6%

任务七　即时通信工具营销

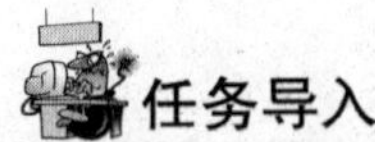

任务导入

曼妥思与新加坡国庆夜“造人运动”

8 月 9 日是新加坡的国庆节，依照惯例每年都会推出一首官方国庆主题歌曲，2012 年推出的是“爱在晨曦中”（*Love at First Light*）。不过，它的风头被曼妥思薄荷糖抢走不少，后者在国庆节的前一周发布了一支自己创作的国庆歌曲“国庆之夜”（*National Night*），鼓励国民以一种新方式来庆祝节日：为新加坡造人。这首言辞露骨的 R&B 歌曲旨在宣传曼妥思新推出的一款主题薄荷糖“我爱新加坡”（I Heart SG）。

不断下降的出生率一直是令新加坡头疼的国家难题。据 2011 年《美国中央情报局世界概况》（*CIA World Factbook*）估计，新加坡出生率仅为千分之 7.72，处于全世界最低水平。而移民政策又不为本地人认可，于是，国庆日除了盛大巡游和阅兵表演外，亦是宣传“多生孩子”的主论坛。

这回，曼妥思替新加坡政府好好地操了一回心，应景地发布了一支自己创作的国庆歌曲“国庆之夜”，号召大家多尽国民责任，以一种新方式来庆祝节日：“为新加坡造人”。露骨的言辞，酷劲十足的曲调，未必能获得保守人士的欢迎，却广受年轻人喜爱。一经推出迅速流行于网络，在 YouTube 上吸引了近 40 万的点击量，将近新加坡官方国庆歌曲的一半。“为新加坡造人”不正是这群人吗？如此稍具戏谑的口吻，或许要比政府的说教更容易被接受。何况，他们亦正是曼妥思薄荷糖的目标客户。

[问题分析] 曼妥思是如何开展病毒式营销的？

任务分析

关键词	即时、有效沟通、低成本
理论要点	下载、安装、注册、登录各种 IM 工具，并运用 IM 进行推广、营销
实践要点	运用各种沟通技巧，开展有针对性的一对一营销

即时通信工具（Instant Messaging，IM）是一种可以让使用者在网络上建立某种私人

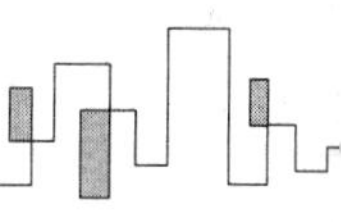

聊天室的实时通信服务。大部分的即时通信服务提供了状态信息的特性——显示联络人名单、联络人是否在线以及能否与联络人交谈。通常 IM 服务会在使用者通话清单（类似电话簿）上的某人连上 IM 时发出信息通知使用者，使用者便可据此与此人通过互联网进行实时通信。

通过 IM 进行交流和通过 E-mail 交流一样，成本都非常低廉。两者最大的不同在于时效，IM 不用等候，不需要像 E-mail 那样每隔一段时间就按一次“发送与接收”。此外，除了文字，大部分 IM 服务也提供语音、视频的功能。只要两个人都同时在线，就能像多媒体电话一样传送文字、文件、声音、影像给对方，只要有网络，即使对方在天涯海角，都能及时沟通。

就是这些特点，让即时通信工具成为在线与用户进行各种有效沟通的利器。有了即时通信工具，就可以实现与客户零距离、无延迟、全方位的沟通，特别是电子商务网站对即时通信工具的合理使用，可以与客户保持密切联系，促进良好关系，也可以有效促进销售，实现推广、营销的目的。

即时通信工具的营销功能远比人们已经实践的要多。实际上，即时通信平台可以实现单体、小众、大众协调统一的沟通与交流。在单体沟通上，即时通信工具可以替代电话，群和组的功能可以将信息定向传递到有着共同需求的小众群体之中，而其操作框的广告位可以到达大众群体。很多公司都借助于即时通信工具进行传播和完成业务，包括肯德基、东风雪铁龙、大众汽车等企业。还有一些企业组织起了企业群，通过企业群向潜在的消费者传递产品和品牌信息，将他们转化为忠实的消费者。

一、任务目标

运用 IM 工具与客户进行交流沟通，进行售前、售中、售后等各项服务。

二、任务要求

（1）学会下载并注册使用各种 IM 工具。

（2）使用 IM 工具对客户进行一对一营销。

（3）能够对沟通结果进行评价并制定更加切实有效的营销策略。

三、任务过程

（一）基本流程

即时通信工具营销的基本流程如图 6—23 所示。

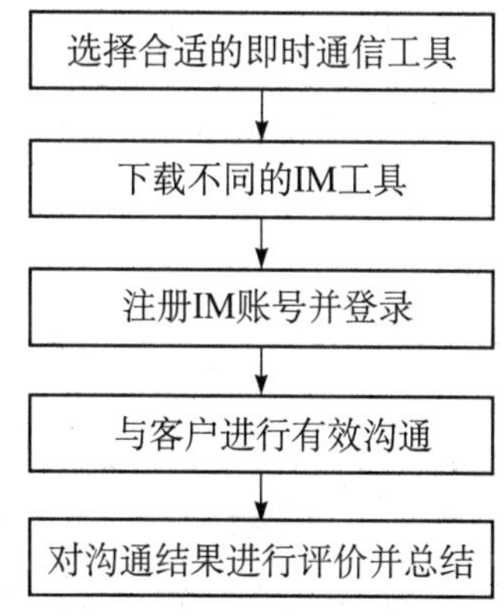

图 6—23　即时通信工具营销基本流程图

（二）具体步骤

步骤一　选择合适的即时通信工具

即时通信工具各式各样，那么企业在进行营销的时候，就要选择适合自身特点的工具。一般来说，用得比较多的有 MSN、QQ、Skype、阿里旺旺、飞信等。如表 6—2 所示，艾瑞咨询集团对 2010 年 1 月份各种不同即时通信工具使用人数及覆盖人群情况进行了统计。

表 6—2　　**2010 年 1 月即时通信软件日均覆盖人数排名**

排名	软件	日均覆盖人数（万人）	日均网民到达率
1	腾讯 QQ	14 449	76.1%
2	飞信	2 091	11.0%
3	阿里旺旺	1 972	10.4%
4	MSN	1 749	9.2%
5	阿里旺旺（淘宝版）	355	1.9%
6	腾讯 TM	276	1.5%
7	Skype	263	1.4%
8	校内通	248	1.3%
9	百度 Hi	247	1.3%
10	彩虹	244	1.3%

注：日均网民到达率＝该软件日均覆盖人数/所有软件总日均覆盖人数。

公司、企业可根据自身需要来选择合适的 IM 工具。国内客户一般使用 QQ、阿里旺旺、飞信；而针对国际性市场，商务型企业使用 MSN、Skype 等工具的比较多。

步骤二　下载不同的 IM 工具

下面给出几种主要 IM 的下载页面和下载地址。

（1）MSN 下载地址：http：//im. live. cn/get. aspx（见图 6—24）。

图 6—24　**MSN 下载页面**

可以根据需要选择“在线安装”或者“完全下载”。

（2）QQ 下载地址：http：//download. tech. qq. com/soft/17/21/42698/index. shtml（见图 6—25）。

图 6—25 腾讯 QQ 下载页面

（3）阿里旺旺下载地址：http：//alitalk. alibaba. com. cn/？ tracelog＝alitalk _ index _ nav（见图 6—26）。

图 6—26 阿里旺旺下载页面

（4）飞信下载地址：http：//www. fetion. com. cn/Downloads/default. aspx（见图 6—27）。

（5）Skype 下载地址：http：//skype. tom. com/download/（见图 6—28）。

下载完成后，就可以进行各种 IM 的安装，但只是安装完还不行，各个 IM 都需要先进行注册，然后才可以使用。

步骤三 注册 IM 账号并登录

各种 IM 工具在运行后都会弹出“登录”或者“注册”界面，用户可以点击“注册”，

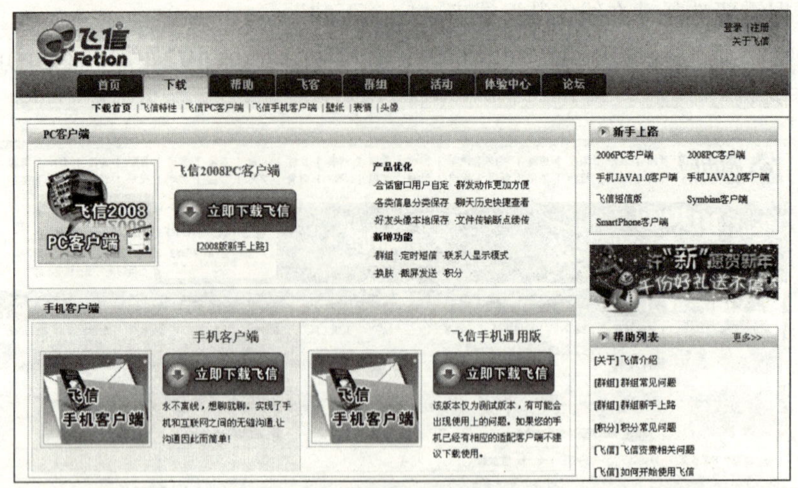

图 6—27　飞信下载页面

图 6—28　Skype 下载页面

按照提示，一步一步完成注册。只有在注册后，IM 才可以正常使用。一般来说，注册过程中都需要提供 E-mail 地址，如果没有电子邮箱的话，还需要申请一个 E-mail。另外，以 MSN 为例，如果不使用@hotmail. com 或@live. cn 邮箱，虽然可以注册，但不能享有微软提供的邮箱服务。图 6—29 所示为 MSN 的注册界面。

填写图 6—29 中的各项注册信息，并点击“接受”按钮完成注册，然后打开注册时填写的 E-mail 信箱，查看 MSN 的确认邮件，按照其中的提示，完成注册确认步骤。

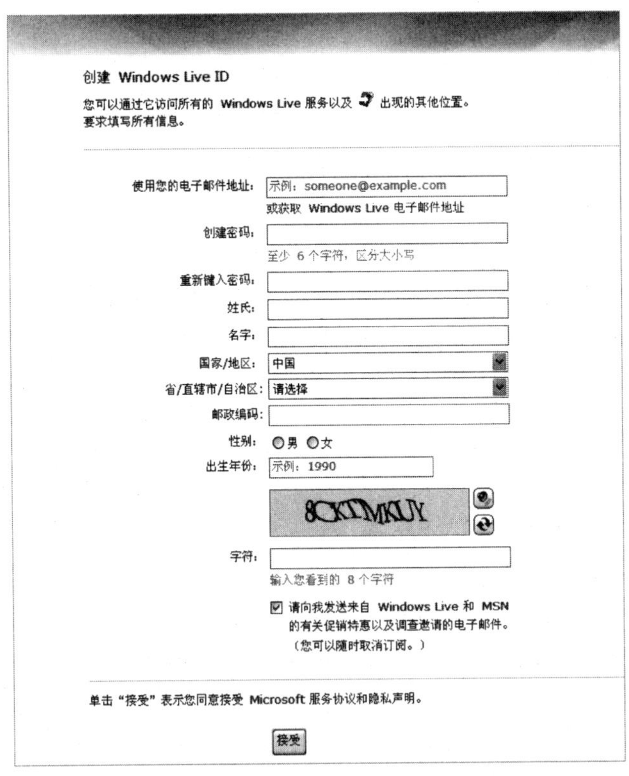

图 6—29　MSN 注册界面

图 6—30 所示为腾讯 QQ 账号申请界面。从网站上所提供的各种申请方式中选择一种，进行 QQ 账号的申请。

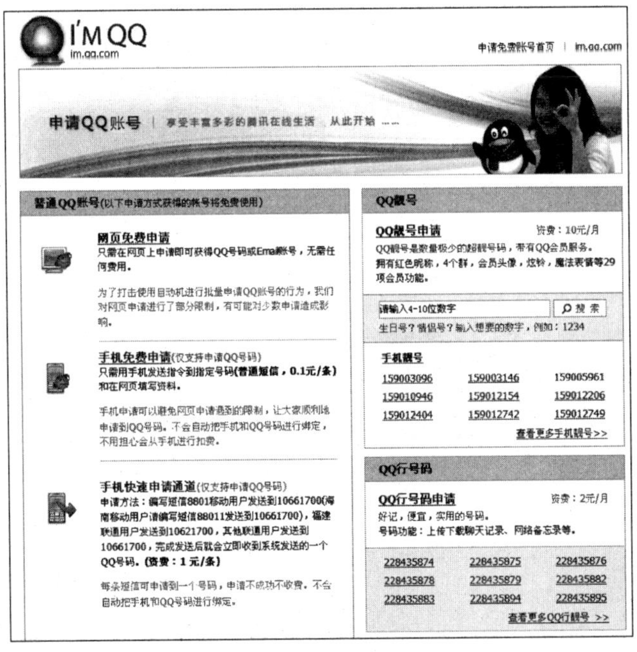

图 6—30　腾讯 QQ 账号申请界面

以网页免费申请为例，点击后进入下页的页面（见图 6—31），根据需要，选择其中的一种，对注册信息进行填写后点击“下一步”，即可获得一个注册账号。

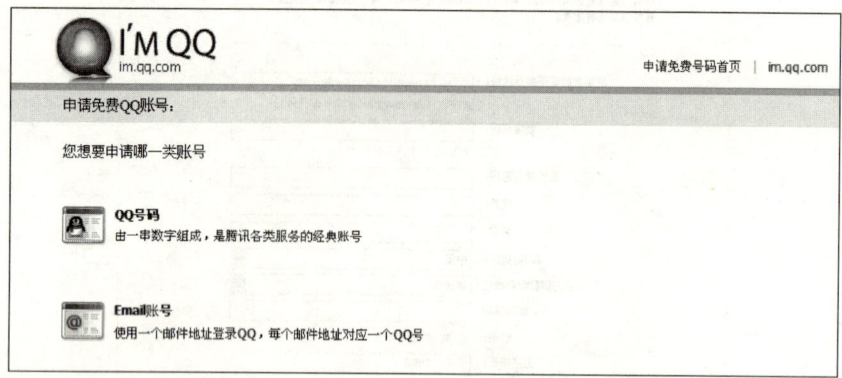

图 6—31　QQ 账号“网页免费申请”界面

阿里旺旺注册界面如图 6—32 所示。填写相关信息并点击“立即注册”后，跳转到如图 6—33 所示页面。稍等片刻之后就完成了对阿里旺旺的注册。

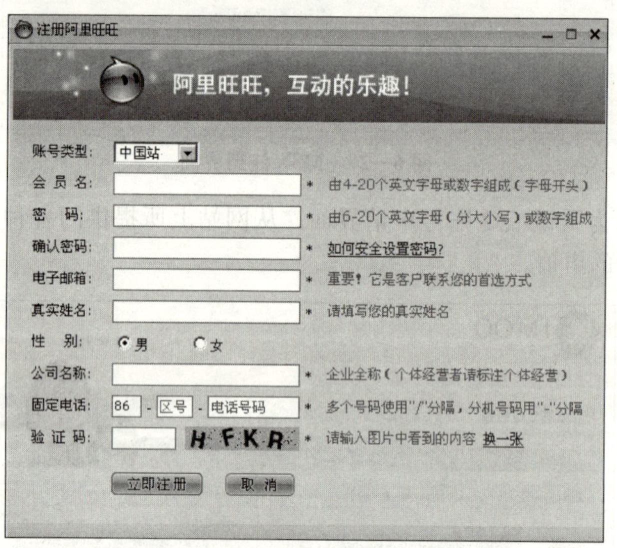

图 6—32　阿里旺旺注册界面一

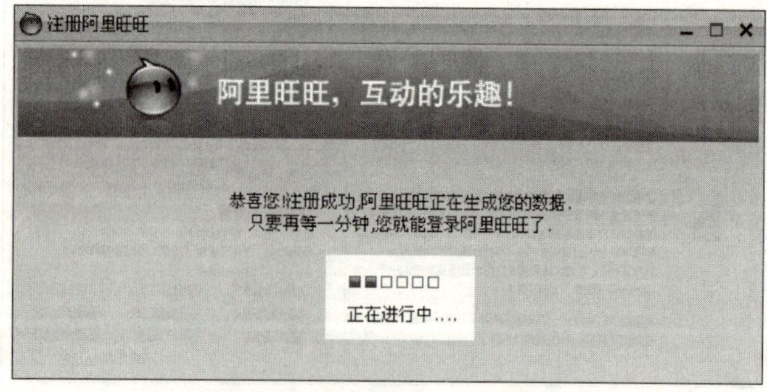

图 6—33　阿里旺旺注册界面二

飞信注册界面如图 6—34 所示。在输入手机号码和验证码后点击“下一步”按钮，跳转到如图 6—35 所示页面。在输入注册手机收到的短信验证码以及飞信密码后，点击“下一步”。按图 6—36 的提示输完信息后，点击“完成”即可完成飞信的注册。

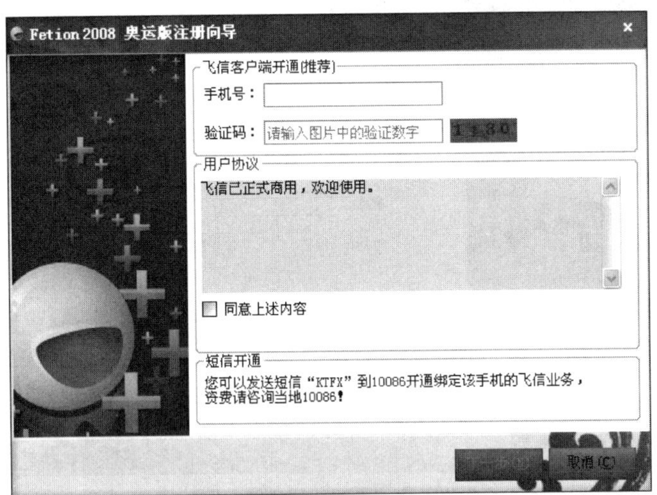

图 6—34　飞信注册界面一

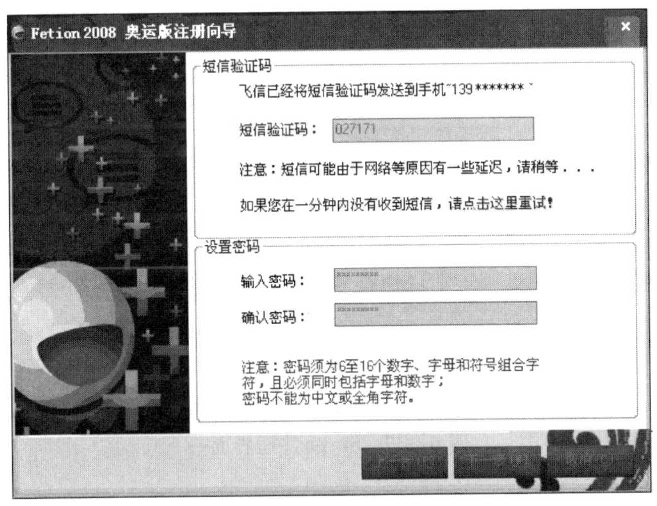

图 6—35　飞信注册界面二

Skype 注册界面如图 6—37 所示。完成图 6—37 的资料填写工作后，点击“下一步”，接着完成图 6—38 所示的资料填写，然后点击“登录”按钮，直接完成注册并进行 Skype 登录。

与其他几种 IM 不同，Skype 提供了让其他软件望尘莫及的功能，即能够支持电脑对固定电话、电脑对移动电话的短信和语音交流。Skype 用户可以使用 Skype out 直接拨打电话到全球任何一部普通座机或者手机上，而费用只有普通 IP 电话的 1/10，当然这个功能是要收费的。那么就需要打开充值页面，对账户进行充值。图 6—39 所示即是 Skype 的充值页面。

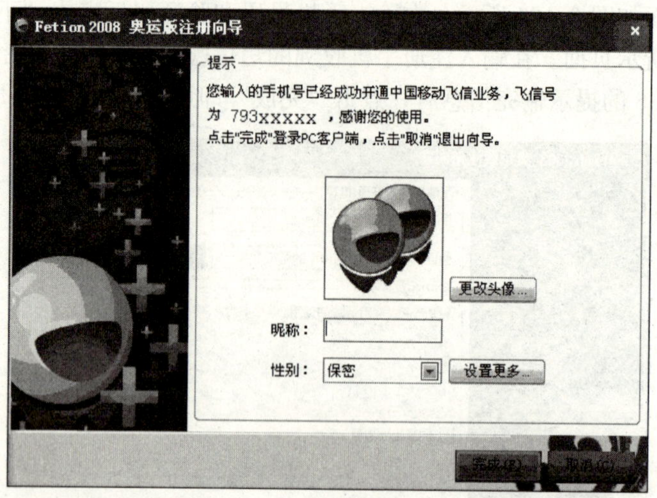

图 6—36　飞信注册界面三

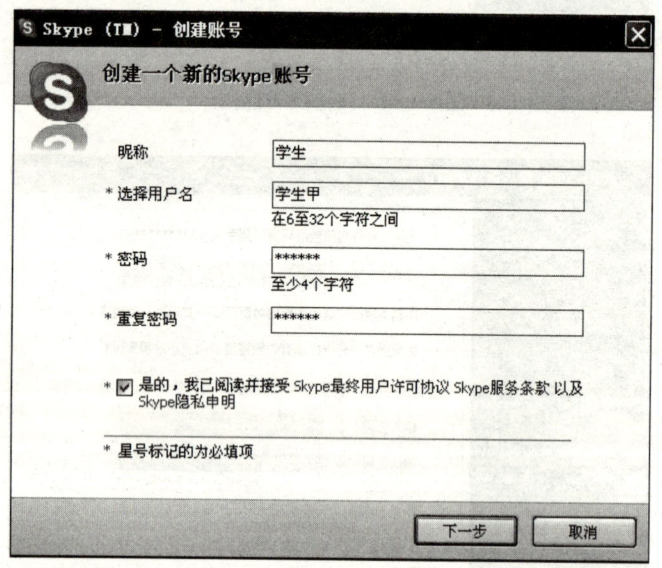

图 6—37　Skype 注册界面一

步骤四　与客户进行有效沟通

IM 营销有些类似于传统营销中的人员推销。通过 IM 工具，营销人员可以直接和客户进行文字、图像、语音、视频交流，而不用亲自上门进行推销，节约了大量原本花费在交通上的时间与费用。只要双方约好时间，不管天涯海角都可以进行交流、沟通。

在传统的人员推销中，营销人员可以在和客户交流的过程中通过观察对方的表情、语气等各种交流信号，及时得知对方的反应，然后随时调整交流策略。而借助 IM 工具的语音、视频等各项功能也可以达到同样的效果。营销人员所要做的，就是通过简短的文字，在有限的时间内充分介绍企业、产品的优点、特点，吸引对方的注意力，使对方同意和营销人员通过语音、视频等方式进行更进一步的沟通。

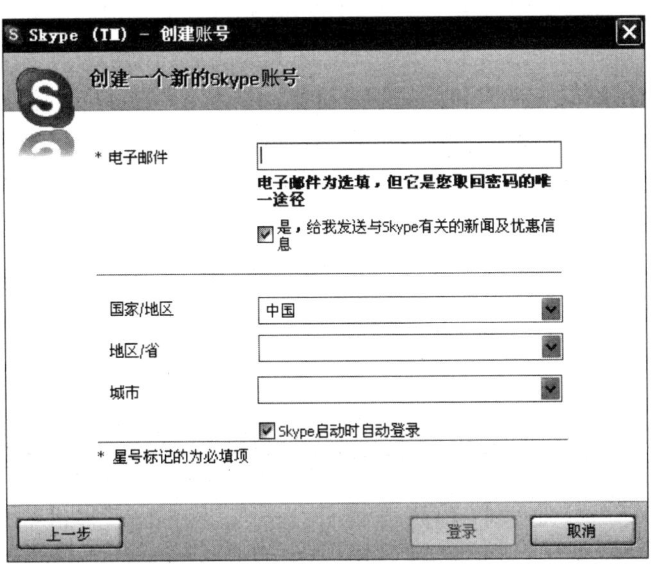

图 6—38　Skype 注册界面二

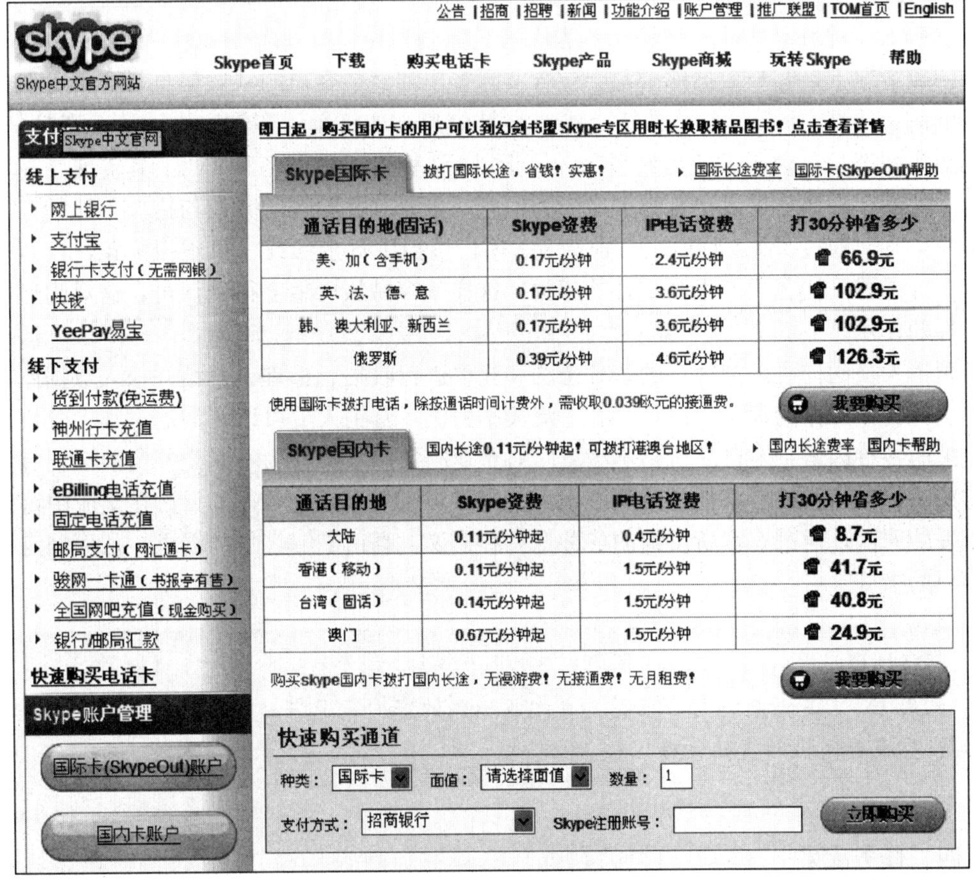

图 6—39　Skype 充值界面

由于IM本身的特性，使在传统营销中因高成本而较少采用的一对一个性化营销方式得以普及。通过沟通，可使双方在互动沟通的过程中更趋向于信息对称，从而实现供方和需方一对一的深层次双向交流。和传统的以消费者群体为单位进行的沟通相比，这种一对一的个性化沟通效果要好得多。所以企业在和客户沟通时，主要是从客户的个性和需求出发，寻找企业的产品、服务与客户需求之间的差异和共同点，并在适当的时候通过改变企业的营销策略来满足客户的需求。

千万记住，通过IM沟通的对方是一个活生生的人，是实际客户或者潜在客户，所以当面不会说的话在IM沟通过程中也不要说。

此外还需要注意的是，在进行在线即时交流时要注意保持沟通渠道畅通、回答迅速，不要让对方久等。如果企业没有足够的人员来进行这项工作，可以建议客户通过电话、E-mail等方式，或者开设一个相关的论坛来对问题进行集中处理。以阿里巴巴旗下的淘宝网为例，在淘宝网中有很多的卖家与买家，由于用户数量众多，所以淘宝网有针对性地建立了一个专门的板块对一些常见性问题进行说明。此外，淘宝网还提供了有问有答的互助区以及24小时电话支持等方式。一般的个人商家由于人员有限，不能像大型企业、公司那样做到24小时有人值守在电脑前，那么就可以使用其他的方式，比如以QQ手机在线或者阿里旺旺的手机在线作为媒介。

步骤五　对沟通结果进行评价并总结

一般情况下，客户数据库中都会包含实际客户和潜在客户的一般信息，比如姓名、地址、电话、传真、E-mail、个性特点等；交易信息，如订单、咨询、投诉等；产品信息，如购买哪种产品、购买数量与频率等。由于IM营销可以借助各种IM工具实现与客户的一对一营销，那么就可以根据数据库中的信息，采取有针对性的方法与措施。比如，可以在客户生日时通过IM工具送上一张贺卡、一份虚拟生日蛋糕或一束虚拟鲜花，让客户感受到一种温馨，让客户产生被重视的感觉。这样就容易从情感上得到认可，这对沟通结果有良性的作用。

营销人员同样可以把客户的各种想法和建议进行收集、整理、总结并录入数据库，从而得出对营销工作的评价。以计算客户流失率为例，营销人员可以在沟通过程中分析出客户流失的各种因素：对产品价格不满意？对企业的某些服务行为不满意？当前市场有更为先进的替代产品？或者其他的某些原因。营销人员都可以通过IM工具，在交流中得知客户流失的原因，通过客户所反馈的各种意见和建议，真正了解客户的需求，从而制定出挽留客户的措施。

任务说明

利用IM工具开展一对一营销，并把收集到的客户意见与建议录入数据库，并借以制定出更有针对性的营销策略。

四、任务成果

（1）灵活、熟练地使用各种IM工具。

（2）通过IM工具对企业及产品开展推广、营销。

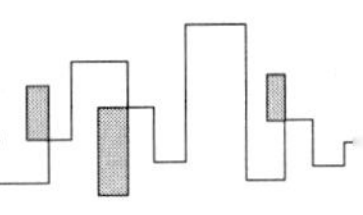

(3) 与客户展开有效沟通的同时，注意对用户意见、建议的收集与汇总，并对之进行有效的总结与评价。

知识点拨

IM 安全：即时通信自身具备完善的联系人列表，为病毒传播提供了很好的传染目标获取机制，而即时通信用户之间较高的信任度，又无形中为病毒传播提供了社交方面的基础。现在通过感染即时通信系统实现传播的病毒，主要呈现以下几类形态：占用系统资源、破坏目标系统及种植木马等。与博客、论坛、搜索引擎等营销方式不同，IM 营销的客户资源基本都储存在 IM 工具的联系人中，如果不对这部分内容进行备份，一旦被盗取的话，后果非常严重。因此，在平时一定要注意网络病毒的防治工作。

思考题

当今社会，即时通信工具的使用率越来越高。中外企业都意识到，当员工与员工之间、员工与客户之间的沟通越来越多地通过即时通信软件来完成时，沟通的效率和安全性便成为日益令人担心的问题。首先，员工使用的 IM 工具是通过开放的互联网进行对话的，信息和数据的安全性就受到了威胁。其次，随着非业务性对话的增加，会导致即时通信与正式业务的脱节。

思考：企业该如何解决这类问题?

附　录

附录 1　需求规格说明书模板

密　级：☐ 保密　☐ 通用
编　号：

需求规格说明书

（版本号：V1.0）

文档编号：____________________
编 制 人：____________________
完成日期：____________________
审 核 人：____________________
审核意见：____________________
审核日期：____________________
批 准 人：____________________
批准意见：____________________
批准日期：____________________
备　　注：____________________

目 录

1　引言

1.1　编写目的

[说明编写这份软件需求说明书的目的，指出预期的读者。]

1.2　背景

[说明以下事项：

a. 待开发的软件系统的名称。

b. 本项目的任务提出者、开发者、用户及实现该软件的计算中心或计算机网络。

c. 该软件系统同其他系统或其他机构的基本的相互来往关系。]

1.3　定义

[列出本文件中用到的专门术语的定义和外文首字母组词的原词组。]

1.4　参考资料

[列出所使用的参考资料，如：

a. 本项目经核准的计划任务书或合同、上级机关的批文。

b. 属于本项目的其他已发表的文件。

c. 本文件中各处引用的文件、资料，包括所要用到的软件开发标准。

列出这些文件资料的标题、文件编号、发表日期和出版单位，说明这些文件资料的来源。]

2　任务概述

2.1　目标

[叙述该项软件开发的意图、应用目标、作用范围以及其他应向读者说明的有关该软件开发的背景材料。解释被开发软件与其他有关软件之间的关系。如果本软件产品是一项独立的软件，而且全部内容自含，则说明这一点。如果所定义的产品是一个更大的系统的一个组成部分，则应说明本产品与该系统中其他各组成部分之间的关系，为此可使用一张方框图来说明该系统的组成和本产品同其他各部分的联系和接口。]

2.2　用户的特点

[列出本软件的最终用户的特点，充分说明操作人员、维护人员的受教育水平和技术专长以及本软件的预期使用频度。这些是软件设计工作的重要约束。]

2.3　假定和约束

[列出进行本软件开发工作的假定和约束，例如经费限制、开发期限等。]

3　需求规定

3.1　对功能的规定

[用列表的方式（例如，IPO表，即输入、处理、输出表的形式），逐项定量和定性地叙述对软件所提出的功能要求，说明输入什么量、经怎样的处理、得到什么输出，说明软件应支持的终端数和应支持的并行操作的用户数。]

3.2　对性能的规定

3.2.1　精度

[说明对该软件的输入、输出数据精度的要求，可能包括传输过程中的精度。]

3.2.2 时间特性要求

[说明对于该软件的时间特性要求，如：

a. 响应时间。

b. 更新处理时间。

c. 数据的转换和传送时间。

d. 解题时间。]

3.2.3 灵活性

[说明对该软件的灵活性的要求，即当需求发生某些变化时，该软件对这些变化的适应能力，如：

a. 操作方式上的变化。

b. 运行环境的变化。

c. 同其他软件的接口的变化。

d. 精度和有效时限的变化。

e. 计划的变化或改进。

对为了提供这些灵活性而进行的专门设计的部分应该加以标明。]

3.3 输入输出要求

[解释各输入输出数据类型，并逐项说明其媒体、格式、数值范围、精度等。对软件的数据输出及必须标明的控制输出量进行解释并举例，包括对硬拷贝报告（正常结果输出、状态输出及异常输出）以及图形或显示报告的描述。]

3.4 数据管理能力要求

[说明需要管理的文卷和记录的个数、表和文卷的大小规模，要按可预见的增长对数据的存储要求作出估算。]

3.5 故障处理要求

[列出可能的软件、硬件故障以及对各项性能而言所产生的后果和对故障处理的要求。]

3.6 其他专门要求

[如用户单位对安全保密的要求；对使用方便的要求；对可维护性、可补充性、易读性、可靠性、运行环境可转换性的特殊要求等。]

4 运行环境规定

4.1 设备

[列出运行该软件所需要的硬件设备。说明其中的新型设备及其专门功能，包括：

a. 处理器型号及内存容量。

b. 外存容量、联机或脱机、媒体及其存储格式、设备的型号及数量。

c. 输入及输出设备的型号和数量、联机或脱机。

d. 数据通信设备的型号和数量。

e. 功能键及其他专用硬件。]

4.2 支持软件

[列出支持软件，包括要用到的操作系统、编译（或汇编）程序、测试支持软件等。]

4.3 接口

[说明该软件同其他软件之间的接口、数据通信协议等。]

4.4 控制

[说明控制该软件运行的方法和控制信号，并说明这些控制信号的来源。]

附录 2　项目计划书模板

[项目名称]

项目计划书

拟制人________________________________

审核人________________________________

批准人________________________________

[××××年××月××日]

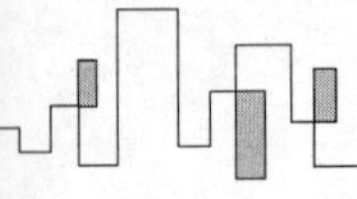

项目计划书的编写

历史修订记录

日期	版本	说明	作者
××××年××月××日	＜××＞	＜修订情况＞	＜姓名＞

目　录

附录3　可行性分析报告模板

［项目名称］

可行性分析报告

拟制人________________________________

审核人________________________________

批准人________________________________

［××××年××月××日］

可行性分析报告的编写

1. 引言

1.1　编写目的

[指出编写本可行性分析报告的目的以及预期的读者。]

1.2　背景

[a. 所建议开发的软件系统的名称。

b. 本项目的任务提出者、开发者、用户及实现该软件的计算站或计算机网络。

c. 该软件系统同其他系统或其他机构的基本的相互来往关系。]

1.3　定义

[列出本文件中用到的专门术语的定义和外文首字母组词的原词组。]

1.4　参考资料

[列出用得着的参考资料。]

2. 可行性分析的前提

[说明对所建议开发的软件项目进行可行性分析的前提。]

2.1　要求

[说明对所建议开发的软件的基本要求。]

2.2　目标

[说明所建议系统的主要开发目标。]

2.3　条件、假定和限制

[说明对这项开发给出的条件、假定和所受到的限制。]

2.4　进行可行性分析的方法

[说明这项可行性分析将如何进行，对所建议的系统将如何评价，摘要说明所使用的基本方法和策略。]

2.5　评价尺度

[说明对系统进行评价时所使用的主要尺度。]

3. 对现有系统的分析

[这里的现有系统是指当前实际使用的系统，这个系统可能是计算机系统，也可能是一个机械系统甚至是一个人工系统。分析现有系统的目的是为了进一步阐明开发新系统或修改现有系统的必要性。]

3.1　处理流程和数据流程

[说明现有系统基本的处理流程和数据流程。此流程可用图表即流程图的形式表示，并加以叙述。]

3.2　工作负荷

[列出现有系统所承担的工作及工作量。]

3.3　费用开支

[列出由于运行现有系统所引起的费用开支。]

3.4 人员

[列出为了现有系统的运行和维护所需要的人员的专业技术类别和数量。]

3.5 设备

[列出现有系统所使用的各种设备。]

3.6 局限性

[列出本系统的主要局限性。]

4. 所建议的系统

4.1 对所建议系统的说明

[概括地说明所建议系统，并说明在 2.1 条中列出的那些要求将如何得到满足，说明所使用的基本方法及理论依据。]

4.2 处理流程和数据流程。

[给出所建议系统的处理流程式和数据流程。]

4.3 改进之处

[按 2.2 条中列出的目标，逐项说明所建议系统相对于现存系统的改进。]

4.4 影响

[说明所建议系统对现存系统的影响。]

4.4.1 对设备的影响

[说明新提出的设备要求及对现存系统中尚可使用的设备须做出的修改。]

4.4.2 对软件的影响

[说明为了使现存的应用软件和支持软件能够同所建议系统相适应，而需要对这些软件所进行的修改和补充。]

4.4.3 对用户单位机构的影响

[说明为了建立和运行所建议系统，对用户单位机构、人员的数量和技术水平等方面的全部要求。]

4.4.4 对系统运行过程的影响

[说明所建议系统对运行过程的影响。]

4.4.5 对开发的影响

[说明对开发的影响。]

4.4.6 对地点和设施的影响

[说明对建筑物改造的要求及对环境设施的要求。]

4.4.7 对经费开支的影响

[扼要说明为了所建议系统的开发和维持运行所需要的各项经费开支。]

4.5 技术条件方面的可能性

[本节应说明技术条件方面的可能性。]

5. 可选择的其他系统方案

[扼要说明曾考虑过的每一种可选择的系统方案，包括需开发的和可从国内国外直接购买的，如果没有供选择的系统方案可考虑，则说明这一点。]

5.1　可选择的系统方案1

［说明可选择的系统方案1，并说明它未被选中的理由。］

5.2　可选择的系统方案2

［按类似5.1条的方式说明第2个至第n个可选择的系统方案。］

6. 投资及效益分析

6.1　支出

［对于所选择的方案，说明所需的费用，如果已有一个现存系统，则包括该系统继续运行期间所需的费用。］

6.1.1　基本建设投资

［包括采购、开发和安装所需的费用。］

6.1.2　其他一次性支出

6.1.3　非一次性支出

［列出在该系统生命期内按月或按季或按年支出的用于运行和维护的费用。］

6.2　收益

对于所选择的方案，说明能够带来的收益，这里所说的收益，表现为开支费用的减少或避免、差错的减少、灵活性的增加、动作速度的提高、管理计划方面的改进等。

6.2.1　一次性收益

［说明能够用人民币数目表示的一次性收益，可按数据处理、用户、管理和支持等项分类叙述。］

6.2.2　非一次性收益

［说明在整个系统生命期内由于运行所建议系统而导致的按月或按年能用人民币数目表示的收益，包括开支的减少和避免。］

6.2.3　不可定量的收益

［逐项列出无法直接用人民币表示的收益。］

6.3　收益/投资比

［求出整个系统生命期的收益/投资比值。］

6.4　投资回收周期

［求出收益的累计数开始超过支出的累计数的时间。］

6.5　敏感性分析

7. 社会因素方面的可行性

7.1　法律方面的可行性

7.2　使用方面的可行性

8. 结论

［在编制可行性分析报告时，必须有一个研究的结论。］

参考文献

[1] 刘正周．管理激励（第 2 版）．上海：上海财经大学出版社，1999.

[2] 李玉萍．管理上市丛书．北京：清华大学出版社，2008.

[3] 柳纯录．信息系统项目管理师教程．北京：清华大学出版社，2005.

[4] 王树进．电子商务项目运作．南京：东南大学出版社，2002.

[5] 冯英健．网络营销基础与实践（第 3 版）．北京：清华大学出版社，2007.

[6] 周宁．网络营销——网商成功之道（第 2 版）．北京：电子工业出版社，2009.

[7] 刘亚．电子商务应用基础．南京：南京大学出版社，2008.

[8] 邹德军．电子商务基础教程．长沙：中南大学出版社，2008.

[9] 马佳琳，周传生．电子商务原理与技术．北京：人民邮电出版社，2008.

[10] 刘军，马敏书．电子商务系统的分析与设计（第 2 版）．北京：高等教育出版社，2008.

[11] 邓凯．电子商务创新案例分析．北京：中国电力出版社，2008.

[12] 孙宝文，王天梅．电子商务系统建设与管理（第 3 版）．北京：高等教育出版社，2008.

[13] 朱晓峰．电子商务概论．南京：南京大学出版社，2006.

[14] 董德民，孟万化．电子商务．北京：中国水利水电出版社，2008.

[15] 王颖纯．电子商务营销．北京：电子工业出版社，2008.

[16] 薛辛光．网络营销学（第 4 版）．北京：电子工业出版社，2005.

[17] 冯英健．E-mail 营销．北京：机械工业出版社，2003.

[18] [美] 贝内特·P·利恩兹．电子商务项目实施管理．北京：电子工业出版社，2003.

[19] [美] 杰里米·莱特．博客营销．北京：中国财政经济出版社，2007.

[20] 王树进．电子商务项目运作．福州：东南大学出版社，2007.

[21] 卓越网（http：//www. amazon. cn).

[22] 易趣网（http：//www. eachnet. com).

[23] 阿里巴巴（http：//china. alibaba. com).

[24] 淘宝网（http：//www. taobao. com).

[25] 大众点评网（http：//www. dianping. com).

[26] 阿里妈妈（http：//www. alimama. com).

[27] 中国互联网络信息中心（http：//www. cnnic. net. cn).

[28] 中国营销传播网（http：//www. emkt. com. cn).

[29] 新竞争力网（http：//www. jingzhengli. cn).

［30］网络营销观察网（http：//www. marketingman. net）.
［31］论文库（http：//lwcool. com）.
［32］易思网（http：//www. eosine. net）.
［33］流量统计网（http：//www. 51yes. cn）.
［34］动易系统（http：//www. powerearsy. com）.
［35］联邦快运（http：//www. fedex. com/cn/）.
［36］唯品会（http：//www. vipshop. com）.

图书在版编目（CIP）数据

电子商务项目管理实训/贾晓丹主编. 2 版. —北京：中国人民大学出版社，2014.1
21 世纪高职高专规划教材·电子商务系列
ISBN 978-7-300-18510-1

Ⅰ.①电… Ⅱ.①贾… Ⅲ.①电子商务-项目管理-高等学校-教材 Ⅳ.①F731.36

中国版本图书馆 CIP 数据核字（2014）第 307565 号

"十二五"职业教育国家规划教材
经全国职业教育教材审定委员会审定
职业教育工学一体化课程改革规划教材
21 世纪高职高专规划教材·电子商务系列
电子商务项目管理实训（第二版）
主编　贾晓丹

出版发行	中国人民大学出版社		
社　　址	北京中关村大街 31 号	**邮政编码**	100080
电　　话	010－62511242（总编室）		010－62511770（质管部）
	010－82501766（邮购部）		010－62514148（门市部）
	010－62515195（发行公司）		010－62515275（盗版举报）
网　　址	http://www.crup.com.cn		
	http://www.ttrnet.com(人大教研网)		
经　　销	新华书店		
印　　刷	北京七色印务有限公司	**版　　次**	2011 年 5 月第 1 版
规　　格	185 mm×260 mm　16 开本		2015 年 1 月第 2 版
印　　张	15	**印　　次**	2019 年 8 月第 4 次印刷
字　　数	348 000	**定　　价**	29.00 元

教师信息反馈表

为了更好地为您服务，提高教学质量，中国人民大学出版社愿意为您提供全面的教学支持，期望与您建立更广泛的合作关系。请您填好下表后以电子邮件或信件的形式反馈给我们。

您使用过或正在使用的我社教材名称		版次	
您希望获得哪些相关教学资料			
您对本书的建议（可附页）			
您的姓名			
您所在的学校、院系			
您所讲授课程名称			
学生人数			
您的联系地址			
邮政编码		联系电话	
电子邮件（必填）			
您是否为人大社教研网会员	□ 是，会员卡号：________ □ 不是，现在申请		
您在相关专业是否有主编或参编教材意向	□ 是　□ 否 □ 不一定		
您所希望参编或主编的教材的基本情况（包括内容、框架结构、特色等，可附页）			

我们的联系方式：北京市海淀区中关村大街甲 59 号文化大厦 1508 室
中国人民大学出版社教育分社
邮政编码：100872
电话：010-62515910
网址：http：//www.crup.com.cn/jiaoyu/
E-mail：neokitty@126.com